数学教师教育丛书

# 高中数学教师学科知识的构成及发展研究

李保臻　陈国益　著

中国科学技术出版社
·北　京·

**图书在版编目（CIP）数据**

高中数学教师学科知识的构成及发展研究 / 李保臻，陈国益著 . -- 北京 : 中国科学技术出版社，2024. 12.
（数学教师教育丛书）. -- ISBN 978-7-5236-0971-2

Ⅰ. G633.602

中国国家版本馆 CIP 数据核字第 2024TY8729 号

| | |
|---|---|
| **策划编辑** | 王晓义 |
| **责任编辑** | 徐君慧 |
| **封面设计** | 郑子玥 |
| **正文设计** | 中文天地 |
| **责任校对** | 张晓莉 |
| **责任印制** | 徐　飞 |

| | |
|---|---|
| **出　　版** | 中国科学技术出版社 |
| **发　　行** | 中国科学技术出版社有限公司 |
| **地　　址** | 北京市海淀区中关村南大街 16 号 |
| **邮　　编** | 100081 |
| **发行电话** | 010-62173865 |
| **传　　真** | 010-62173081 |
| **网　　址** | http://www.cspbooks.com.cn |

| | |
|---|---|
| **开　　本** | 710mm × 1000mm　1/16 |
| **字　　数** | 310 千字 |
| **印　　张** | 21.25 |
| **版　　次** | 2024 年 12 月第 1 版 |
| **印　　次** | 2024 年 12 月第 1 次印刷 |
| **印　　刷** | 北京荣泰印刷有限公司 |
| **书　　号** | ISBN 978-7-5236-0971-2 / G · 1059 |
| **定　　价** | 48.00 元 |

# 序　　言

21 世纪社会的快速发展及伴随而来的我国基础教育课程改革对广大数学教师的专业知识提出了新的挑战，而学科知识（subject matter knowledge，SMK）作为数学教师专业知识的核心又对其专业发展起着非常重要的奠基及促进作用，因此对数学教师学科知识的研究应该是学界当下迫切需要关注的问题。但是，无论从国内学者对教师学科知识领域的理论研究趋向，还是从我国高中数学教师在教学过程中遇到的诸多学科知识方面的现实问题来看，关于数学教师学科知识的研究都还没有引起学界足够的重视。

在现实的数学教学中，许多人或许都在思考这样一个问题：为什么有些数学教师的课上完了总感觉或多或少存在这样或那样的不足，于是大家往往将其归结为受教学设计、教学组织、教学方法、学生能力等因素的影响。诚然，影响数学教师教学质量的因素确实很多，除了刚才提到的这几个因素，我认为归根结底还是数学教师的学科知识出了问题，具体表现在对数学知识的理解不到位、对数学思想方法的感悟不深刻、没有从整体上把握某数学知识在教材中的地位与作用等方面。如果数学教师在这些方面出了问题，则毫无疑问会影响数学教学的质量及效果，甚至会将错误的数学知识教给学生，那将对学生的后续学习及未来发展产生非常不好的影响。但非常遗憾的是，不少数学教师对自己学科知识储备不足或在讲授数学知识时出现的问题甚至所犯的错误重视程度不够，还有许多农村教师及新入职教师等经常提出这样的问题：一名数学教师到底应具备什么样的数学学科知识才能适应自己专业化发展的要求？诸如此类的问题迫使每一位数学教师需对自身数学学科知识的构成及发展给予正确审视并不断改进。

那么，该如何帮助教师正确审视自身的数学学科知识构成及发展？本书作者以部分高中数学教师作为研究对象，运用科学系统的研究方法，从理论建构与实证调查两方面进行了很有价值的探索。在理论层面，本书在对国内外相关文献进行全面梳理的基础上，一是提出了高中数学教师学科知识结构体系应包括数学内容性知识、数学思想方法知识、数学史与数学文化知识及数学观几部分的观点，丰富了该领域的研究成果，在国内学术界具有一定的影响；二是提出了数学教师学科知识发展的几条有效路径，这些路径值得广大教师借鉴及参考。在实践层面，本书选取甘肃省部分高中数学教师为研究对象，分别对高中数学教师的数学内容性知识、数学思想方法知识、数学史与数学文化知识、数学观四方面的学科知识现状及发展途径进行了深度调查，全面分析了高中数学教师学科知识发展的影响因素，为理论研究与教师教学提供了丰富的实践素材。

本研究的创新之处在于：基于文献梳理、课标要求及教师访谈等综合背景构建了高中数学教师应具有的学科知识结构框架；提出了高中数学教师应具有的数学内容性知识、数学思想方法知识、数学史与数学文化知识及数学观的具体内容；运用问卷调查、访谈等研究方法定量与定性地探究了高中数学教师学科知识发展的影响因素；提出了促进高中数学教师学科知识发展的有效策略等。

实际上，数学教师学科知识的发展并不是一蹴而就的，而是贯穿于职前职后一体化的职业生涯过程中。因此，数学教师只有不断检视并发展自己的学科知识，才能使自己的专业发展永葆青春，才能为学生提供渊博而时新的精神食粮。这就要求数学教师从职前就需重视自身的学科知识，尤其是要重视数学史与数学文化知识的学习及数学观的培养，切勿将学科知识的发展与完善都归结为职后教师的事。另外，数学教师在入职后要根据自身专业发展的实际情况有计划地加强自身的专业知识学习，新手型教师要向专家型教师学习其丰富的学科知识发展经验，老年教师也要向青年教师学习一些新鲜的知识。大家只有通过不同渠道进行专业知识学习，才能提高自己的专业素养水平。

本书无论从写作的内容还是从研究的方法等来看，都适合高等师范院校数学专业的本科生、数学课程与教学论方向的研究生、教研员、一线数学教师及数学教育界的学者阅读。希望大家有机会阅读本书，并在阅读后仔细思考、全面规划。我相信本书对每一位读者都会有很大的帮助。

# 目　录

## 第一部分　高中数学教师学科知识的构成及发展：理据与方法



## 第二部分　高中数学教师学科知识的构成及发展：现状与途径

## 第三部分　高中数学教师学科知识的构成及发展：结论与启示

# 第一部分

# 高中数学教师学科知识的构成及发展：理据与方法

探讨高中数学教师学科知识的构成与发展必须遵循一定的理论依据及运用系统科学的研究方法。这既是开展整个主题研究的指导，也是得出后续相关结论的根基，所以首先要从理据与方法层面进行分析。这部分内容主要从相关背景与意义诠释、研究溯源与文献述评、基本概念与分析框架、整体设计与方法运用等方面对高中数学教师学科知识的构成及发展的理据与方法进行系统阐析，主要就“高中数学教师学科知识的构成及发展”这一主题开宗明义地回答了“为何研究”“研究什么”“如何研究”等根本问题，从而在认识论与方法论层面为读者建立一个整体性解读框架。

# 第一章　问题提出与目的意义

## 第一节　相关背景

21 世纪社会的快速发展及新一轮基础教育课程改革在中国的兴起，为不同层次的研究者提供了从事教育研究的适当课题。从背景上来说，本研究的起因是基于对如下问题的一些思考。

### 一、研究高中数学教师学科知识是教师专业化发展的要求

从 20 世纪 80 年代到 21 世纪初期，教师知识一直是教育研究的一个世界性的焦点问题。尤其是 20 世纪 90 年代以来，研究者把教师知识的研究置于教师专业发展的大背景下展开，逐渐形成了“教师知识发展是教师专业发展重要内容”的共识。

西方教师知识的研究是在对行为主义“过程—结果（process-product）”教学研究范式批判之后迅速兴起与发展起来的。20 世纪 50 年代至 80 年代，西方国家有关教师和教师教育的研究，大多是在以“科学”而著称的行为主义的“过程—结果”研究范式下展开的。这类研究只注重寻求与学生成绩或成绩提高之间相关的具有统计学意义的教师知识，而不关心教师知识的结构或维度①。美国卡内基促进教学基金会主席舒尔曼（Shulman）1986 年在《教学研究手册（第三版）》中对行为科学的教学研究进行了根本性批判，认为“过程—结果”的研究缺乏“3C”，即内容（content）、认知（cognition）、语境（context）。舒尔曼在这本专论中提醒人们：既往的研究忽视了教师知识，使教师

---

① 叶澜，白益民，王枬，等. 教师角色与教师发展新探［M］. 北京：教育科学出版社，2001.

的学科知识成了遗漏的范式（missing paradigm）[①]。他指出，倘若要推进教师专业化，就必须证明存在着保障专业属性的"知识基础"，阐明教师职域里发挥作用的专业知识领域与结构。相应地，同医生、律师之类的专业教育一样，高中数学教师也要求探索构成专业教育内容的学科知识基础（subject knowledge base）。

## 二、我国高中数学教师学科知识研究比较薄弱，本土化程度还远远不够

20 世纪 80 年代以来，受舒尔曼为代表的国外学者从事教师知识研究热潮的影响，我国学者也从不同的视角开启了教师学科知识的研究，获得了许多研究成果。但整体看来，从开始的理论译介到实践摸索产生的许多研究尚存在不足：①一些研究者尝试用西方教师学科知识的研究理念与框架研究我国教师的学科知识问题，研究还不够深入，本土化的程度远远不够；②教师学科知识结构及发展的研究不够具体，缺乏学科特色，多数学者主要以舒尔曼等学者关于教师学科知识结构的研究及范良火关于教师教学知识发展的研究为模式去研究教师的学科知识及发展，移植及套用的成分比较多，缺乏学科研究的特色；③教师学科知识的研究方法有待进一步科学化与多样化，多数研究方法还停留在理论文献层次，能运用长期扎根课堂进行课堂观察、课前课后访谈等方法研究教师学科知识的成果不多；④教师学科知识研究取向尚需多样化。这几点不足也存在于我国数学教师学科知识尤其是高中数学教师学科知识的研究中，因此，很有必要探讨。

## 三、基础教育数学课程改革的需要为高中数学教师学科知识的发展提供理论指导

进入 21 世纪，我国开展了 1949 年以来规模最大、最为深刻的新

---

① SHULMAN L S. Paradigms and research programs in the study of teaching：A contemporary perspective［M］// WITTROCK M C. Handbook of research on teaching. 3rd ed. New York：Macmillan，1986.

一轮基础教育课程改革。这次课程改革作为一个系统工程，对教师素质提出了全方位的挑战。尤其是高中数学新课程实施“必修＋选修”的课程模式，多数高中数学教师对选修系列中的许多近现代数学知识专题在理解与掌握方面存在许多问题。如理解与掌握“算法初步”内容时，应侧重在中国数学历史发展过程中的文化性还是凸显在解决各类问题中的应用性。大学里学到的算法知识与高中要给学生讲的算法初步知识应如何恰当地结合起来；选修中的许多新知识应采取何种有效的途径去完善；高中新课程中的学科知识讲到怎样的程度既符合课标的要求，又满足高考的需求等。这些涉及高中数学教师学科知识发展的诸多问题亟须研究者从理论上给予回答。

## 四、近年数学教育研究有“去数学化”的倾向

近年来，数学教育界似乎掀起了数学教师教学知识研究的热潮，因为教师的数学教学知识虽然涉及教师的学科知识，但研究者可以从教育学、心理学等不同视角对教师的教学知识进行更为广泛的研究。而学者们虽然认可学科知识对教师专业发展的重要作用，但似乎研究的空间不大，且许多学者只以静态的知识观去看待学科知识，这样，教师的学科知识研究似乎受到了冷遇。针对这种情况，项武义提出近年来数学教育研究有“去数学化”的倾向；张奠宙也尖锐地指出当今数学教师培训内容泛化的问题，对传统的“双基”、数学内容的掌握有所忽视，发出了“数学被边缘化及教师数学素养关系到数学教育成败的关键”这样的警告；李旭辉也言道：“数学内容是基础，是高质量教学的必要条件。”[①] 舒尔曼针对当时美国教师教育中学科专业课程与一般教学法课程相分离的现象曾提出“学科教学知识”这一著名概念，但并不是说学科知识的研究无足轻重。以上学者不单点出了教师的学科教学知识及学科内容知识的重要性，亦告诫数学教育研究者不应忽视任何一方面的知识。这也使笔者萌发了研究高中数学教师学科知识的想法。

---

① 张奠宙，李旭辉. 聚焦美国数学教育改革：从一则美国的数学教育新闻谈起［J］. 数学教学，2007,（7）：1-2.

### 五、大学里所学的高等数学知识对中学数学教学到底有没有用

开展对数学教师学科知识的研究，也源于笔者在带领学生进行教育实习、参与各类高中数学教师的培训项目的过程中与不同教师交流后的思考。如一位从教多年的高中数学教师在谈起大学高等数学的作用时说道："大学里学的知识对我现在的教学基本没多大帮助，我现在教学所用的知识都是我回忆自己读高中时，数学教师教给我的知识。"还有在问起高中数学新课程中的许多选修内容原来学习的比较少现在该怎么办时，一位教师这么回答："那就边学边卖呗，实际上，那些新增加的很多内容高考又不考，所以没必要费那么大劲再去学习那些高等数学的东西，现在应对几个必修模块，原来掌握的数学知识就已经够了。"也有教师说："我认为高等数学还是很重要的，因为高等数学的思想方法对中学数学的解题还是有帮助的。"这些话深深地引起了笔者的思考，也激起了做调查研究的欲望：新一轮基础教育课程改革（简称新课改）背景下高中数学教师的学科知识是否够用？大学里学习过的高等数学知识对中学数学的教学到底有没有用处？这些问题促使笔者对高中数学教师的学科知识结构及发展这一问题进行了深入研究。

基于上述原因，笔者以教师专业发展和新课改的基本理念作指导，采用文献法、问卷调查法及访谈法等研究方法，结合案例分析，以"高中数学教师学科知识发展"为题，探求基于高考文化背景下的、处于承上启下教育阶段的高中数学教师学科知识发展的特点及规律。

## 第二节　问题表述

基于以上研究背景，本研究拟解决以下几个问题。

一是，基于教师专业发展的基本视角，结合高中数学课程改革，提出现代高中数学教育需要数学教师具备什么样的学科知识结构？具有哪些特点？

二是，受常年高考文化的影响，高中数学教师实际具有的学科知识现状如何？

三是，我国高中数学教师学科知识的现状是如何发展而来的？其中哪些途径对教师学科知识发展的影响最大？

四是，针对高中数学教师学科知识的应然要求与实然情况之比较，提出发展高中数学教师学科知识的一些策略。

（1）职前高中数学教师：高等师范院校数学系课程设置如何协调基础数学类课程与数学教育类课程的关系？课程内容如何改革？

（2）职后高中数学教师：针对各种职称的教师，校本教研及各类培训的理念、内容、方式、评价等如何改革？教师自主学习、自我发展的专业成长机制如何创建？

## 第三节　意义诠释

本研究的意义主要表现在理论与实践两方面。

### 一、理论意义

通过对国内外学者关于教师知识、教师学科知识、数学教师学科知识等研究文献的梳理，从理论上建构了高中数学教师学科知识的结构体系。该结构体系包括四种成分：数学内容性知识、数学思想方法知识、数学史与数学文化知识及数学观，并对这四种知识之间的相互关系进行了诠释，丰富了高中数学教师学科知识研究的理论，为数学教师学科知识的发展研究搭建一个理论生长的平台。

从不同维度探求了高中数学教师应具有的数学内容性知识、数学思想方法知识、数学史与数学文化知识及数学观的理论依据，为高中数学教师学科知识的现状、发展、影响因素及对策等后续研究奠定了理论基础。

通过文献研究、问卷调查、教师访谈等方法得出的研究结论及针对改进教师学科知识发展提出的若干策略，可为数学教师的职前培养及职后培训在课程设置、教学评价、培训方式等方面的改革提供重要的参考价值及借鉴意义。

## 二、实践意义

通过对不同职称高中数学教师学科知识现状及其发展等的研究，有利于揭示出正高级、高级、一级及二级教师在发展其学科知识方面的一些具有规律性的经验及做法，通过推广及共享这些经验及做法，对促进高中数学教师的学科知识发展、改进数学课堂教学进而加速数学教师的专业成长具有重要的参考价值。

在研究过程中通过对高中数学教师学科知识发展影响因素的分析及高中数学教师学科知识发展有效策略的提出，能对数学教师的学、教、研等专业活动提供有针对性的实践指导。

在研究过程中通过和一线教师的访谈交流，可以切身感受到高中数学教师提升自身专业素养的迫切愿望与高负荷教学应对现实高考交织在一起的无奈，这些源于教学一线的研究素材有助于促使相关部门在制定政策时更多关注教师的职业生涯过程而不是仅注重其最终成绩。

# 第二章　研究溯源与文献述评

在本章的文献研究过程中，按照教师知识研究、教师学科知识研究、数学教师学科知识研究三方面依次对国内外学者的观点进行梳理。

## 第一节　教师知识文献及述评

教师知识的研究起源于教师教学效能的研究。20 世纪 60—70 年代，受行为主义理论的影响，西方教师研究遵循所谓的“过程—结果（process-product）”研究范式，主要研究教师的教学行为与学生成绩的相关性，旨在揭示可促进学生学业的教师教学行为。这类研究因为忽视了支撑教师教学行为的知识结构而受到批判。在认知心理学的兴起以及教师专业化运动的推动下，从 20 世纪 80 年代尤其是 1986 年舒尔曼对教师知识进行了经典性的划分以后，教师知识便成为国内外学者关注的热点课题，许多关于教师知识的研究如雨后春笋般涌现出来。30 多年来，国内外学者关于教师知识的研究领域概括起来主要有：教师知识结构的研究、教师知识发展尤其是教师学科教学知识发展的研究、教师个体实践知识的研究、教师知识生成及转化机制研究、教师知识的影响因素问题研究、教师知识管理问题研究、教师知识研究的反思及展望，等等。但整体看来，学者关于教师知识的研究主要表现为教师知识结构的研究及教师知识发展的研究两方面。考虑到与本研究的关系，下面着重对教师知识结构及教师知识发展的相关研究进行文献梳理。

## 一、关于教师知识结构的研究

### 1. 国外教师知识结构研究概况

对教师知识结构的研究，国外学者开展较早，但是由于研究的侧重点不同，加上教师知识结构本身也是比较复杂的问题，所以目前对教师到底应该具有怎样合理的知识结构还没有达成共识，与此相关的研究已经成为教师知识研究中的一个重要领域。研究教师知识结构，可以帮助人们从宏观和微观两个不同角度来把握知识发展的总体趋势和知识某一分支在知识总体中的位置①，有利于认识教师职业的本质，也可为教师的专业化发展提供方向。

艾尔贝兹（Elbaz，1983）最早对教师知识进行了系统探讨和研究。他所持的是一种以“实践”为中心的教师知识观。艾尔贝兹由个案研究归纳出五种教师实践知识：①学科知识，包括学科内容知识及其他有关学习的理论知识；②课程知识，指如何组织学习经验和课程内容等的知识；③教学知识，指课堂组织和管理的知识；④关于自我的知识，包括对个体特征的了解，如性格、年龄、态度、价值观和信念、个人目标，以及自身作为教师的优势及弱点；⑤关于学校背景的知识，包括学校的社会结构和它所处的周边环境。艾尔贝兹认为这五类知识本身是静态的，但与实践的联系却是动态的。他把这五类知识统称为“对实践有用的知识”，当教师遇到各种任务和问题时，这些知识就可以引导他们进行工作。②

对教师知识结构研究最有代表性的人物是美国斯坦福大学的舒尔曼（1986）。他将教师教学应具备的知识分成七类：①学科内容知识（subject content knowledge），指教师所任教学科方面的内容知识；②一般教学法知识（general pedagogical knowledge），指各科都可以通用的教学原则与策略，如班级管理与组织；③课程知识（curriculum knowledge），

---

① 洪成文．现代教育知识论［M］．太原：山西教育出版社，2003.

② ELBAZ F. Teacher thinking：a study of practical knowledge［M］. London：Croom Helm，1983.

指对教材与教学方案的领悟，以作为传达知识的工具；④学科教学知识（pedagogical content knowledge，PCK），是由学科知识与一般教学知识混合交织而成的知识；⑤学生及其特征的知识（knowledge of learners and their characteristics），指有关学生学习过程中身心发展状况的知识；⑥教育环境的知识（knowledge of educational context），例如教室环境、班级运作、学区的行政与经费、社区特质与文化的认识；⑦有关教育宗旨、目的、价值与其哲学、历史背景的知识（knowledge of educational，aims purpose，values and their philosophical and historical grounds），指的是集合教育哲学、心理学、社会学等形式的知识。[①] 在舒尔曼的教师知识结构中，特别强调了教师将所理解的学科内容和教学融合后呈现出来的一种新知识——学科教学知识的重要性。该知识能使教师针对学习者的能力与兴趣而将特定的教学主题加以组织、表征及调整以进行有效教学，对教师恰当表达学科知识、选用教材和进行课程设计等行为具有重要意义，学科教学知识是最能区分学科专家和一般教师水平差异的一个重要工具。

舒尔曼提出的教师知识类型及其理论框架对后来的教师知识研究领域产生了深远的影响。可以明显注意到的是，此后出现了大量以这一框架为基础的研究，不过一些研究者出于不同的研究视角与研究方式对其进行了扩展或提炼。

格罗斯曼（Grossman，1994）作为教师知识研究的后起之秀，大量有关教师知识的研究工作特别引人注意。格罗斯曼认为教学工作与其他职业最主要的差异在于教师知识的特殊性，并认为教师知识应由六方面组成：①学科内容知识（knowledge of content），包括学科内容知识和学科教学法知识；②学习者与学习的知识（knowledge of learners and learning），包含学习的理论、学生的身心特征和认知发展、动机理论及运用、学生的背景等知识；③一般教学法知识（knowledge of general pedagogy），包括课堂管理与组织的知识、教学的一般方法；④课

① SHULMAN L S. Those who understand：knowledge growth in teaching［J］. Educational researcher，1986，15（2）：4-14.

程知识（knowledge of curriculum），包括学科知识间的联系与发展、各年级课程发展的知识；⑤背景知识（knowledge of context），包括教师所知道的关于学生的家庭情况、生活社区、班级、学校等方面的知识；⑥有关自我的知识（knowledge of self），包括教师个人的价值观、意向、优缺点、教育哲学观点、对学生的期望以及教学的目的等知识。[①]

伯利纳（Berliner）将教师知识划分为：①学科专长（subject matter expertise），包括特定的学科内容和学科知识结构；②课堂管理专长（classroom management expertise）；③教学专长（instructional expertise），包括教学策略与教学方法的内隐知识和外显知识；④诊断专长（diagnostic expertise），包括全部学生和个别学生的知识。[②]

普特南和博克（Putnam & Borker，1996）认为教师知识包括三种成分：①一般教学法知识（general pedagogical knowledge），包括课堂管理策略、一般教学策略、学生及学生学习的知识；②学科知识（subject matter knowledge），包括学科内容知识、学科的内容结构、学科的句法结构、关于学科知识讨论方式和学科知识发展的知识；③学科教学知识（pedagogical content knowledge），包括学科教学目的的知识、有关学生学科学习的知识、课程和课程材料的知识、特定学科知识的呈现和教学策略的知识。[③]

考尔德黑德（Calderhead）把教师知识的构成归结为：学科知识（subject knowledge）、技巧性知识（craft knowledge）、个人实践知识（personal practical knowledge）、个案知识（case knowledge）、理论性知识（theoretical knowledge）、隐喻和意象（metaphors and images）。[④]

---

① GROSSMAN P L. Teachers' knowledge［M］//HUSEN T，POSTLETHWAITE T N. The international encyclopedia of education. 2nd ed. Oxford：Pergamon，1994.

② 杨翠蓉，胡谊，吴庆麟. 教师知识的研究综述［J］. 心理科学，2005（5）：1167–1169，1173.

③ BORKER H，PUTNAM R T. Learning to teach［M］//BERLINER C D，CALFEE C R. Handbook of educational psychology. New York：Routledge，1996.

④ CALDERHEAD J. Teacher：belief and knowledge［M］//BERLINER C D，CALFEE C R. Handbook of educational psychology. New York：Routledge，1996.

斯滕伯格（Sternberg）针对专家教学原型，指出专家型教师应具有的知识包括：学科内容知识、教学法的知识（具体的、非具体的）、实践的知识（外显的、缄默的）。①

以塔米里（Tamiri）为首的教师知识研究小组，也对教师专业知识进行了界定。他们认为教师的专业知识可分为六类：一般的博雅知识（general liberal education knowledge）、个人表现的知识（personal performance knowledge）、学科内容知识（subject content knowledge）、一般性教学法知识（general pedagogical knowledge）、学科教学知识（subject pedagogical knowledge）、教学的专业基础（foundations of the teaching profession）。塔米里的知识分类方式，比其他学者更强调技能的部分。其主要是根据"命题知识"事实的认知（knowing that）与"程序性知识"技能的认知（knowing how）的区分，分为学科教学知识及学科教学技能，并进一步说明知识能以讲述、书本、图片、影片等方法来获得，但技能只能借助直接的经验而获得。②

1986 年，美国教师教育学院协会（AACTE）成立了教师教育改革中心，中心下设了很多工作小组，其中一组是知识基础行动小组，任务是建立一套初任教师必备的知识基础，最后由梅纳德·雷诺兹（Maynard Reynolds）主编完成《初任教师知识基础》一书。书中提出教师必备的知识基础包括 12 类：有关任教学科的知识，有关教学理念的知识，有关学生与学习的知识，有关教师组织与管理的知识，有关教学的社会、政治、文化背景等知识，有关特殊儿童的知识，有关课程的知识，有关评价的知识，有关数学方面的教学知识，有关人际沟通、协调合作的知识，有关教师的法定权利与义务的知识，有关教学的道德与伦理的知识。③《初任教师知识基础》一书对初任教师知识的划分更强调了数学方面的教学知识、人际沟通和协调合作的知识、

---

① 斯滕伯格，霍瓦斯．专家型教师教学的原型观［J］．华东师范大学学报（教育科学版），1997（1）：27-37.

② 刘清华．教师知识的模型建构研究［M］．北京：中国社会科学出版社，2004.

③ REYNOLDS M C. Knowledge base for the beginning teacher［M］. New York：Pergamon Press，1989.

教师法定权利与义务的知识、有关教学的道德与伦理的知识等知识的地位。

**2. 国内教师知识结构研究概况**

直到20世纪90年代末，我国对教师知识的研究都还较少，且以“应然”的分析居多。在相当长的时间内，对教师知识的阐述只是散见于《教育学》或《教学论》教科书中，在论及教师的职业素养时才提及。如李秉德主编的《教学论》对教师知识是这样表述的：教师的知识结构包括三方面，即专业知识、文化知识及教育科学知识。[①]

我国有一定代表性的关于教师知识的研究成果来自20世纪70年代认知心理学的贡献。根据这些研究成果，北京师范大学申继亮、辛涛、林崇德等学者（1999）关于教师知识结构研究的观点影响较大。他们认为，从功能出发，教师的知识可以分为四方面的结构内容：本体性知识、条件性知识、实践性知识和文化知识。本体性知识是教师所具有的特定的学科知识，如语文知识、数学知识等，是教学活动的实体部分；条件性知识是教师所具有的教育学与心理学知识，是对本体性知识的传授起理论性支撑作用的知识；实践性知识是教师在教学行为中所具有的课堂情景知识以及与之相关的知识；除此而外，教师还要具有广博的文化知识。[②]这是我国对“教师知识结构”较早的划分方式之一，为众多研究者所援引。

叶澜（2001）等人突破以往教师知识研究平面化的局限，认为教师的知识结构主要是由三层构成。基础层：有关当代科学和人文两方面的基本知识，以及工具性学科的扎实基础和熟练运用的技能、技巧；第二层：具备1～2门学科的专门性知识与技能，是教师胜任教学工作的基础性知识；第三层：教育学科类，由帮助教师认识教育对象、教育教学活动和展开教育研究的专门知识构成。这三个层面的知识相

① 李秉德．教学论［M］．北京：人民教育出版社，1991.

② 辛涛，申继亮，林崇德．从教师的知识结构看师范教育的改革［J］．教师教育研究，1999，14（6）：12–17.

互支撑，相互渗透，并能有机整合。[①]

陈向明（2003）根据教师知识实际存在方式的不同，把教师知识分成理论性知识与实践性知识两类。理论性知识通常呈外显状态，可以为教师和专业理论工作者所共享，具有可表述性，比较容易把握。后者通常呈内隐状态，基于教师的个人经验和个性特征，镶嵌在教师日常的教育教学情境和行动中，实践中往往因其隐蔽性、非系统性、缄默性的特性，很难把握。但两者相互补充、相互影响，共同整合成教师不可缺少的专业知识。[②]

刘清华（2004）提出教师的知识结构由八个部分组成：学科内容知识、课程知识、一般性教学知识、学生知识、教师自身知识、教育情景知识、教育目的及价值知识和学科教学知识。[③]

台湾学者单文经（1990）以是否涉及教材为依据，把教师知识分为一般的教育专业知识和与教材相关的专业知识两大部分。一般的教育专业知识又可以分为四部分：一般教学的知识、教育目的知识、学生身心发展的知识、其他相关教育知识。与教材相关的专业知识，又可以分为三部分：教材内容知识、教材教法知识、课程知识。

台湾另一学者简红珠（2002）认为，尽管学者们对教师知识结构持不同观点，但其中有五类知识可被视为教师知识的重要基石，这五类是一般教学法知识、学科知识、学科教学法知识、情景知识和课程知识。[④]这种分类方式直接指出教师知识内涵的核心。

教育部于 2011 年 12 月 12 日颁布的《中学教师专业标准（试行）》（征求意见稿）中指出，中学教师应具有的专业知识包括教育知识、学科知识、学科教学知识、通识性知识四方面；《小学教师专业标准（试行）》（征求意见稿）中指出，小学教师应具有由小学生发展知识、学

---

① 叶澜，白益民，王枬，等．教师角色与教师专业发展新探［M］．北京：教育科学出版社，2001.

② 陈向明．实践性知识：教师专业发展的知识基础［J］．北京大学教育评论，2003（1）：104-112.

③ 刘清华．教师知识的模型建构研究［M］．北京：中国社会科学出版社，2004.

④ 简红珠．教师知识的不同诠释与研究方法［J］．课程与教学季刊，2002（3）：36-38.

科知识、教育教学知识、通识性知识四方面组成的专业知识。并且，该标准对中小学教师专业知识的各成分提出了相应的基本要求。

现将上述国内外学者关于教师知识结构的研究整合在表 2–1 中。

**表 2–1　国内外学者对教师知识结构的不同观点**

| 研究者 | 教师知识结构 |
| --- | --- |
| 舒尔曼 | ①学科内容知识；②一般教学法知识；③课程知识；④学科教学法知识；⑤学生及其特征的知识；⑥教育环境的知识；⑦有关教育宗旨、目的、价值与其哲学、历史背景的知识 |
| 格罗斯曼 | ①学科内容知识；②学习者和学习的知识；③一般教学法知识；④课程知识；⑤背景知识；⑥有关自我的知识 |
| 艾尔贝兹 | ①关于自我的知识；②关于学校背景的知识；③学科知识；④课程知识；⑤教学知识 |
| 伯利纳 | ①学科专长；②课堂管理专长；③教学专长；④诊断专长 |
| 普特南和博克 | ①一般教学法知识；②学科知识；③学科教学法知识 |
| 考尔德黑德 | ①学科知识；② 技巧性知识；③个人实践知识；④个案知识；⑤理论知识；⑥隐喻和意象 |
| 斯腾伯格 | ①学科内容知识；②教学法的知识（具体的，非具体的）；③实践的知识（外显的，缄默的） |
| 塔米里 | ①一般的博雅知识；②个人表现的知识；③学科内容知识；④一般性教学法知识；⑤学科教学知识；⑥教学的专业基础 |
| 李秉德 | ①专业知识；②文化知识；③教育科学知识 |
| 申继亮、辛涛、林崇德 | ①本体性知识；②条件性知识；③实践性知识；④文化知识 |
| 叶澜、白益民、王枬、陶志琼 | ①基础层：有关科学与人文的基本知识 + 工具性学科的技能、技巧；②第二层：具备 1 ~ 2 门学科的专门性知识；③第三层：教育学科类 |
| 陈向明 | ①理论性知识；②实践性知识 |
| 刘清华 | ①学科内容知识；②课程知识；③一般性教学知识；④学生知识；⑤教师自身知识；⑥教育情景知识；⑦教育目的及价值知识；⑧学科教学知识 |
| 单文经 | ①一般的教育专业知识；②与教材相关的专业知识 |
| 简红珠 | ①一般教学法知识；②学科知识；③学科教学知识；④情景知识；⑤课程知识 |

从表 2–1 所列内容及以上论述可以看出，从 20 世纪 80 年代开始，学者对教师知识结构的探讨从研究视角、研究方法等方面已呈现出逐

渐深入的倾向。虽然国内外学者的研究成果不尽相同，且各研究成果中看似相同的名称代表的含义却不完全一致，但总体来看，学者都认同教师知识结构应包含专业学科知识、一般教学法知识、学科教学知识和教学实践知识等基本成分。

另外，一个不容忽视的现象就是关于教师知识结构的研究领域不断拓展。近年来，由于受国内外学者关于教师知识结构研究热潮的影响，加上我国新世纪开启的新课改对教师的专业知识尤其是学科知识提出了新要求，我国学科教育中关于教师知识的研究也逐渐开展起来。在基础教育学科中，基于新课程标准的要求而建构的有关学科教师知识结构方面的研究成果比较多，如李红梅（2005）的《化学双语教师知识结构及培养方式的研究》[①]、魏志英（2005）的《当代美术教师知识结构的研究》[②]、李琼（2004）的《数学课程改革与数学教师知识结构》[③]、王玉平等（2005）的《新课改下中学物理教师知识结构调查与分析》[④]、阳利平（2008）的《新课程背景下语文教师专业知识探析》[⑤]、王维群等（2001）的《未来中学体育教师的知识结构》[⑥]、李树和（2000）的《外语教师的知识结构及其在外语教学中的地位》[⑦]、李渺等（2007）的《高中数学教师知识结构的特征研究》[⑧]，等等。

这些研究的共同特点是基于新课改的基本要求，以某种教师知识

---

① 李红梅. 化学双语教师知识结构及培养方式的研究［D］. 长沙：湖南师范大学，2005.

② 魏志英. 当代美术教师知识结构的研究［D］. 石家庄：河北师范大学，2005.

③ 李琼. 数学课程改革与数学教师知识结构［D］. 长沙：湖南师范大学，2004.

④ 王玉平，孙海滨. 新课改下中学物理教师知识结构调查与分析［J］. 物理教师，2005（2）：1–3.

⑤ 阳利平. 新课程背景下语文教师专业知识探析［J］. 教育学术月刊，2008（6）：28–31.

⑥ 王维群，钱铭佳，廖玉光，等. 未来中学体育教师的知识结构［J］. 体育学刊，2001（3）：93–96.

⑦ 李树和. 外语教师的知识结构及其在外语教学中的地位［J］. 东北大学学报（社会科学版），2000（4）：282–283.

⑧ 李渺，喻平，唐剑岚，等. 高中数学教师知识结构的特征研究［J］. 数学教育学报，2007，16（2）：55–59.

结构为依据，结合不同学科的特点而构建的各学科教师所应具有的知识结构。尽管他们的研究结果不完全相同，但也存在共性，其中关于教师知识结构的论述一般都会包含普通基础知识、学科专业知识、学科教学知识及教育教学知识等内容。如阳利平（2008）在《新课程背景下语文教师专业知识探析》中根据知识分类理论和我国语文教师知识的实际情况，将语文教师的专业知识结构划分为语文学科知识、语文教育理论知识及语文实践性知识三方面。从研究方法上来说，多数研究主要采用文献法、问卷调查及访谈等方法，但以理论阐述为主。如阳利平根据知识分类理论及申继亮、林崇德等学者提出的教师知识结构为依据，构建了新课程背景下的语文教师专业知识结构；而王维群等（2001）、李琼（2004）则以调查分析的研究方法为主，分别通过考察职前体育教师及中学数学教师专业知识现状，构建了未来中学体育教师的知识结构及数学课程改革背景下的数学教师知识结构等。可见，国内学者近年来虽然从不同的视角对学科教师的知识结构进行了研究，取得了系列成果，但整体来看，学者对学科教师知识结构的研究基本上没有脱离申继亮、林崇德等学者对一般教师知识结构划分的模式，所不同的主要体现在学科教师知识结构中的学科知识方面，这说明学科教育还需要在教师的学科知识方面去寻求突破。关于这方面的研究已有学者进行了有益的探索，如北京教育学院何彩霞结合化学学科的特点，主要从核心层、紧密层、外围层建构了化学教师的学科知识结构体系。①

通过对上述文献的梳理可发现，国内外学者关于教师知识结构的研究有如下特点：

首先，在概念使用方面，大多数国内学者擅长使用诸如“广博的文化知识、专业知识、教育科学知识”等内涵丰富的上位概念；多数国外学者擅长使用诸如“学科知识、学科教学知识、学习者的知识、课程知识”等内涵较为具体的下位概念。与国内学者擅长使用的内涵

① 何彩霞．对化学教师学科知识结构的测评与思考［J］．化学教育，2001（5）：22–25.

丰富的上位概念相比较，国外学者所使用的内涵具体的概念更容易被研究者和实践者所理解和把握，并对教师的教学行为产生直接而具体的指导作用。

其次，在认识角度方面，国内学者对教师知识的研究往往注重教师所具有的广博的文化背景知识；国外学者对教师知识的研究更注重与教师的教学活动相联系，如课程知识、有关学习者的知识、学科教学法知识等。

最后，在研究方法方面，国内学者对教师知识的研究主要采用“分析性和概念性”的途径，研究方法主要是理论的演绎，并以概念演绎为主；国外学者则主要采用“分析性和概念性”与“情境性和实践性”两种研究路径，研究方法主要有人种学研究、描述性研究、实验研究等实证研究方法。相比而言，国外学者对教师知识的研究更注重理论分析与具体实证的结合，研究的途径及手段更多样化一些；我国学者对教师知识的研究方法较单一，得出的结论大多是反映研究者个人教育信念、经验、兴趣及领域的一个期望目标，这样的研究很大程度上是注重应然的理论分析而缺乏具体的实证根据。

## 二、关于教师知识发展的研究

### 1. 国外关于教师知识发展的研究

国外关于教师知识发展的研究相对来说开展较晚。一般认为，教师知识发展途径（或称教师知识来源）有多种。对于教师知识发展途径，按照时间可以分为两种，一种是职前经验，包括中小学学习经验、职前的师范教育；另一种是在职经验，包括职后的学历提高教育、在职短期培训，有组织的教研活动、非组织性的专业活动（包括与同事的日常交流、阅读专业书刊、有丰富教学经验教师的指导等）、教学经验反思，等等。对于教师知识发展的研究，国外研究者得到的结论不尽相同，下面列举一些学者的研究观点。

关于教师知识来源，舒尔曼和格罗斯曼的研究具有代表性。舒尔曼认为，教师知识主要来源于“学校教育、社会组织、人类学习、教学和学生发展研究”；来源于“其他对教师教学有影响的社会和文化现象的研究”；来源于“教师实践的智慧”；来源于“教师对教材和教学环境的认识”。而格罗斯曼认为，教师的每种教学知识均有两种性质：一是范式形式的教学知识（paradigmatic forms of knowledge），能运用于不同场合；二是个人叙述形式的教学知识（narrative forms knowledge），它是个人的，来自教师的教学实践。并且认为教师教学知识有四种来源：学徒式观察（apprenticeship of observation）、教师培训、课堂经验以及学科知识。[①]

洛德（Lortie，1975）认为，中小学时的经验对教师的教学有重要的影响，因为学生时代在学校生活中有 13000 小时能近距离观察他们教师的教学，这使学生形成比较牢固的教学观念，并且后来的教育培训并没有从根本上改变他们的观念，即使是工作经验也很难改变。[②]而范良火（2003）通过研究认为，数学教师教学知识的来源中当学生时的经验并不重要。[③]

琼斯和维斯林德（Jones &Vesilind，1996）在比较了 23 名师范生在大学四年期间教学知识的变化后得出结论：学生知识结构的变化主要归因于他们的教学实习经验。研究指出，大学课程及实习学校指导教师的影响比不上实习学校学生及师生间互动的影响，从而肯定了教育实习对教学知识发展的重要性。[④]而香农（Shannon，1994）考察大学教育类课程及实践经验对未来教师知识发展的影响，得到的结论与琼斯和维斯林德的完全不同，该研究肯定了大学课程对未来教师发展

---

① 杨翠蓉，胡谊，吴庆麟. 教师知识的研究综述［J］. 心理科学，2005（5）：1167–1169，1173.

② LORTIE D C. School teacher：a sociological study［M］. Chicago：University of Chicago Press，1975.

③ 范良火. 教师教学知识发展研究［M］. 上海：华东师范大学出版社，2003.

④ JONES M G，VESILIN E M. Putting practice into theory：changes in the organization of preservice teachers' pedagogical knowledge［J］. American Educational Research Journal，1996，33（1）：91–117.

的贡献，而对教学实习作用的肯定则相对有限。[①]

费曼－内姆瑟和帕克（Feiman-Nemser & Parker，1990）在研究指导教师对英语和数学新教师的帮助时发现，有经验教师的帮助可以加深对学科知识的理解，学会如何从学生的角度思考学科内容、如何展现和表述学业内容以及如何为了学科的教与学的需要而组织学生。总而言之，有经验教师的帮助可以促进教师学科教学知识的发展。[②]

琼斯（M.Jones，1997）比较了西印度群岛巴巴多斯 69 名受过教学专业训练和未受过教学专业训练的英语和科学教学教师，在巴巴多斯，没有职前教师培训阶段，正规的培训只为那些具有两年或两年以上教学经验的教师提供。研究结果显示，是否经过培训对教师的教学没有影响，因为“这项培训计划教给教师的是进行成功教学的最为基本的一些技能，所以那些未受过培训的教师也能在教学的第一或第二年中很快地掌握它们”。[③]

对教师教学知识发展研究，有学者对科学学科教师进行研究后认为，在学科知识足够的前提下，教学经验是学科教学知识的主要来源。[④]也有学者认为，通过学生反馈，方能知道自己知识的不足，从而发展自己的知识，也就是知识发展的来源是教师与学生互动产生的知识。[⑤]

**2. 国内关于教师知识发展的研究**

通过对国内教师专业发展、教师知识的文献梳理可发现，关于教师知识发展的研究已成为学界近年来研究的热点问题，许多学者从不同视角对此问题进行了探讨。整体看来，学界对教师知识发展的研究主要包

---

① SHANNON D M. The development of preservice teacher knowledge［J］. Professional educator，1994，17（1）：31–39.

② FEIMAN-NEMSER S，PARKER M B. Making subject matter part of the conversation in learning to teach［J］. Journal of teacher education，1990，41（3）：32–43.

③ JONES M. Trained and untrained secondary school teachers in Barbados：is there a difference in classroom performance?［J］. Education Research，1997，39（2）：175–181.

④ VAN DRIEL J H. Developing science teachers’ pedagogical content knowledge［J］. Journal of research in science teaching，1998，35（6）：673–695.

⑤ OSBORNE M D. Teacher as knower and learner：reflections on situated knowledge in science teaching［J］. Journal of research in science teaching，1998，35（4）：427–439.

括三方面：教师专业知识发展的研究、教师的实践性知识发展研究、教师学科教学知识发展研究。相比较而言，学者把研究的重点更多聚焦在教师的实践性知识发展及教师学科教学知识发展两方面，且关于学科教师知识发展尤其是学科教师的教学知识发展也是近年来我国学者研究的重点领域。下面对这三方面的研究做一简要梳理。

在教师专业知识发展的研究方面，多数学者主要通过理论研究或理论与实证相结合的方式对教师专业知识的发展进行了不同视角的研究。在侧重理论研究方面，童莉（2008）通过对舒尔曼知识转化理论的文献分析，得到了该理论对教师知识发展的有益启示。① 邵光华（2011）通过文献梳理、问卷调查、访谈及个案分析等研究方法，从教师专业知识结构的一般视角，教师专业知识结构研究，教师专业知识发展的理论、策略、途径及个案分析几方面对教师的专业知识发展进行了系统全面的探讨。② 姚志敏等人（2007）从促进新课程改革的作用方面阐释了教师专业发展的重要性。③ 李培等人（2007）基于新课改及知识再发展的背景分析，从教师培训制度的建立、师生共同体验问题解决的过程、加强师生交流、开展教学反思活动几方面对促进高中数学教师的专业知识结构再发展进行了理论探讨。比较多的研究主要采用理论分析与实证调查相结合的方法研究教师知识发展的相关问题。④ 如刘竑波（2009）通过对教师与校长的调查研究、个案研究及其教学实践的剖析，主要围绕“是什么（指研究教师的知识技能作为一种历史和现实的存在，其概念和内涵曾经是什么？应当是什么？）”“为什么（指历史上教师知识技能的形成背景和来龙去脉如何，构成当代教师知识技能的理论基础是什么？）”“怎么样（是指教师知识技能在实

① 童莉．舒尔曼知识转化理论对教师知识发展的启示［J］．上海教育科研，2008（3）：10–13.

② 邵光华．教师专业知识发展研究［M］．杭州：浙江大学出版社，2011.

③ 姚志敏，刘华祥．关注教师知识发展　促进新课程改革［J］．成都大学学报（教育科学版），2007，21（12）：4–6.

④ 李培，鲍曼．高中数学教师专业知识结构再发展策略研究［J］．边疆经济与文化，2007（7）：134–135.

践中发生作用的实际形态以及现实结果)”三个核心问题对教师知识与技能的发展进行了理论与实证研究。[①] 刘兰（2006）通过文献法、问卷调查法及访谈法等研究方法，就新课程背景下地理教师应然的知识结构进行了理论研究，然后针对地理教师的教学知识发展进行了实证研究。研究结果表明：①地理教师对地理教学知识发展认同度最高的3种来源分别是网络资源、评课、教学经验与教学反思，对地理教师地理教学知识发展认同度比较高的来源为阅读专业期刊、阅读地理教科书、阅读地理课程标准等，以上来源都属于非组织性专业活动，说明非组织性专业活动在教学知识发展中占据重要地位。②地理教师对地理教学知识发展认同度最低的两种来源分别为中小学地理学习的经验、大学或专业学习时的一般教育类课程，这两种来源都属于职前教育范畴，这说明一般教育类课程的效用尚未发挥出来。新课改背景下，加强职前教育的有效性对教师地理教学知识发展有着重要的意义。③为促进地理教学知识发展，职前教育要关注联系教学实践，职后教育要注重理论提升，使理论与实践紧密联系贯穿地理教师教育始终。④地理教师对大学或专业学习时的地理教育课程、大学或专业学习时的教育实习、有经验教师的指导、阅读地理教科书、阅读教学参考书及网络资源等来源的认同度与教龄有相关性，教龄短的地理教师比教龄长的地理教师对以上来源有更高的认可度。[②] 另外，还有卢秀琼等（2008）通过理论分析及实证调研相结合的方法对渝东南地区小学语文教师的知识发展进行了研究[③]；赵明晖等（2010）对网络环境下的教师专业知识发展策略进行了研究[④]；裴淼（2008）就双语教学背景下幼儿园英语

① 刘竑波. 教师知识与技能的发展研究［D］. 上海：华东师范大学，2010.

② 刘兰. 新课程背景下地理教师知识结构及发展问题研究［D］. 上海：华东师范大学，2006.

③ 卢秀琼，郭吉芳. 渝东南地区小学语文教师知识发展研究［J］. 西南民族大学学报（人文社科版），2008，28（9）：268-270.

④ 赵明晖，郑燕林. 网络环境下教师专业知识发展技术策略研究［J］. 现代教育技术，2010，20（13）：95-97，90.

教师的知识构成及其发展进行了探讨[①]。

在教师的实践性知识研究方面，学者们主要从侧重理论分析、理论分析与实证研究相结合的角度探讨了教师实践性知识发展的机制及途径等。如，刘海燕（2006）运用建构主义理论解释了教师实践性知识的生成机制，认为“它不是通过教师教育者自上而下传授被动生成的，而是教师在一定的学习情境和个人原有知识、经验、心理结构以及信念的基础上，借助他人的帮助，利用必要的学习资源和建构工具，通过主体主动建构的方式而获得的”。[②]另外，邓友超（2007）借鉴野中郁次郎和竹内弘高对知识管理建构的SECI转换模式解释了教师实践性知识的管理过程，即外化—组合—内化，其中外化的策略有说课、集体备课、隐喻、反思日记、叙事；组合是为了检视自己实践知识的完整性，提升自己实践知识的整体效益；内化则需要写主题心得，与拥有相应实践知识的教师结对子。[③]吴泠（2008）将实践性知识分为可言传的和难以言传的两类，并在此基础上提出了相对应的学习方式，“即实践性知识是在内隐学习和外显学习的共同作用下，通过个体对知识的不断建构而习得的。比较而言，外显学习习得的更多的是显性的实践性知识，通常以理论知识的形式表现出来；而内隐学习更多是在动态的‘建构—解构—建构’基础上形成的，更多地表现为隐性的实践性知识。影响实践性知识形成的因素有内部因素（个人的职业理想与职业动机水平、原有的知识背景、自我反思意识、自觉的理论学习、人际交往）和外部因素（学校氛围、社会氛围）两种”。[④]王鉴、徐立波（2008）认为校本教研、教师反思和进修培训是教师实践性知识深化与显性化的基本途径。[⑤]何晓芳（2005）认为“实践反思是实践知识

---

① 裴森．双语教学背景下幼儿园英语教师的知识构成及其发展［J］．教育研究与实验，2008（4）：53–56.

② 刘海燕．试论教师实践知识的生成机制［J］．教学与管理，2006（15）：5–6.

③ 邓友超．教师实践智慧及其养成［M］．北京：教育科学出版社，2007.

④ 吴泠．教师实践性知识形成机制浅论［J］．教育探索，2008（9）：99–100.

⑤ 王鉴，徐立波．教师专业发展的内涵与途径：以实践性知识为核心［J］．华中师范大学学报（人文社会科学版），2008（3）：125–129.

发展的主渠道，而教师合作能促进实践知识的深化、补充和规范”。[①] 李德华和姜美玲的观点类似，姜美玲（2009）认为“教师个人生活史分析、反思教学实践经验、构建教师学习共同体”是发展教师实践性知识的路径[②]，李德华（2005）则认为“个人生活史、经验的积累和反思、观摩学习以及理论转化”是教师获取实践性知识的几种路径。[③] 张典兵（2008）认为“教育叙事研究、教育行动研究、教育实习和教育观摩以及教育案例研究”是教师实践性知识生成的途径。[④] 刘东敏、田小杭（2008）则主张“通过个体教育实践、实践性知识共享、现代信息网络等路径获取教师实践性知识。其中，外在的情境、协作和对话等是完成学习不可或缺的因素，学习者内在的情感、信念及价值观等则直接影响着实践性知识学习的质与量”。[⑤] 金忠明、李慧洁（2009）分别从职前和职后两个阶段介绍了教师实践性知识的获取方法，即“对职前教师来说，可通过整合各类资源、体验观察生活、参与实习实践等途径积累实践知识；对在职教师而言，可通过反思个人生活、扎根日常实践、确立专业目标、组织教学观摩、参与教育考察和强化合作互动等方法获取实践性知识”。[⑥] 张立新（2008）专门从教师生活史及其自我的视角探讨了教师实践性知识的形成机制，他认为“教师实践性知识的形成机制体现了教师生活史、教师自我与教师实践性知识三者螺旋循环的过程，教师实践性知识的理解和运用也促成自我的建构；教师实践性知识伴随有意义行动的发生，逐渐拓展和丰富了生活史的内涵，实现了对教师原有生活史的超越；相应地，对教师生活史的超越，对自我的再建构，也发展和完善着教师的实践性知识。教师

① 何晓芳．专业化背景下的教师实践知识研究［D］．长春：东北师范大学，2005.

② 姜美玲．论教师实践性知识的发展路径［J］．当代教育科学，2009（13）：6-11.

③ 李德华．新手教师实践性知识的建构：从教师生活史分析［J］．当代教育科学，2005（12）：26-30.

④ 张典兵．论教师的实践性知识及其生成途径［J］．继续教育研究，2008（2）：67-78.

⑤ 刘东敏，田小杭．教师实践性知识获取路径的思考与探究［J］．教师教育研究，2008（4）：16-20.

⑥ 金忠明，李慧洁．论教师实践性知识及其来源［J］．全球教育展望，2009，38（2）：67-79.

实践性知识的形成涉及文化因素、社会因素、家庭因素、学校教育因素、在职专业学习因素和个人因素等”。[①]

还有研究者仅从某个单一的路径出发，分析了促进教师实践性知识发展的有效方法。如时琳琳（2008）从教育技术学的视角入手，研究得出“在入职教育中应用课堂教学视频案例可以让新教师观摩优秀教师的成功范例或者个人教学活动实例，这对丰富新教师的课堂教学实践性知识极为有效”；[②]赵党玲（2009）认为“教学反思是教师实践性知识生成和发展的重要机制，它可从教师的教育信念、教师的职业道德感等方面促进教师实践性知识发展”；[③]蒋茵（2005）则认为“教育行动研究是实践性知识开发的有效途径”；[④]周国韬（2007）持有类似的观点，认为“教师叙事研究是挖掘和发展教师实践性知识的有效途径”。[⑤]

综合上述研究发现，我国学者近年来对教师实践知识的探索性研究已取得了许多有价值的成果，丰富了教师知识研究的领域，为我国教师专业发展提供了有价值的参考经验。另外，随着我国学科教育的快速发展，关于学科教师实践性知识发展的研究逐渐兴起，这不能不说是一种好的兆头。但是，也要清醒地看到，由于不同学者可能受理论基础、研究视角、研究方法、样本选择等方面的限制，许多研究者在探讨教师实践性知识的发展问题时，将实践性知识的发展、来源、获取、生成和学习等多个概念交织混用，出现了循环论证、论证不足甚至结论不太一致的问题。同时，他们对发展的理解还比较空泛，没有深入挖掘发展的具体层次、不同渠道和不同阶段的发展特征以及发展的内在机理等问题。此外，实证研究较少，通过逻辑思辨所归纳的

---

① 张立新．教师实践性知识形成机制研究：基于教师生活史的视角［D］．上海：上海师范大学，2008.

② 时琳琳．新教师入职教育中实践性知识获得的新途径：课堂教学视频案例的应用研究［D］．南京：南京师范大学，2008.

③ 赵党玲．基于教学反思的教师实践性知识发展［J］．湖南第一师范学报，2009，9（2）：35–36.

④ 蒋茵．基于教育行动研究的教师实践性知识［J］．教育探索，2005（2）：118–121.

⑤ 周国韬．教师叙事研究：挖掘和发展教师实践性知识的有效途径［J］．中小学教师培训，2007（10）：25–27.

研究结论比较趋同和简单，似乎倘若要发展教师的实践性知识只需要关注教师在日常生活实践中积累的教学经验、时常反思、采取叙事研究或鼓励同事交流、观摩等即可。但是针对教育实际，我们应该怎样配合运用这些方法，对不同年龄阶段教师应采用何种策略更为适宜，如何帮助教师按照生成原理有效获取实践性知识，并在不断实践检验中优化提高它，使它在数量和质量上都得到极大的发展，这些研究内容至今还比较薄弱。

在教师学科教学知识发展的研究方面，可能受范良火关于教师知识发展研究的影响，我国学者近年来对教师学科教学知识发展的研究也逐渐兴起，出现了不少探索性的研究成果。如童莉的《初中数学教师数学教学知识的发展研究》①、朱晓民的《语文教师教学知识发展研究》②、袁广锋的《中学体育教师教学知识发展研究》③、常妮的《高中政治教师学科教学知识发展研究》④、李海红的《普通高中生物教师教学知识现状与发展研究——以山西省晋中市为例》⑤、李万领的《中学化学教师教学知识发展个案研究》⑥、沈方梅的《语文学科知识向学科教学知识的有效转化》⑦、徐章韬的《数学特级教师学科教学知识的个案研究》⑧、钱旭升及童莉的《数学知识向数学教学知识转化的个案研究——基于新手与专家型教师的差异比较》⑨ 等。

综合上述关于教师学科知识的系列研究可发现，我国学者对这一

---

① 童莉．初中数学教师数学教学知识的发展研究［D］．重庆：西南大学，2008.

② 朱晓民．语文教师教学知识发展研究［M］．北京：教育科学出版社，2010.

③ 袁广锋．中学体育教师教学知识发展研究［D］．福州：福建师范大学，2006.

④ 常妮．高中政治教师学科教学知识发展研究［D］．上海：上海师范大学，2010.

⑤ 李海红．普通高中生物教师教学知识现状与发展研究：以山西省晋中市为例［D］．贵阳：贵州师范大学，2009.

⑥ 李万领．中学化学教师教学知识发展个案研究［D］．呼和浩特：内蒙古师范大学，2007.

⑦ 沈方梅．语文学科知识向学科教学知识的有效转化［D］．上海：华东师范大学，2010.

⑧ 徐章韬．数学特级教师学科教学知识的个案研究［J］．江西师范大学学报（哲学社会科学版），2010，43（6）：122-126.

⑨ 钱旭升，童莉．数学知识向数学教学知识转化的个案研究：基于新手与专家型教师的差异比较［J］．长春理工大学学报（高教版），2009，4（3）：155-157.

领域的研究也取得了许多有价值的成果。从研究对象涉及的学科来看，几乎涉及各个学科，如数学、语文、理化、生物、政治、体育、科学等；从研究涉及的教师发展阶段来看，有职前教师、初任教师、专家教师、资深教师等；从研究方法来看，许多研究主要采用文献法、问卷调查、课堂观察及访谈相结合的方法去探究不同教师学科教学知识发展的途径；从研究的视角来看，有个案的分析、新手与专家型教师的比较、学科知识向学科教学知识的转化等；从研究的结果来看，虽然不同学者选择的学科、样本及研究方法等不尽相同，研究得出的结果不尽一致，但是大多数研究基本上都认可"教师的经验及反思"这种来源对不同教师学科教学知识发展的促进作用是最大的。当然，相较于国外关于该领域的研究，我国对教师学科知识发展的研究目前还比较少，且学科领域分布不均衡，但关于数学教师学科知识发展的研究多一些。

## 三、关于数学教师知识的研究

为了从一般教师的知识研究过渡到数学教师学科知识的研究，这里不妨将数学教师知识的研究单独列出来进行简要的文献梳理。国内外学者关于数学教师知识方面的研究主要包括数学教师知识结构的研究及数学教师知识发展的研究两方面。

### 1. 关于数学教师知识结构的研究

整体来看，国内外学者关于数学教师知识结构研究的文献不多，比较有影响的研究主要是国外学者莱因哈特（Leinhardt）、史密斯（Smith）、芬尼玛（Fennema）、弗兰克（Franke）、拉潘（Lapan）及布罗姆（Bromme）等人的观点，国内学者对数学教师专业知识的划分比较有影响的当属郑毓信及喻平的观点。

莱因哈特和史密斯（1985）认为，就数学作为一门教学的科目而言，教师知识应该有两大核心领域：课堂结构知识和学科知识。前者包括设计和顺利进行课堂教学、从一个阶段流畅地过渡到另一个阶段和清晰解释内容所需的技术。后者则包括数学概念、过程、它们的相互联系、对学生错误类型的理解以及课程的表述。[①] 他们进一步解释了学科知识，即他们把学科知识看作选择例题、解释表达、示范的一种资源，其内容涵盖了舒尔曼所称的内容知识和教学的内容知识两方面，而他们关于课堂结构知识的定义则与很多教师知识分类中的一般性教学知识相类似。

以在课堂环境中使用的教师知识为中心，根据美国学者芬尼玛和弗兰克（1992）的观点，数学教师的专业知识可被归结为以下四个部分[②]：①数学的知识；②（一般性）教学知识；③关于学生的知识，即学习者在数学上认知的知识；④关于情境特定的知识，即指与某一背景或某种情境有关的教师知识。可见，芬尼玛和弗兰克把“关于学生的知识”单独地列为“数学教师专业知识”的一个重要组成部分。

1992 年举行的第七届国际数学教育大会上，拉潘和西勒 – 卢宾斯基（Theule-Lubienski，1994）强调教师至少需要三种知识以确保他们能够有效地选取有价值的课题、组织讨论、创造一个学习的氛围以及对教与学进行分析。他们用文氏图对这些知识加以表示，如图 2–1 所示。他们指出：“教师是在这些知识领域的交集上进行工作的。正是不同方面思考的相互作用让教师形成了言之有据的教学推理。”[③] 拉潘等人的研究与芬尼玛和弗兰克的观点基本相同，他们都注意到了学生的知识在教师知识中的重要地位。

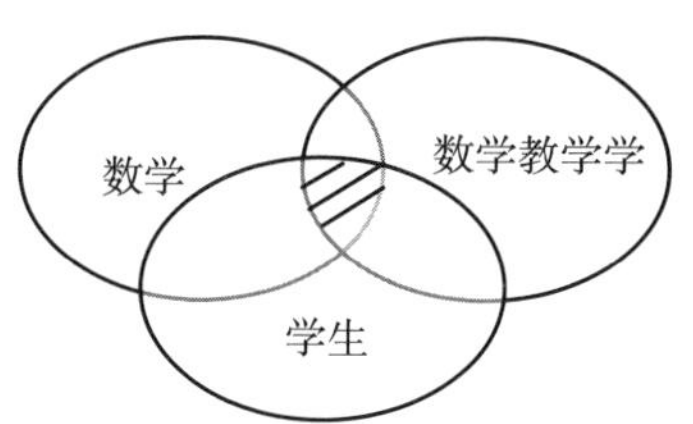


**图 2–1 教师所需知识图**

① LEINHARDT G，SMITH D A. Expertise in mathematics instruction：subject matter knowledge [ J ]. Journal of educational psychology，1985，77（3）：247.

② FENNEMA E. FRANKE M L. Teachers' knowledge and its impact [ M ]. New York：Macmillan Publishing Company Press，1992.

③ LAPPAN G，THEULE–LUBIENSKI S. Training teachers or educating professionals? What are the issues and how are they being resolved [ C ]. Quebec City：Les Presses de l'Université Laval，1994：249–261.

德国学者布罗姆（1994）曾对数学教师专业知识的内容进行了分析，认为主要包括五个部分[①]：①作为一门科学的数学内容知识，包括数学命题、规则、数学思维模式与方法；②学校数学知识，也就是作为一门学科的数学知识，并非只是作为科学的数学知识的简化，而是有它自身的逻辑；③学校数学哲学，这些观念涉及数学与学习数学的认识论原理，以及数学与人类生活知识的其他领域之间的关系，学校数学哲学会影响教师行为；④教育的知识（一般性教学和心理学知识），它主要包括一般的课堂组织和教学上的交流，相对独立于学校科目且具有通用性；⑤特定题材内容的教学知识，类似舒尔曼所说的“教学的内容知识”。这类知识有其特殊性，它是教学知识与教师对题材内容知识的亲身体验相互结合的知识。德国学者布罗姆对教师所需知识的列举，包括的范围更广泛、全面，除了上述学者提出的知识，他还指出了“学校数学哲学”的重要性。

国内学者关于数学教师所需要的专业知识研究，代表性的有郑毓信的观点。他针对美国教育理事会（American Council on Education，ACE）发布的旨在培养高水平教师的指导性文件的背景，并结合数学教师专业化的特点加以分析，认为数学教师的专业知识由以下四个部分组成（郑毓信，2000）：①作为科学的数学知识；②学校数学知识；③一般教育学（心理学）知识；④特定题材内容的教学知识。他的提法和布罗姆的观点基本一致，就是少了“学校数学哲学”这一项。他特别指出，应明确强调教师知识由“纯粹的数学知识”向“作为教学内容的数学知识”的转化，以及由“一般的教育学知识”向“特定教学内容的教学知识”的转化。[②]

喻平在全国高师数学教育研究会 2004 年年会上提出了数学教师知识结构的理论框架（图 2–2），然后通过对高中数学教师的问卷调查，

---

① BROMME R. 超越于题材内容之外的：教师专业知识的心理学结构［M］. 唐瑞芬，等译 // BIEHLER R. 数学教学理论是一门科学. 上海：上海教育出版社，1998：76–83.

② 郑毓信. 创造未来：简论高水准数学教师的培养［J］. 杭州教育学院学报，2000，4（2）：1–6.

分析了数学教师知识结构中各成分对数学教学影响的程度。研究指出，数学教师知识的构成包括数学知识、教育学知识、心理学知识、其他学科知识，它们之间是相互联系、动态发展的，共同对数学教学产生影响。①

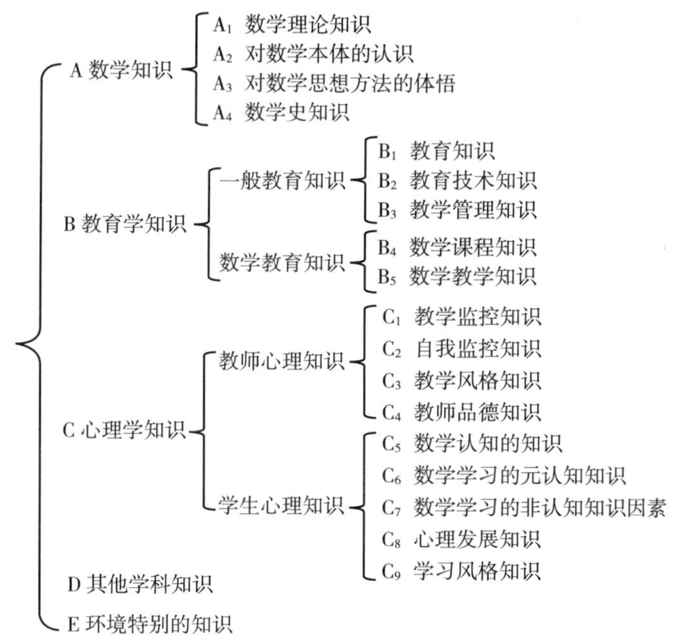


**图 2-2　数学教师知识结构的理论框架**

郭正标通过问卷调查、课堂观察、课后访谈等方法，在理论分析与实证调查的基础上，从适应新课程发展的角度归纳总结出高中数学教师的专业知识结构应包括：普通文化知识、数学专业知识、一般教学知识、数学教学知识、教学实践知识、数学素养。②

王济荣等认为高中数学教师为适应新课改的要求应具有精深的本体性知识、宽厚的条件性知识、广博的文化知识及丰富的实践性

---

① 李渺，喻平，唐剑岚，等．高中数学教师知识结构的特征研究［J］．数学教育学报，2007，16（2）：55-59.

② 郭正标．高中数学教师专业知识结构及发展研究［D］．金华：浙江师范大学，2007.

知识。[①]

总之，国内外学者关于数学教师知识结构的划分，尽管名称繁多，表述不一，但有几个核心成分却是相同的：数学学科知识、数学教学知识、一般教学法知识、关于学生学习的知识等。另外，国内外学者都注重对教师知识结构中各成分相互关系的理解。相比较而言，国外学者对数学教师知识结构的划分更多受舒尔曼对教师知识分类的影响，且把"关于学生学习的知识"作为数学教师知识结构的一个重要组成部分。而我国学者很大程度上以林崇德等学者的观点为依据对数学教师知识结构进行划分，只不过是将林崇德对一般教师的知识结构对应到数学教师身上并进行新的诠释罢了。

**2. 关于数学教师知识发展的研究**

国外学者对数学教师知识发展的研究主要侧重于数学教师教学知识及实践知识两方面。在数学教师教学知识来源的研究方面，芬尼玛和弗兰克基于课堂环境提出了数学教师教学知识的模型，认为数学的知识、教学法知识、数学中学习者认知的知识分别与环境特别的知识相互作用，共同构成数学教师教学知识的基本源泉。该模型强调教师教学知识的动态性和教师教学知识受教师信念的影响。[②]在数学教师实践性知识来源的研究方面，莱因哈特通过研究一位数学教师在同一数学内容教学上的变化，指出数学教师的实践性知识是在学校的具体环境和课堂情境中形成的。[③]拉普（Lampert）指出数学教师的实践性知识具有情境性、个体性等特点，实践性知识的发展受教师教育教学信念、教师对教学的认识、对问题的认识及界定、对教师角色的认识以及对学生的认识等的影响。[④]鲍尔（Ball）研究表明数学教师的实践性

---

① 王济荣，王济红，刘彦学，等. 高中数学教师知识结构现状的调查与分析［J］. 运城学院学报，2010，28（2）：19-22.

② 格劳斯. 数学教与学研究手册［M］. 陈昌平，王继延，译. 上海：上海教育出版社，1999：256-257.

③ LEINHARDT G. Novice and expert knowledge of individual student of individual student's achievement［J］. Educational psychologist，1983，18（3）：165-181.

④ LAMPERT L. How do teachers manage to teach? perspectives on problems in practice［J］. Harvard educational review，1985，55（2）：178-214.

知识具有个体性和情境性，其发展同时受数学教师教学信念的影响。[①]

我国学者对数学教师数学知识发展的研究大概有两种研究取向，一种是数学教师现有的数学知识是如何来的，着眼于对过去知识发展的总结与反思；另一种是在对数学教师数学知识现状分析的基础上，提出提高教师数学知识发展的策略，着眼于未来的意象建构。

第一种研究取向的代表人物应该是范良火。范良火（2003）通过问卷调查、课堂听课和教师面谈等方法，在对美国芝加哥地区的 77 名数学教师进行研究的基础上得出：数学教师自身的教学经验和反思以及和同事的日常交流是他们发展自身教学知识的最重要的来源，在职培训和有组织的专业活动也是比较重要的来源，但是相比之下，作为学生时的经验、职前培训和阅读专业书刊则是最不重要的来源。[②] 这对教师学科教学知识发展研究提供了有益的借鉴。参考范良火的研究模式，韩继伟等人（2011）以初中数学教师为研究对象，通过问卷调查以了解不同来源对中学数学教师的教师知识发展的重要程度。研究结果表明：自身教学经验与反思、和同事的日常交流是最为重要的职后教师知识来源，而入职后的学历教育是最不重要的教师知识来源。在职前的各种教师知识来源中，教育见习实习、微格教学是职前比较重要的教师知识来源，而数学专业课、教育类课程是最不重要和次重要的教师知识来源。[③] 另外，针对师范生的培养和学科知识发展，张波（2006）采用质的研究方法，以数学中的极限概念如何理解为视角，对职前数学教师的学科知识中的实体性知识发展做了研究。研究结果表明，采用三次备课和教学阐述相结合及利用思维导图这两种途径可以帮助师范生发展他们的实体性知识。[④] 景敏（2006）通过理论分析及实证研究得出，促进中学数学教师教学内容知识发展的有效策略是行

---

① BALL D L. Research on teaching mathematics：making subject matter knowledge part of the equation［M］. Greenwich CT：JAI Press，1991.

② 范良火. 教师教学知识发展研究［M］. 上海：华东师范大学出版社，2003.

③ 韩继伟，马云鹏，赵冬臣，等. 中学数学教师的教师知识来源的调查研究［J］. 教师教育研究，2011，23（3）：66-70.

④ 张波. 数学专业师范生的实体性知识发展研究［D］. 上海：华东师范大学，2006.

动学习。[①] 田宏根等（2007）研究发现高中数学教师的教学知识主要来自自我学习和反思、自己的教学实践和经验以及与同事的交流等。[②] 苏建烨（2006）通过调查得出中学数学教师教学知识发展的一些结论：①和同事的日常交流、自身的教学经验与反思是最重要来源；②阅读专业书刊、从教后接受的专门培训、有组织的专业活动是相对重要来源；③职前培训、作为中小学学生时的经验是最不重要来源。[③] 赵俊霞（2006）通过问卷调查分析了不同的来源对目前中学数学教师专业知识的发展有着怎样不同的重要性。研究结果表明："自身的教学经验和反思以及和同事的交流是中学数学教师发展自身专业知识的两个最为重要的来源；课堂听课、阅读专业书刊、作为学生时的经验、有组织的专业活动是比较适中的来源；而从教后的在职培训、从教后接受的专业培训和职前培训则都是最不重要的来源。"[④]

关于第二种研究取向的成果也有不少，如李培、鲍曼（2007）基于数学教师面临着新课改和知识再发展的挑战，从建立高中数学教师培训制度、构建师生共同体验问题解决的教学过程、加强师生交流、开展教学反思活动几方面提出高中数学教师专业知识结构再发展的策略。[⑤] 于晓娟等人（2006）提出发展数学教师教学知识的策略主要有：经历数学问题解决过程、构建与学生的数学对话、开展合作探究活动和组织教师叙事研究。[⑥] 张明慧（2006）通过问卷调查、访谈等方法，提出主要从师范教育改革及校本培训两个大的方面促进数学教师专业

① 景敏. 基于学校的数学教师数学教学内容知识发展策略研究［D］. 上海：华东师范大学，2006.

② 田宏根，杨军. 从一节课管窥高中数学教师教学知识的发展［J］. 数学教育学报，2007，16（2）：51–54.

③ 苏建烨. 中学数学教师教学知识发展研究：对广西玉林市教师的调查及分析［D］. 北京：首都师范大学，2006.

④ 赵俊霞. 中学数学教师专业知识的发展［D］. 长春：东北师范大学，2006.

⑤ 李培，鲍曼. 高中数学教师专业知识结构再发展策略研究［J］. 边疆经济与文化，2007（7）：134–135.

⑥ 于晓娟，王家铧，李忠海. 发展数学教师知识结构的若干策略［J］. 数学教育学报，2006，15（2）：32–34.

知识发展的策略。①

可见，关于数学教师知识发展的研究已是国内外学者研究教师专业发展的一个重要领域，研究的方法基本以文献分析、问卷调查及访谈为主，研究的结论基本上都认可“自身的教学经验和反思”是教师发展其数学知识的最主要途径。但相比较而言，国外学者的研究更具体，设计方案更具有可操作性，而国内学者的实证研究比较薄弱，研究基本上以模仿范良火的研究框架进行。另外，国内学者对数学教师知识发展的研究有两种研究取向，一种是着眼于过去经验的反思与归纳，另一种是着眼于未来发展的策略建构。

综合上述国内外学者关于教师知识的研究发现，自 20 世纪 80 年代起，教师知识的研究已成为教师专业发展研究的一个重要领域，且学者们对教师知识的研究主要聚焦在教师知识结构及教师知识发展这两方面。关于教师知识结构的研究，影响最大的当数舒尔曼提出的教师知识结构框架，虽然不同学者在研究过程中提出了不同的观点，但或多或少受到舒尔曼观点的影响，相比较而言，虽然我国部分学者（主要是研究生）依照舒尔曼的观点对教师知识结构进行了尝试性的划分，但大部分国内学者基本赞同林崇德等人的观点，且学科教育研究者结合不同学科教师的特点尝试着将其运用到学科教师知识结构的划分中。另外，虽然国内外学者对教师知识结构划分中使用的术语不尽一致，但研究结果表明，教师知识结构包括以下几个必不可少的要素：一是教育学、心理学知识，包括关于学生的知识、一般教学原理、课堂管理知识等；二是学科内容知识，包括学科知识结构、学科教材结构等；三是实践知识。但是，国内学者目前关于教师知识结构的研究还局限于对教师知识结构的特征和构成要素的一般性描述，对于结构内部各要素之间的关系阐述还不够深入。所以，知识结构研究还有待进一步深入下去，对于如何建构合理的教师知识结构也还缺乏实际意义上的可操作性。另外，关于教师知识的研究视角与国际上同类研

① 张明慧．高中数学教师专业知识发展研究［D］．曲阜：曲阜师范大学，2006.

究相比显得比较狭窄，有待进一步拓宽。在教师知识发展的研究方面，国内外学者主要侧重于教师学科教学知识及实践性知识发展的研究，研究方法主要以理论分析、问卷调查、个案分析、教师叙事及访谈等为主。通过以上研究发现，研究者提出了教师知识发展的不同途径，例如中小学学习经验、职前专业课程的学习、教育实习、在职培训和教学经验等。对于这些途径在教师知识发展中的作用研究者的认识是不同的，很多意见甚至完全相反。这可能是由于受研究对象小样本等特定情形的限制，从而使最终的研究结果普适性不强。相比国外，国内关于教师知识发展的研究还是比较少，且教师知识的发展主要以基础教育中的学科教师知识发展研究为依托，因为各学科教师知识发展由于学科特点不同，在知识发展方面也有所差别。总体来说，对于这些途径的研究，研究者只限于对教师途径的比较，而缺乏对教师知识发展途径的全面考察。

## 第二节　数学教师学科知识文献及述评

教育者自然是希望把师范生都培养成专家教师，但是目前教师的职前和在职教育体系显然还远远没能做到这一点。当然，造成这种现象的影响因素是多样的，其中一个重要因素是没有很好的研究来挖掘专家型教师在发展其学科知识方面的宝贵经验。正如徐碧美（2003）所说的："大多数关于新手与专家的研究强调课堂管理或者教学的一般特性，很少研究教师的学科知识。"她进一步指出："要理解专家教师的知识基础就必须研究他们特定的学科知识，他们与新手教师在学科知识上的差异，以及专家教师是如何培养这种学科知识的。"① 在教师的专业知识构成中，首先被认同的就是教师应该具备所教学科的知识。

① 徐碧美．追求卓越：教师专业发展案例研究［M］．陈静，李忠如，译．北京：人民教育出版社，2003.

如果希望我们的师范教育能对教师的养成起更多正向的作用，我们必须把如何发展教师的学科知识作为重要的因素来研究。

## 一、国外学者的研究

### 1. 数学教师学科知识研究的历史概况

鲍尔等人（2001）对数学教师学科知识研究的历史发展过程做过一个概述。[①]他们根据对数学教师学科知识测量所采用的主流研究方法的不同，将数学教师学科知识的实证研究划分为两个发展阶段。

第一个阶段大约从20世纪60年代初开始，由于人们不满意之前对于教学问题的讨论只停留在哲学思辨阶段的研究状况，于是，研究者开始使用量化的研究方法。根据贝格和吉斯林（Begle & Geeslin，1972）的介绍，在60年代进行了一项涉及美国40个州、1500所学校的112000名学生的全国数学能力的纵向研究（National Longitudinal Study of Mathematics Ability）。结果显示，在所研究的包括个人从事数学活动的经历、年限、对于学习的哲学看法等20种教师特征和态度中，没有一项教师特征与学生的学习成绩直接相关。[②]另外，贝格（1979）还对1960—1976年有关教师所学的微积分等数学课程的数量对学生学习成绩影响的文献进行了元分析研究，结果发现，只有10%的个案显示教师所修的数学课程对学生的学习成绩有正面影响，有8%的个案显示教师所修的数学课程对学生的学习成绩有负面影响。由此贝格得出一个结论：“教师对于他所教的学科知道得越多，他作为教师就越有成效”的观念似乎需要彻底改变。[③]后来蒙克（Monk，1994）

---

① BALL D L，LUBIENSKI S T，MEWBORN D S. Research on teaching mathematics：the unsolved problem of teachers' mathematical knowledge [M]//RICHARDSON V. Handbook of research on teaching. 4th ed. New York：Macmillan，2001.

② BEGLE E G，GEESLIN W E. Teacher effectiveness in mathematics instruction [M]. Washington，DC：Mathematics Association of America and the National Council of Teachers of Mathematics，1972.

③ BEGLE E G. Critical variables in mathematics education：findings from a survey of empirical literature [M]. Washington，DC：Mathematics Association of America and the National Council of Teachers of Mathematics，1979：381-382.

进行了类似的研究，对数学及科学教师的学科准备（teachers' subject matter preparation）与学生学习成绩之间的关系进行了实证研究，也得到了与贝格相类似的结论。①

第二个阶段始于 20 世纪 80 年代中后期，学者们对数学教师学科知识的研究主要采用质化的研究方法。由于第一阶段研究者主要通过计算数学教师所学数学课程的门数来测量其学科知识掌握的多少，忽视了对被测量知识的性质即教师对知识掌握程度的探讨，掩盖了教师学科知识的重要作用。显然，很多研究者对这种研究方法不甚满意，遂开始放弃测量知识第二级指标（measuring second-order indicators of knowledge）的方法，采取更近一层测量知识的方法。另外，由于认知心理学的发展使得研究者不再关注教师行为的研究，而是开始关注教师自身的认识。于是，在维特罗克（Wittrock，1986）主编的第三版《教学研究手册》（*Handbook of Research on Teaching*）发表以后②，学者们开始出现用质化的研究方法探讨"教师知道什么"（what teachers know）这一问题，并且这种研究逐渐成为教师知识研究的主流。在这样的大研究背景下，数学教师学科知识的研究进入了第二个研究发展阶段。在这个阶段里，数学教师学科知识的研究主要有两个取向：一个取向关注的是教师的数学知识（knowledge of mathematics），主要研究教师数学的命题知识和程序性知识（prepositional and procedural knowledge of mathematics），研究主要集中在教师对于特定数学概念（如函数、极限）的理解以及对于一些数学法则的理解（如为什么在分数除法法则中要颠倒相乘）方面；另一个取向关注的是教师关于数学的知识（knowledge about mathematics），主要包括对于数学本质的认识即知识从哪里来？怎样发展变化？真理是怎样建立的等哲学上的认识，也就是对教师数学观的研究。可见，从研究方法上来讲，第一个阶段

---

① MONK D H. Subject area preparation of secondary mathematics and science teachers and students achievement［J］, Economics of education review，1994，13（2）：125–145.

② WITTROCK M C. Handbook of research on teaching［M］. 3rd ed. New York：Macmillan，1986.

主要采用量化的宏观的测量方法，而在第二个阶段主要采用质化的微观的研究方法。

**2. 关于数学教师学科知识构成的理论研究**

（1）施瓦布（Schwab）认为应注重对学科知识结构的理解与把握。

一般认为，学科知识这个概念最早是由施瓦布（1978）提出的。施瓦布指出，无论教育是以传授知识为目的，还是以传授技能为目的，都需要重视学科的结构。以传授知识为例，正如一个单独词语的意思不仅要通过词典来给出，也要通过这个词语所在句子的上下文来给出一样，学科中一个单独的命题或者句子的含义不可能完全包含在这个命题里面，也要通过这个命题所在学科的结构去理解其正确含义。另外，并非所有的以真理形式出现的断言都是真理，即使都是真理，也并非所有的真理都是同等程度或相同意义上的真理。对于这些问题，都必须根据学科的结构才能给出合理的判断，从而使我们在面对一个完整的学科知识体系的时候，能够决定哪些知识是最值得学习的。

在指出了学科结构重要性的同时，施瓦布还进一步给出了了解学科结构的两种方式：一种是句法性地（syntactically），另一种是实体性地（substantively）。所谓句法性地是指从学科所表现出来的逻辑结构方面去了解学科结构；所谓实体性地是从学科的概念设计角度去了解学科结构。①

（2）舒尔曼等认为教师的学科知识应包括内容知识、实体性知识、句法性知识及关于学科的信念四个维度。

基于施瓦布对学科结构的阐述，舒尔曼（1986）提出教师的学科知识不仅包括一个领域的事实和概念的知识，也包括对学科结构的理解。和施瓦布一样，舒尔曼认为学科结构主要有两个：一个是学科的实体性结构（substantive structure），主要是指将学科的基本概念和原理组织起来以使学科中的事实一体化的各种方式；另一个结构是学科的句法性结构（syntactic structure），主要是指学科中判断真理与谬误、有效与无

---

① SCHWAB J J. Education and the structure of disciplines［M］. Chicago：University of Chicago Press，1987.

效的方式。当对一个给定现象的解释存在争议时，一个学科的句法将会提供哪种看法更加合理的依据。句法就像语法一样，它是一套规则，决定着在一门学科领域里什么是合乎规则的，什么是破坏规则的。①

在舒尔曼观点的基础上，格罗斯曼等人（1989）对教师的学科知识概念作了进一步的发展，不仅增加了一个新的成分——关于学科的信念（belief about the subject matter），而且对学科知识原有的三个成分的内涵做了更为全面细致的解释与补充。格罗斯曼等人提出，教师的学科知识有四个维度：内容知识（content knowledge）、实体性知识（substantive knowledge）、句法性知识（syntactic knowledge）及关于学科的信念（belief about the subject matter）。②

内容知识是指学科的材料，包括事实性的信息、组织原则和中心概念等。比如代数教师要知道二次方程的公式、毕达哥拉斯定理、变量与集合等知识。教师的内容知识是数学教学不可缺少的一部分，往往影响着教师的教学方式甚至教学风格。如在教一些教师不确信的数学材料时，教师更倾向于教授而不是让学生提问，因为如果让学生提问可能会把教师引向他们不知道的领域里去。教师的内容知识也会影响教师如何批判教材、如何选择教学材料、如何建构课程以及如何进行教学。当然，内容知识与学科知识的其他成分是相联系的，内容知识并不是独立存在于学科的深层结构之外。

实体性知识是指引领一个领域里的调查和数据整理的解释性框架或范式。正如库恩（Kuhn，1970）③ 在讨论自然科学的进化过程中所指出的那样，有些学科如物理、化学在某一个时期会有一个占主导地位的结构；而有些学科，多种相互对立的实体结构可能会同时出现。无

① SHULMAN L S. Those who understand：knowledge growth in teaching［J］. Educational researcher，1986，15（2）：4-14.

② GROSSMAN P L，WILSON S M，SHULMAN L S. Teachers of substance：subject matter knowledge for teaching［J］. Profesorado，revista de currículumy formación del profesorado，2005，9（2）：1-25.

③ KUHN T S. The structure of scientific revolutions［M］. Chicago：University of Chicago Press，1970.

论教师的实体结构知识是显性的还是隐性的，它都对教师如何教和选择教什么有重要的影响。比如，历史教师可能会从他觉得有意思的问题出发，通过社会的、文化的、政治的或者是智力的问题等去选择呈现哪些历史信息，尽管这些不同的角度不一定相互矛盾，然而这些问题在实体上是不同的。通过这种方式，教师知识中的实体结构知识能够直接影响教师的课程决策。

句法性知识是指采用何种方式将新知识纳入一个学科领域里的知识。它是学科共同体成员在学科探索中所使用的证据的规则。句法性知识也同样会影响教师的教学。格罗斯曼等人（1989）通过研究发现，知道更多学科句法结构的教师会将学科这方面的知识体现在课程当中，而缺乏学科句法性知识的新手教师就很难将学科这方面的知识吸纳到自己的课程当中。另外，句法性知识也会影响教师学习这个学科领域里的新知识。当一个领域里的知识发生改变时，教师需要一种利用证据来评价和解释新理论的能力。对新手教师的研究发现，牢固的学科句法结构知识对于教师获得新知识是非常有价值的。

（3）鲍尔认为数学教师的学科知识应包括数学的实体性知识、关于数学的知识及数学倾向三个维度。

鲍尔（1988）对以往数学教师的学科知识研究做了一个总结，她指出，尽管现在大多数研究者都已经放弃了以前采用的教师所修过的课程门数或者学分来代表教师学科知识的做法，但目前研究者将“学科”概念化的方式是不同的。① 一些研究者如欧内斯特（Ernest，1988，1989）②③，汤普森（Thompson，1984）④ 等在研究教师关于数学

① Ball D L. Knowledge and reasoning in mathematics pedagogy：examining what prospective teachers bring to teacher education［D］. East Lanshing，Michigan：Michigan State University，1988.

② ERNEST P. The impact of beliefs on the teaching of mathematics［M］. Budapest：Hungary，1988.

③ ERNEST P. The knowledge，belief and attitude of the mathematics teacher：a model［J］. Journal of education for teaching，1989，15（1）：13-33.

④ THOMPSON A G. The relationship of teachers' conceptions of mathematics and mathematics teaching to instructional practice［J］. Educational studies in mathematics，1984，15（2）：105-127.

的观念或者信念时，往往使用访谈、问卷和以教师的实践为基础做推论等各种方法识别教师的观念，这些研究总体上强调教师对数学的设想对他们的学科教学产生一定的影响。另外一些研究者如莱因哈特和史密斯（1985）[①]，埃文（Even，1995，1993，1990）[②③④]，鲍尔（1990，1995）[⑤⑥] 等则关注教师对数学概念和法则的理解，研究者通过访谈和结构性问题探索教师如何理解（或误解）某个特定的概念。

面对研究中对学科知识的不同思考方式，鲍尔（1988）认为对数学的理解是对学科的知识、信念与情感的混合物。因此，鲍尔提出数学学科知识有三个维度：数学的实体性知识、关于数学的知识和数学倾向。[⑦] 鲍尔和麦克迪尔米德（McDiarmid）（1990）又将数学学科知识的界定推广到一般的学科知识，即一般的学科知识也有三个维度：学科的实体性知识、关于学科的知识和学科倾向。[⑧] 尽管前面特指的是数学学科知识，后面是一般的学科知识，但是作者的基本想法是非常类似的，下面我们主要介绍鲍尔和麦克迪尔米德（1990）对学科知识的界定和理解。

---

① LEINHARDT G，SMITH D A. Expertise in mathematics instruction：subject matter knowledge [ J ]. Journal of educational psychology，1985，77：247–271.

② EVEN R，TIROSH D. Subject–matter knowledge and knowledge about students as sources of teacher presentations of the subject–matter[ J ]. Educational studies in mathematics，1995，29：1–20.

③ EVEN R. Subject–matter knowledge and pedagogical content knowledge：perspective secondary teachers and the function concept [ J ]. Journal for research in mathematics education，1993，24（2）：94–116.

④ EVEN R. Subject matter knowledge for teaching and the case of functions [ J ]. Educational studies in mathematics，1990，21（6）：521–544.

⑤ BALL D L. Prospective elementary and secondary teachers' understanding of division [ J ]. Journal for research in mathematics education，1990，21（2）：132–144.

⑥ BALL D L. Teaching mathematics for understanding：what do teachers need to know about subjects matter? [ M ]. New York：Teachers College Press，1995.

⑦ BALL D L. Knowledge and reasoning in mathematics pedagogy：examining what prospective teachers bring to teacher education [ D ]. East Lanshing，Michigan：Michigan State University，1988.

⑧ BALL D L. MCDIARMID G W. The subject–matter preparation of teachers [ M ]. New York：Macmillan，1990.

学科的实体性知识也就是传统意义下所指的学科知识内容。主要是指一个学科的材料、组成成分和对它们进行分类所使用的术语。在这些方面学科与学科之间的差别很大。就数学而言，数学的实体性知识包括特定的数学概念、定义、约定和程序。比如什么是矩形？如何确定一个函数的最大值？实体性知识只是学科知识的一方面，学科知识也包括许多关于学科的理解。比如，一个学科领域内过去和目前的主要争议、断言是怎样被证明和确认的，在一个领域里进行对话所必需的内容是什么等。无论这些理解是不是教学的明确目标，学生都会不同程度地形成他们对所学学科的一些想法。正如比尔斯（Beers，1988）[①] 所言，尽管认识论的问题很少在课堂上明确地表达出来，但在课程的组织与内容上、教师与学生的互动中、在课堂活动与对话中还是能含蓄地体现出来。在数学上，关于学科的知识有三个维度。一是约定与逻辑建构的区别：正数在数轴的右边或者我们使用十进位制都是任意的、约定的；而 0 做除数没有定义或者任意一个数的 0 次幂都等于 1 就不是任意的、约定的。二是学科内部与外部的关系：理解数学思想与主题内部之间的联系以及数学与其他领域之间的联系。三是了解数学领域中的基本活动：寻找模式、提出猜想、证明断言、证实解法和寻求一般化。学生所形成的关于数学学科的一些想法虽然可能与该领域内的学者对数学学科的看法不尽一致，例如学生可能把数学看成是一个具有确定对与错答案的学科，但作为学科知识的重要成分，学生关于数学本质的信念往往影响着其对数学实体的理解。除了对数学学科实体和学科本质的理解，学生也形成了关于数学学科的倾向。如他们会喜欢或不喜欢某个特别数学题目和活动、倾向于钻研某些数学问题而避开其他的问题，以及形成他们自己擅长或不擅长某一数学知识内容的观念等。

分析上面学者对学科知识的看法，可以发现，鲍尔的观点与格罗斯曼等人（1989）基本一致。对于学科知识的第一个维度，二者的看

---

① BEERS S. Epistemological assumptions and college teaching: interactions in the college classroom [J]. Journal of research and development in education, 1988, 21 (4): 87–94.

法基本相同。而鲍尔所提出的学科知识的第二个维度中的有些成分，相当于施瓦布所说的学科的实体结构与句法结构。除此之外，鲍尔所提出的学科知识的第二个维度中也包括信念的成分。比如，鲍尔在分析职前教师关于数学的知识这个维度中存在的问题时，指出职前教师整体上认为数学就是一堆或多或少联系着的规则和程序，做数学就是遵循标准程序得到正确的答案；很少有教师认为数学是一个能够争论或者可以有另外一种解释的领域；很少有教师认为数学是一个存在着不确定性、有无法解决的问题且可以不断变化的领域。这些都说明鲍尔所提出的关于数学的知识中包括信念的成分。随后，鲍尔和麦克迪尔米德（1990）阐释学科知识的第二个维度中也提到了关于学科本质的信念。因此，可以说，鲍尔关于学科知识的第二个维度相当于格罗斯曼等人所指的第二、第三、第四个维度，而鲍尔和格罗斯曼等人的不同主要是在学科知识中又增加了一个情感的维度。

可见，虽然国外学者对数学教师学科知识结构的划分在名词术语的使用上不尽一致，但通过比较可以发现，几位学者对数学学科知识理解的核心意旨基本上是一致的，概括起来主要包括数学的知识及关于数学的知识两方面。相比较而言，施瓦布对学科知识的划分太笼统抽象，不易理解；格罗斯曼等人对学科知识结构的划分更凸显一般学科的性质，对数学学科知识的诠释缺乏特色；而鲍尔对学科知识结构的划分比较适合数学教师。因此，国外学者对教师学科知识结构的划分经历了一个由学科普适向学科特色发展的过程，这也是我国学者应该借鉴的一种研究方法。

**3. 关于数学教师学科知识现状的实证研究**

研究者虽然在理论上对学科知识的成分有多种不同的看法，但鲍尔（1988）认为数学教师学科知识的实证研究主要集中在两个不同的方向上：一个是关于数学的知识，另一个是数学的知识。由于本研究属于数学教师的学科知识，即数学教师数学知识的研究，因此，下面我们主要介绍的也是教师数学知识的实证研究。这方面的研究主要有两类：一类是教师对数学概念和法则的理解，另一类是教师的数学知识与教学之间的关系。

1）教师对于数学概念和法则的理解

莱因哈特和史密斯（1985）研究了算术专家教师的分数知识。研究者认为，学科知识包括概念、法则运算、不同法则程序之间的关系、被使用到的数系的子集、对于班级学生错误的理解及课程表征等。这项研究中搜集数据的方法主要有：①观察教师的教学并进行一些录像；②访谈，内容主要包括课堂录像的讨论、教师对自己教学的评估及分数知识；③卡片分类任务，任务中包括从四年级课本中随机选择的 40 个数学计算问题，请教师对这些问题进行分类并给出分类的理由。卡片分类和分数知识的访谈结果证实：专家教师对数学知识的分类及表征明显强于新手教师；尽管专家教师的学生成绩都很高，但是专家教师的数学知识水平也有差异，而新手教师的数学知识水平普遍较低。①

埃文（1990）针对某一特定数学主题，提出了一个研究数学教师学科知识的框架。埃文认为应当从几方面去考察数学教师的学科知识：概念的本质特征；概念的不同表征；同一概念的不同处理方法；概念的意义；基本的技能，主要包括能给出阐明重要原理、性质、定理的例证；关于数学的知识。根据上述框架，结合 1989 年的研究数据，埃文对 162 名职前中学数学教师的函数知识进行了研究，研究的方法主要是开放式的问卷和访谈，研究结果表明教师的函数知识是薄弱且零散的。②

希特（Hitt，1994）通过对 29 名大学预科和大学一年级职前数学教师的问卷调查，研究了教师在构造连续函数和非连续函数上的困难。问卷中设计的 25 道题目所涉及的数学知识都是要求这些职前数学教师所掌握的，其中有 4 道题目考察教师在构造连续函数和非连续函数上

① LEINHARDT G，SMITH D A. Expertise in mathematics instruction：subject matter knowledge［J］. Journal of educational psychology，1985，77（3）：247–271.

② EVEN R. Subject matter knowledge for teaching and the case of functions［J］. Educational studies in mathematics，1990，21（6）：521–544.

是否存在着困难。以其中的 1 道题为例：构造两个函数，定义域和值域都是 $R$，使得函数满足 $f(-5)=2$；$f(0)=1$；$f(5)=6$。29 名教师中有 13 名能够给出满足题目条件的一个函数；有 5 名教师能够给出满足题目条件的两个函数；教师所构造的函数中很少有多于一个规则的分段函数，并且教师也不会构造非连续函数。其他 3 道题目的情况也与此类似。从这些情况研究者推断：教师对于函数的直觉是与“通过仅一个代数表达式来定义的连续函数”相联系的，这与函数发展的历史有些类似。研究的结果对研究者的启示是：除了课本上常见的方式，有必要使用不同的方法使职前数学教师获得函数的概念，这样他们对函数概念的理解及函数表达式的识别才可能是全面而深刻的。①

李（Lee，1992）研究了 42 名职前中学数学教师与极限概念有关的 3 种类型的知识：学科知识、课程知识和教学内容知识。主要有 4 个研究问题：①教师对极限概念的理解怎么样？②教师对极限概念的理解有哪些错误观念、困难和错误？③教师对于 K－12 数学课程中所涉及的极限概念有什么看法？④在教极限概念的时候，教师预计会有什么可能的错误观念、难点和错误？由于被试教师对于后面的两个研究问题的回应率很低，所以研究者对于后两个研究问题只提供了数据和讨论，而没有做出最后的结论。对于教师学科知识的前面两个研究问题，研究者设计了职前中学数学教师对于极限概念理解的问卷。研究结果表明，教师对于函数极限概念的理解是比较程序性的，而不是概念性的。例如，他们能够计算一个特定数列的极限，但是不能够证明所给出的数是这个数列的极限；教师对极限概念的印象与他们给出的极限概念的定义存在着偏差。他们知道极限的定义，但是不能够理解这个极限定义的本质，因此，尽管他们能够给出一个定义，但却不能将这个定义迁移到特定的例子中去，不会利用定义去证明极限的存在性或证明定理。教师对于极限概念的错误观念、困难和错误与对学

---

① HITT F. Teachers’ difficulties with the construction of continuous and discontinuous functions [J]. Focus on learning problems in mathematics，1994，16（4）：10–20.

生所作的调查研究中发现的结果类似。教师根据自身的经验给出了一些错误观念、难点、错误的例子，但是他们不能提供克服这些错误和困难的策略，也不知道产生这些错误和困难的原因。并且，在解极限题目或者向学生解释极限的情境时，经常出现错误观念。教师的这些错误观念可以传递给学生，对学生正确理解极限等数学概念产生一定的误导倾向，因此这些问题需要引起教师、数学家、教育者及教师培训机构的关注。[①]

巴图鲁（Baturo，1996）和内森（Nason，1996）对澳大利亚13名正在接受教师教育的一年级职前教师的面积测量知识进行了研究。在这项研究中，教师的学科知识包括4方面：①实体知识，②关于数学本质和论述的知识，③文化与社会中的数学，④数学倾向。研究的方法是让被试完成8项与面积测量有关的数学任务，在这个基础上对被试进行结构性的个体访谈。研究发现，在实体知识方面，这些教师中很多人的实体知识是非常贫乏的。比如，13名教师中有5名教师混淆了体积与面积的概念；尽管所有教师都会用公式计算图形的面积，但有的教师将面积计算的结果写成128cm，并且这种错误在其他题目中也多次重复出现；教师在数学本质、文化与社会中的数学这两方面的知识也同样是令人担忧的；在数学倾向方面，教师对数学的感情是负面的。一位教师在她访谈的最后所做的陈述能够很好地概括出这些教师的数学倾向："我很害怕来这里；我觉得我嘲弄了我自己；我几乎不想来了。"最后，该研究者指出，教师在面积测量方面非常贫乏的学科知识将会严重影响他们的教学能力，阻碍教师帮助学生发展完整而有意义的对于数学概念和程序的理解。[②]

斯顿普（Stump，1999）调查了18位职前和21位在职中学教师关于斜率的知识。通过问卷和访谈主要研究教师3方面的知识。①关

---

① LEE B S. An investigation of prospective secondary mathematics teachers' understanding of the mathematical limit concept [D]. East Lansing，Michigan：Michigan State University，1992.

② BATURO A，NASON R. Student teachers' subject matter knowledge within the domain of area measurement [J]. Educational studies in mathematics，1996，31（3）：235–268.

于斜率概念的定义。给教师的问卷中有两个问题，分别是“什么是斜率？”和“斜率代表什么？”。调查结果发现，教师总共给出了 7 种表征斜率的定义，职前教师中平均每人使用了 2.6 种，在职教师平均每人使用了 2.7 种。绝大部分教师都将斜率定义为几何比，只有不到 1/5 的教师使用函数的观念来定义斜率。②对于斜率的数学理解。在这部分的调查问卷当中设计了 6 道与斜率概念有关的数学问题，这些题目中涉及斜率的参数表征和函数表征的题目，对两组教师（职前和在职）都有难度。调查显示，一些教师在涉及识别参数、解释图形和识别作为变化率的斜率时遇到了困难。这些任务在高中课本中并不是典型问题，所涉及的数学也没有超出高中数学的水平。③教学内容知识。在这方面知识的调查中要求教师回答两个问题：一是学生在学习斜率之前需要有哪些必备的数学知识？二是要求教师提供解释斜率定义的实例并回答什么样的例子和解释对教斜率概念最有用、最有帮助？在第一个问题的回答中，教师往往提到坐标系、描点、作图等几何概念和技能以及变量、公式、解方程等代数概念和技能，也有教师提到一些算术概念和技能，但是每组中各只有 3 位教师提到函数关系方面知识的重要性。在第二个问题的回答中，教师所提出的情境主要有两种：自然情境和函数情境。自然情境集中在物体的坡度，比如山路、滑雪的坡或者轮椅的坡道；函数情境强调两个变化的量（如距离和时间）之间的线性关系。在自然情境和函数情境中两组教师都更喜欢自然情境，相比较而言，自然情境被在职教师提到的次数多些，而函数情境被职前教师提到的次数多些。另外，大约 1/4 的职前教师和在职教师没有提到任何真实情境的例子。[①]

史黛丝（Stacey）、赫尔姆（Helme）、施泰因勒（Steinle）、巴图鲁、欧文（Irwin）和巴娜（Bana）（2001）对澳大利亚和新西兰的 4 所大学的 553 名职前教师的小数知识进行了研究。主要研究教师的内容知识和教学内容知识两方面，研究的方法是问卷调查。所有被试都要

① STUMP S L. Secondary mathematics teachers’ knowledge of the concept of slope［J］. Mathematics education research journal，1997，11（2）：124–144.

完成一个关于小数比较的测试（Decimal Comparision Test，DCT）。这项考试的主要内容是比较一组小数的大小。DCT 中主要包括下面 7 个类型的题目，测试题目的具体信息如表 2–2 所示。

**表 2–2　DCT 中 7 个类型的题目信息**

| 类型 | 题目数量 | 例子 | 简单描述 |
|---|---|---|---|
| 1 | 5 | 0.75/0.8 | 长度不相等，短的小数大 |
| 2 | 5 | 0.426/0.3 | 长度不相等，长的小数大 |
| 3 | 4 | 3.72/3.073 | 其中一个数的 0 在十分位上，如果没有这个 0，这个数反而比另一个数大 |
| 4 | 4 | 8.245/8.24563 | 其中一个小数是另一个小数被截断后所剩的部分 |
| 5/6 | 3 | 0.3/0.4 | 长度相等的小数 |
| 7 | 3 | 0/0.6 | 正的小数与 0 的比较 |

研究者把 DCT 作为小数知识理解程度的一个快速可靠的指标，借此考查教师的内容知识。完成这项考试后，要求其中三所大学的职前教师用星号标出他们认为对学生来讲可能感到困难的题目，并解释难点在哪里，以此考查教师对学生小数知识的了解等教学内容知识的具备情况。研究结果表明，大部分职前教师都能很好地回答问卷中的问题，有 80%以上的教师都获得了很高的分数，这些教师被研究者划分为专家教师。调查过程中发现教师存在的问题主要有两个：一是研究者事先没有料到有 13%的教师在比较 0 和小数的时候会出现错误；二是有 3% 的教师持有“短的小数大”的错误观念。研究者认为，总体而言，这些错误表明很多教师没有真正理解小数、整数、分数、0 和负数之间的关系。在教学内容知识方面，教师能够很好地意识到学生中存在的“长的小数大”的错误观念，但是却没有意识到自身存在“短的小数大”的错误观念；虽然教师能够很好地识别学生错误观念的类型，但却不能解释这种错误的原因。①

① STACEY K S，HELME S，STEINLE V，et al. Preservice teachers’ knowledge of difficulties in decimal numeration［J］. Journal of mathematics teacher education，2001，4（3）：205–225.

杜伦（Dooren）、韦斯卡弗尔（Verschaffel）和奥涅哈（Onghena）（2003）研究了比利时的小学和中学职前数学教师的算术和代数文字题的解题技能及策略。研究者进行了一项关于职前教师的算术和代数的内容知识、技能及观念和态度对其教学行为影响的调查研究。这项研究是在施泰因勒（1996）[①] 一系列研究的基础上发展而来的。施泰因勒研究发现，加拿大很多一年级的职前数学教师不能够根据问题情境在算术和代数解题策略之间进行恰当的选择。大约一半的未来小学数学教师和几乎全部的补习教师不会甚至不愿恰当使用代数解题策略。而职前中学教师则恰好相反，他们几乎全部使用代数解题策略，即使是能够用几步算术运算就可以很容易解决的问题也不例外。杜伦等人以施泰因勒的研究为基础，并仿照其中的研究设计，把它应用到了不同的背景之中，即佛兰德教育系统（Flemish educational system），并且不仅研究了教师教育中第一年的学生，还研究了最后一年（即第三年）的学生。在 2003 年的研究论文中主要报告了这项研究的第一部分，即教师的算术和代数文字题的解题技能和策略。在杜伦等人（2002）的研究论文中报告了这项研究的第二部分，即教师的知识、技能、观念和态度对教学行为的影响。对教师的算术和代数文字题的解题技能和策略的研究发现可总结为以下三方面。①在解题策略方面，无论是代数类型的题目还是算术类型的题目，中学教师都主要使用代数方法解决，而小学教师可以分为“对所有问题都顽固坚持使用算术方法”及“根据问题的性质灵活选择用算术方法还是代数方法”两种情况。②在教师成绩方面，无论是代数类型的题目还是算术类型的题目，中学教师的成绩都很好；而小学教师在算术类型的题目上成绩很好，代数类型的题目相对弱一些。这是由于有些代数题目用算术方法解决有一定的难度，而有些小学教师又没有掌握代数方法造成的。③一年级教师和三年级教师在解题策略上没有显著差异，但是三年级教师的解题成绩比一年级教师要好。这主要是经过教师教育，小学教师对“结构使

---

① SCHMIDT S. Problem solving as a privileged context for a fruitful connection between arithmetic and algebra［J］. *Revue des sciences de l'éducation*, 1996, 22: 277-294.

用”的掌握和中学教师对于代数的掌握都有所提高的缘故。[①②]

在教师的数学学科知识的研究中，除教师对数学概念理解的研究外，还有一类是研究教师对程序性知识的理解。这类研究是鲍尔开创的，随后玛（Ma，1999）[③]与梁和帕克（Leung & Park，2002）[④]以鲍尔的研究为基础，做过一些比较研究。

鲍尔（1990）研究了 19 名职前教师（10 名小学、9 名中学）对除法的理解。研究方法主要是通过三个情境对教师进行访谈，这三个情境分别是：分数除法、0 做除数的除法和代数方程中的除法。在第一个情境中，要求被试解答$\frac{13}{4} \div \frac{1}{2}$，并提供一个与此算式相对应的现实情境或者故事。19 名教师中有 17 名能够正确计算出这个算式的值，但只有 5 名教师能给出一个恰当的表征；5 名教师给出的表征并不能与所要求的算式相对应，这其中最常见的错误是所表征的是$\frac{13}{4} \div 2$，而不是$\frac{1}{2}$。比如，一个数学专业的被试教师巴尔布（Barb）给出了一则故事：有$\frac{13}{4}$个比萨饼，两个人分，那么每人能分到多少？这是被试中最常见的错误。还有 8 名教师没有给出任何表征，其中 2 名开始给出了与巴尔布类似的表征，后来意识到自己的错误；其余的 6 位教师却

① VAN DOOREN W，VERSCHAFFEL L，ONGHENA P. Preservice teachers' preferred strategies for solving arithmetic and algebra word problems [ J ]. Journal of mathematics teacher education，2003，6 ( 1 )：27–52.

② VAN DOOREN W，VERSCHAFFEL L，ONGHENA P. The impact of preservice teachers' content knowledge on their evaluation of students' strategies for solving arithmetic and algebra word problems [ J ]. Journal for research in mathematics education，2002，33 ( 5 )：319–351.

③ MA L. Knowing and teaching elementary mathematics：teachers' understanding of fundamental mathematics in China and the United States [ M ]. London：Routledge，2010.

④ LEUNG F，PARK K. Competent students，competent teachers? [ J ]. International journal of educational research，2002，37 ( 2 )：113–129.

认为将$\frac{13}{4}\div\frac{1}{2}$与一个具体情境联系起来是不可能的，这个算式不可能用现实世界中的语言表征出来。在第二个情境中，要求被试教师回答这样一个问题：假如一个学生问你 7 ÷ 0 是多少，你怎样回答？如果学生问你为什么，你怎样回应？19 名教师中，有 12 名能够给出正确的答案，即 7 ÷ 0 没有意义。这其中有 5 名教师能够给出合理的解释，即没有什么数和 0 相乘可以得到 7，因此 7 ÷ 0 没有意义；或者通过具体数字表明当除数减小时，商会逐渐增大，当除数越来越接近 0 时，商会越来越大，由于没有最大的数，所以 7 ÷ 0 没有意义。还有 7 名教师虽然能够正确回答没有意义，却无法给出理由，只是强调这是一个需要记住的重要规则。有 5 名教师认为 7 ÷ 0=0，2 名教师没有给出答案。在第三个情境中，要求教师计算如果 $x\div0.2=5$，那么 $x$=？，并说明理由。有 15 名教师能够给出正确的答案，但这其中只有 1 名教师能够给出恰当的理由和解释；其余 14 位教师只是专注于代数方程的机械操作；4 位教师不知道怎样解这个方程。总的来讲，研究者认为尽管大多数教师都能得到一个正确的结果，但是很少有教师能对潜在的原则和意义给出一个数学的解释。这说明教师的数学知识从整体上来看是零散的，关于除法的知识是与其他知识孤立的。①

梁和帕克（2002）为了调查东亚地区教师的数学能力，仿照玛（1999）的研究在中国香港和韩国进行了一项小规模的探索性研究，并与玛（1999）的研究结果进行了对比。这项研究在中国香港和韩国各选取了 9 名小学数学教师，采用了玛的 4 个问题进行访谈。研究结果概括如下：第一个题目，也就是重组减法的问题 52-25，91-79，当香港教师和韩国教师被问及怎样解决这个问题时，大多数教师都专注于解决这个问题的程序，他们所谈的教学策略也主要是程序性的，如果没有访谈者的启发，他们很少解释程序背后的概念。玛（1999）根据教师对重组减法的认识，将教师的理解水平分成三类：借位、重组和

---

① BALL D L. Prospective elementary and secondary teachers' understanding of division［J］. Journal for research in mathematics education，1990，21（2）：132-144.

用多种方法重组。玛的这种分类看起来隐含着层次，次序由低到高。但是在针对中国香港和韩国的研究中，研究者却没有这样的印象。尽管这些教师在他们的解释中也使用了“分解”这个术语，但是大约一半的教师在谈到重组时还是使用“借位”这个词语。尽管“借位”在数学上不是一个正式的术语，研究者也不提倡在教学中用“借位”代替“分解”，但是研究者并不认为使用“借位”一定反映出理解得不好或者一定意味着是专注于程序的教学。对于用多种方法重组，研究者有同样的立场。即一个对位值制有全面理解的教师或学生一定会用不同的方法重组，但是没有用多种方法重组的人不一定不理解位值制。在研究者看来，没有提到多种方法重组的教师在探索的过程中也能够清楚地解释位值制。对这些教师的研究还发现，他们并没有像中国上海的教师那样将与重组减法相关的知识联系起来，以一种“知识包”的形式表述出来，但这并不一定意味着他们不知道这种联系。事实上，访谈发现他们知道这种联系。在第二个题目，也就是多位数乘法的题目中，这些教师纠正错误的策略也是程序性的。当进一步探索排列和加 0 的原因时，发现这些教师完全理解“移位”的理念。几乎所有的教师都提到，学生错误的原因在于缺少对位值制的理解，他们通过将乘法分成部分乘法的方式来指出学生的错误。由此我们可以看到，教师对于多位数乘法有着程序性和概念性的理解。然而，与玛对中国上海教师的研究结果不同，尽管这些教师对于多位数乘法有概念性的理解，但是他们的教学策略却是程序性的，而不是概念性的。同样，这些教师在解释学生的错误时没有明确表达位值制系统与基本单位这样的概念。在第三个题目即用实际情境表征分数算式的题目中，所有的教师都能够正确地计算这个算式，并且至少一半的教师理解分数除法的概念，能够通过实际情境表征这个算式。在第四个题目中，这些教师当中只有 1 位韩国教师不能够正确地判断这个结论，并且还有 6 位教师提出了反例。但是有些教师即使提出了反例，也不能完全确信原来的结论是错的，这表明他们并不坚信反例足以否定一个陈述。总之，上述纳入研究的教师对于他们所教的学科有很好的理解，东亚学生的数学能力可以部分归因于教师的能力。①

2）数学教师的学科知识与教学之间的关系

埃文（1993）通过问卷和访谈对162名职前教师就函数概念的学科知识和教学内容知识进行了研究。研究分两个阶段：第一阶段，对152名职前教师进行了函数概念开放式题目的问卷调查；第二阶段，对另外10名职前教师进行问卷调查并在问卷完成之后进行访谈。对这两个阶段的数据分析显示，许多教师都没有现代的函数观念，缺少对函数任意性的理解，并且很少有教师能够解释函数单值性的起源和重要意义。教师的这种狭隘的函数观念影响了他们的教学思路。因此，在向学生描述函数的时候，很多教师都使用比较狭隘的函数概念印象而不使用现代函数的术语。另外，很多教师选择为学生提供一个可以遵循的法则，而并不关心学生对法则的理解。② 埃文和泰罗斯（Tirosh）（1995）通过教师就函数和无定义数学运算（如 5 ÷ 0）解释的研究，进一步揭示了教师的学科知识与关于学生的知识对其表征学科知识的影响。研究得出的结论与埃文（1993）中的结论一致。③

洛伊德（Rowland）、马丁（Martyn）、巴伯（Barber）和希尔（Heal）（2001）基于国家政府的教育政策规定之背景对数学教师的学科知识及其教学能力之间的关系进行了研究。如英国政府的教育政策明确规定将学科知识作为英格兰教师资格标准中的一个维度，英国的教育与就业部所颁发的政府通告（Government Circular，Department for Education and Employment，1998）指出，为了提高中小学阶段的数学教学效率，每位数学教师需提供自己在教师培训部门受训并通过数学学科知识考

① LEUNG F，PARK K. Competent students，competent teachers? [J]. International journal of educational research，2002，37（2）：113–129.

② EVEN R. Subject–matter knowledge and pedagogical content knowledge：Prospective secondary teachers and the function concept [J]. Journal for research in mathematics education，1993，24（2）：94–116.

③ EVEN R，TIROSH D. Subject–matter knowledge and knowledge about students as sources of teacher presentations of the subject–matter [J]. Educational studies in mathematics，1995，29（1）：1–20.

试而获得的相关证件。在这样的背景下，研究者于 1997 年启动了一项关于数学教师学科知识的课题研究，2001 年，研究者又对数学教师的学科知识及其教学能力之间的关系进行了研究。①

穆伦斯（Mullens）、穆拉尼（Murnane）和威里特（Willett）（1996）从影响数学教学效果的重要因素的视角分析了教师数学知识的重要作用。该研究采用量化的方法，其中一个变量是学生的学习结果，另一变量是教师的教学效果指标（indicator of teaching effectiveness）。教师的教学效果指标一共有 3 个：① T_TRAIN 是一个二分变量，主要指教师是否已经完成 3 年的教学法训练计划；② T_ACAD 是一个二分变量，指教师是否已经高中毕业；③ T_MATH，指教师的数学能力，主要是小学毕业考试中的成绩。研究结果发现：没有一个教学效果指标与学生基本概念的学习显著相关。于是，这项研究集中讨论教学效果指标与学生高级概念学习之间的关系。结论为：①教师的数学知识是最重要的。如果教师在他们自己读书期间表现出很强的数学能力，那么他们的学生在学习高级数学概念方面的效率也更高。在小学毕业考试中成绩是 E 的教师，其学生的预测平均分是 6.94；在小学毕业考试中成绩是 A 的教师，其学生的预测平均分是 21.50。②教师是否高中毕业也是一个很重要的因素。如果教师数学知识的信息是已知的，那么关于其高中毕业的信息提供不了多少有用的额外数据；如果无法提供教师数学知识的信息，那么高中毕业的信息是很有帮助的。也就是说，教师的数学知识对学生的数学学习是重要的，是否高中毕业是教师数学学科能力可靠的第二个指标。如果教师知识是决定学生学习的重要因素，那么直接测量这种知识的深度、广度及贯通度是预测学生学习的最佳方法。③教师培训没有什么帮助。教师教学方法培训和学生学习高级数学概念之间没有什么关系，这是一个出人意料的结论。②

---

① ROWLAND T，MARTYN S，BARBER P. Investigating the mathematics subject matter knowledge of preservice elementary school teachers [J]. Psychology of mathematics education，2001.

② MULLENS，J E，MURNANE R J，WILLETT J B. The contribution of training and subject matter knowledge to teaching effectiveness：A multilevel analysis of longitudinal evidence from Belize [J]. Comparative education review，1996，40（2）：139–157.

斯瓦弗德（Swafford）、琼斯和索恩顿（Thornton）（1997）研究了数学教师的几何知识对于教师教学的影响。该研究通过一个研究项目的介入，为 49 名 4 ~ 8 年级的教师进行了为期 4 周、每周 4 天、每天 3 小时的几何知识培训课程的学习及为期 4 周、每周 2 小时的研讨班的训练，以此促进教师在几何内容知识及对学生认知的知识两方面的发展。研究者通过对比教师知识（几何内容知识和对学生认知的知识）与教学效果前后的变化情况，说明教师知识对教师教学的影响。研究结果发现，这项提高教师几何知识和对学生几何认知知识的研究项目影响教师的教学行为。尤其是，教师在几何内容知识方面的提高和对学生几何认知知识的提高明显地影响着教师教什么、如何教等教学特征。通过研究项目中的课程学习，在"教什么"方面，教师不仅在几何教学中花费了更多的时间，而且由于提出了丰富的几何问题及合理的教学任务，教学质量也得到了提高；在"怎样教"方面，教师由原来直接给出问题的答案到现在引导学生提出问题、探究问题这种教学方式的转变，不仅拓宽了学生的思维，也拓展了教师自己的思维；在教师特征方面，教师摆脱了课本的"控制"，提高了自信心。为了丰富学生的学习经历、拓展学生的思维，教师也更乐于讨论有一定风险的题目了，并且教师在教学中表现出乐于采用操作性的教学活动。①

海德（Heid）、布鲁姆、兹比克（Zbiek）和爱德华（Edwards）（1999）通过访谈研究发现，数学教师对于数学的理解程度还是影响教师对学生进行访谈效果的重要因素。研究的对象是教学经验在 20 年以上的三位数学教师，研究的方法主要是四种形式的访谈：任务访谈、情境访谈、文件访谈和观察访谈。研究者认为，影响教师对学生进行访谈效果的因素主要有：①教师对数学和他们所教数学课程的理解；②教师对于自己人际沟通技能的看法；③教师对学生的教育和情感需要的看法；④教师对于"知道数学意味着什么"的看法。所有这

① SWAFFORD J O，JONES G A，THORNTON，C A. Increased knowledge in geometry and instructional practice［J］. Journal for research in mathematics education，1997，28（4）：467–483.

些因素都进一步由教师对访谈作用的看法所调节，在这里主要概述第一和第四个因素对教师访谈的影响。教师对数学和数学课程的理解从以下几方面影响其对学生的访谈行为：首先，教师所创设的访谈任务反映他们自己对数学的理解；其次，教师对于数学的理解控制着他们的数据搜寻以及如何解释学生在访谈中的应对行为；最后，教师关于"在数学及课程中什么是重要的"这一看法会影响他们对问题的选择、引发学生反应的方式及对学生理解的评估。而影响教师对学生进行访谈的第四个因素是教师对于"知道数学意味着什么"这个问题的看法，这些不同的看法影响着他们对学生理解的评估。总的来讲，数学教师认为，学生不能理解教师没有明确教过的东西。比如，有一位数学教师就认为，学生不可能将一次函数和二次函数的经验迁移到有理函数上来，如果他们以前从来没有学习过有理函数，那么问一个关于有理函数的问题可能没有什么实际意义。①

杜伦等人（2002）研究了数学教师的内容知识（解决代数和算术文字题的技能和策略）与他们的教学行为（评估学生的代数和算术文字题解题策略）之间的关系。前面已经提到，这项研究是在施泰因勒（1996）的一系列研究的基础上发展而来的。杜伦等人的研究不仅把施泰因勒的研究设计应用到了不同的背景即佛兰德教育系统（Flemish educational system）之中，而且增加了研究对象的范围；不仅研究了教师教育中第一年的学生，而且还研究了最后一年（即第三年）的学生。更重要的是，尽管施泰因勒声称在职前教师的内容知识（包括观念和态度）中所观察到的缺点将会对他们将来的教学，对学生的学习过程及结果有很大的负面影响，但是她的研究并没有提供实证研究的证据。杜伦等人以此为起点，对教师的内容知识和教学行为之间的关系进行了实证研究。研究结论如下：①教师自身解决问题的方式会影响他们的教学行为（即对学生解题策略的评价），研究数据显示教师在文字题

① HEID M K，BLUME G W，ZBIEK R M. Factors that influence teachers learning to do interviews to understand students' mathematical understandings [J]. Educational studies in mathematics，1998，37（3）：223-249.

考试中所使用的策略与他们在问卷中给这种策略的平均评估分数呈显著正相关；②中学教师整体上给代数解法的打分比较高，而小学教师给代数解法的打分低，给算式解法的打分高，但是小学数学教师在一些复杂题目上也倾向于认为代数方法是比较高级的解法；③与预料的结果相反，在第三年和第一年教师的比较当中，小学教师中第三年教师并不比第一年教师更欣赏算术解法，中学教师中第三年教师也并不比第一年教师更欣赏代数解法。①

贝尔福特（Belfort）和吉马良斯（Guimaraes）（2002）通过个案研究了培训课程对教师学科知识的影响。研究者设计了一个中学教师的在职培训课程，这个课程的主要目标是补充教师的学科知识，把学科知识和一系列的活动联系起来，这些活动是为了缩短教师所学数学和所教数学之间的鸿沟而设计准备的。这个课程通过这些活动给教师提供了一个从更高层面评论他们所教数学（代数、几何、数的结构、微积分与概率）的机会。为了考察培训课程的效果，研究者选择了两位不同背景的教师，通过访谈和观察，了解他们参加这个在职教师培训课程前和参加课程后在教学实践上的不同。其中的一位教师里卡多（Ricardo）在参加教师培训课程之前通常只教课本上的东西，把课本当成教学的唯一资源；参加教师培训课程之后，里卡多改变了以前的做法，开始配套使用不同来源的数学材料，因为他认为原来的课本练习和训练太多，没有教学生数学的概念。另一位教师艾达（Ada）不仅改变了所采用的教材及使用教材的方式，而且意识到自己原来所具备的数学知识大部分是机械的，概念性的理解很少。这两个个案在一定程度上肯定了培训课程对于改变教师学科知识的效果，并说明教师教学知识的改变支持了教学实践的改变。②

桑切斯（Sanchez）和利尼拉（Llinares）（2003）通过对四位职前

① DOOREN W V，VERSCHAFFEL L，ONGHENA P. The impact of preservice teachers' content knowledge on their evaluation of students' strategies for solving arithmetic and algebra word problems [J]. Journal for research in mathematics education，2002，33（5）：319-351.

② BELFORT E，GUIMARAES L C. The influence of subject matter on teachers' practices: two case studies [J]. Psychology of mathematics education，2002，26：2-73.

数学教师关于函数概念的理解和教学计划的访谈，研究了教师的学科知识对于教学过程的影响。其中学科知识主要包括两个维度：理解数学的方式和意象。对于学科知识的第一维度，即教师理解数学的方式主要从三方面进行研究：教师所强调的数学内容的重点、教师明确表达的联系和不同表征形式的使用。学科知识的第二个维度即意象，研究者认为由于情感问题看起来总是同观念融合在一起，所以使用意象这个术语可以恰当地刻画教师对于数学、数学教学和数学学习的观念与态度。对于教学过程这个因变量的研究并非直接研究教师的课堂教学，而是研究教师对于函数概念教学所做的计划。研究主要包括三方面：教师对于学科知识所做的解释、教师所使用的表征汇集和对学科所做的改编。研究结果表明：教师的学科知识影响教师的教学计划设计。研究中的两名教师胡安（Juan）和拉斐尔（Rafael）在理解函数概念的方式上强调函数的运算和代数表征形式，图象只是代数表征形式的补充，在教学设计上，他们优先考虑代数表征和计算活动，而不是理解图象。相反，另外两位教师乔瑟（Jose）和阿尔伯特（Alberto）却认为图象是解决现实问题的工具，在组织教学中乔瑟用模型和对应这两个术语作为函数概念的主要标志；阿尔伯特则强调要在教学中表现图象和代数形式的作用。与学科知识对教学的影响有所不同，教师的意象对教学的影响却不是很明显。①

综合上述研究来看，国外学者关于数学教师学科知识现状的实证研究主要表现在教师对数学概念、法则等的理解及教师拥有的学科知识对数学教学的影响两大方面。实际上，这两方面是紧密联系在一起的，因为数学教师对数学概念、法则等知识的理解及表征往往影响着其数学教学的效果，而教师自己的数学教学实践往往会反过来促进教师对数学概念、法则等知识有更好的理解及表征。整体看来，国外学者关于数学教师学科知识现状的实证研究做得较为具体扎实，主要表现在以下几方面。①在研究方法上，学者们主要采用访谈、课堂观察、

---

① SANCHEZ V，LLINARES S. Four student teachers' pedagogical reasoning on functions［J］. Journal of mathematics teacher education，2003，6（1）：5-25.

操作测试、项目介入等多种方式方法，以便能多视角地取得尽量客观真实的研究结果；②在研究的设计上，多数方案比较具体易操作；③在研究的内容选择上，大多数研究者选择的学科内容特定主题具有代表性，如选取的函数、极限、斜率等重要概念，代数和算术的文字题及除法法则等都是多数数学教师易混淆或不好理解的内容；④在影响因素的分析上比较具体，能抓住主要原因。学者们的研究表明，无论在概念与法则的理解方面、知识的表征方面，还是关于数学学科的看法方面，多数数学教师的学科知识并不太理想，且不同数学教师的学科知识在这几个考查的维度上还有区别。

**4. 关于数学教师学科知识发展的研究**

麦克迪尔米德（1990）描述了一门教学专业课程中一些教师为期 4 周的学校实地体验，其间他们接触的教学内容是负数，被教对象是三年级学生，任教者是一名非传统型的教师。安排这一学校体验的目的是给他们带来仔细反思自己隐性观念的机会。该研究者指出一些学生公开抵制这些经验对他们可能带来的影响。另一些学生则愿意重新考虑他们的理解和观念，但这种改变可能是表面且短暂的。麦克迪尔米德强调说一个人对教学、学习、学习者、学科知识和背景建立的观念原本已相互交织在一起，很难通过一门课程加以改变。①

有趣的是，尽管鲍尔（1989）认为一门为期 10 周的数学教学课程对受训的未来教师确实产生了一定的影响，但她也提出了与麦克迪尔米德一样的疑问，即在多大程度上这种影响能持续下去。更进一步，一个广为人知但尚未解决的问题是，大学里的这种职前培训所产生的影响是否会被未来学校的教学经验所消除？②

拉潘和西勒 – 卢宾斯基（1994）介绍了一个对 24 名未来数学教师所作的研究。该研究的基础是他们设计的一种教育上的介入，其目的

---

① MCDIARMID G W. Challenging prospective teachers' beliefs during early field experience：A quixotic undertaking? [ J ]. Journal of teacher education，1990，41（3）：12-20.

② BALL D L. Breaking with experience in learning to teach mathematics：the role of a preservice methods course [ J ]. For the learning of mathematics，1990，10（2）：10-16.

是理解应该怎样帮助他们去面对自身原有的关于数学以及教数学和学数学的观念。他们共设计了 3 门数学课程、2 门教学专业课程（分别设于实习前后）以及实习期间的讨论班。报告显示，在经过一年的介入以帮助学生建立一种不同于他们原先对数学的学和教的观念的新观念后，他们有力地改变了学生对自身作为数学学习者的看法，但是将近半数的学生就什么数学对儿童来说是重要的以及如何教授儿童数学仍持原来的传统观念。在完成了这种职前教育的介入之后，该研究继续跟踪研究了其中一部分学生最初 3 年的教学情况，结论显示，这种介入方式可以发展学生的学科知识和引导学生进行数学探究，但是这不足以改变原有的“根深蒂固的观念”，且这种改变无法仅仅通过教师教育的职前培训阶段实现。①

福斯（Foss）和克莱因萨瑟（Kleinsasser）进行了另一项深入的研究。该研究考察了在小学教育专业的一门数学教学课程中 22 名未来教师在数学教学观念及实践方面的变化（Foss & Kleinsasser，1996）。这些学生参加了为期 16 周的课程并在学校里进行了 3 次见习性授课，通过分析定性和定量的数据资料，福斯和克莱因萨瑟发现整个课程学习下来他们的数学内容知识及教学内容知识没有发生什么变化。福斯和克莱因萨瑟注意到要改变他们的观念并影响其发展所存在的困难以及现行的教学方面课程的不足，提出：“对所有从事数学教师教育及教师教育研究的人来说，必须把关于数学教学的观念问题提到一个自觉的水平。”②

费曼 – 内姆瑟（Feiman-Nemser）和帕克（Parker，1990）考察了 4 名指导教师（中小学各 2 名）和他们所带的 4 名不同科目的新教师（第一年任教）间的对话交流，包括数学和英语 2 门课程。结果发现这些指导教师在处理新教师对学科的理解时表现出较大的不同，包括对

① LAPPAN G，THEULE-LUBIENSKI S. Training teachers or educating professionals? What are the issues and how are they bing resolved?［C］. Quebec：Les Presses de L' Université Laval，1994：249-261.

② FOSS D H，KLEINSASSER R C. Preservice elementary teachers' views of pedagogical and mathematical content knowledge［J］. Teaching and teacher education，1996，12（4）：429-442.

学科内容进行直接表述、间接表述、假定新教师有足够的学科知识以及忽略这方面的问题。费曼－内姆瑟和帕克指出，在帮助新教师的计划中不应忽略学科内容方面的问题。在有经验教师的恰当帮助下，新教师可以加深对学科的理解、学会如何从学生的角度去思考学科内容、如何展现和表述学科内容以及如何为了学科的教与学之需要而组织学生。简言之，通过这样的计划新教师可以发展他们的学科知识和教学内容知识。①

肖尔茨（Scholz，1995）所报告的关于在职培训对教师知识的影响与费曼－内姆瑟和帕克所说的情形则有所不同。这项报告的研究对象是8名在职初中数学教师。他们进入数学教学岗位不久，参加了为期2年的实验性职业发展计划。肖尔茨通过面谈、问卷调查和一个单元工作样本从这些教师手中获取数据资料，并研究发现那些教师早年是通过练习册、操练作业、记忆以及教学卡片来学习数学的，他们原先对于数学教学的认识和知识结构没有因为参加了该培训项目而表现出显著的改变。②

综合上述研究发现，学者们主要是从教学见习、教育介入、师徒结对、职前课程的学习及职后培训等方面对数学教师学科知识的发展进行探讨的。研究结果表明，诸如教学见习、教育介入、师徒结对等方式可以有效地促进数学教师的学科知识发展，也就是说，数学教师学科知识发展的途径可以是多样化的。但是，诸如职前数学教学课程的学习、在职培训等方式却对促进数学教师学科知识的发展影响不大甚至产生相反的效果，学者们对该现象进行了分析。在研究的方法上，学者们主要采用访谈、观察及问卷调查等方法；在研究的对象上，主要选取职前与职后数学教师。当然，上述学者在研究时选取的样本比较少，这可能是导致实验结果相互矛盾的原因。

---

① FEIMAN-NEMSER S，PARKER M B. Making subject matter part of the conversation in learning to teach［J］. Journal of teacher education，1990，41（3）：32-43.

② SCHOLZ J M. Professional development for mid-level mathematics［J］. Inservice teacher education，1995.

## 二、国内学者的研究

相较于国外的研究，国内学者关于数学教师学科知识的研究始于21世纪初，近年来成为学者研究及研究生毕业论文选题聚焦的热点素材。整体来看，单独以数学教师学科知识为题的研究还是比较少，大部分研究是散见于数学教师的专业知识、数学素养、专业发展等的文献之中。通过梳理相关文献，笔者发现近年来学者对数学教师学科知识的研究内容主要表现在以下几方面：数学教师学科知识的结构研究、数学教师学科知识现状的调查研究、数学教师学科知识对教学效果的实证研究、数学教师学科知识的发展及转化研究、基于不同视角的数学教师学科知识比较研究等。

### 1. 数学教师学科知识的结构研究

国内学者对数学教师学科知识结构的研究本身很少，下面列出较有影响的几种观点。

比较有影响的研究当属喻平对数学教师学科知识的划分，即数学教师的学科知识主要由数学理论知识、对数学本体的认识、对数学思想方法的体悟、数学史知识四方面构成的，并就基于该学科知识的数学基本型教学进行了理论分析。[①]

邵光华认为，数学教师的本体性知识即学科专业知识，应包括数学基础知识、数学思想与方法、数学史知识、应用数学知识四方面。[②]可见，邵光华对数学教师学科知识的划分在数学理论知识、数学思想与方法及数学史知识方面与喻平的基本类似。所不同的是，喻平认为数学教师的学科知识应包括对数学本体的认识，而邵光华则认为应包括应用数学知识。

方勤华通过对数学教师专业素养的研究，认为教师的数学学科知识内容具体包括数学内容及其蕴含的数学思想方法知识、数学观念知

---

① 喻平．数学教学的三种水平及其理论分析［J］．课程·教材·教法，2012，32（1）：63-69.

② 邵光华．教师专业知识发展研究［M］．杭州：浙江大学出版社，2011.

识、数学结构知识三方面。这三者之间的关系如图 2–3 所示。①

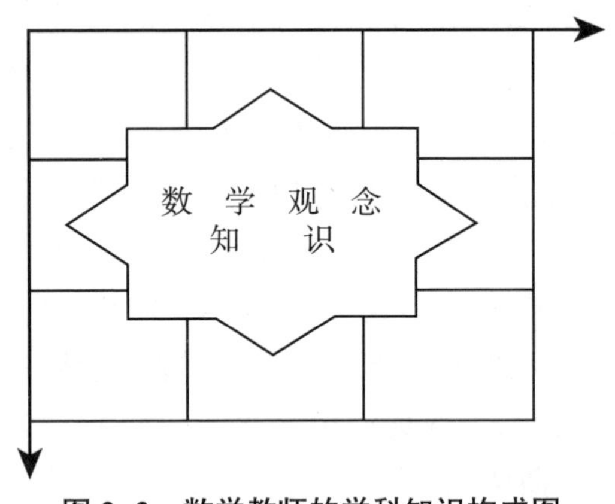


**图 2–3 数学教师的学科知识构成图**

（注：各方框代表数学内容及其蕴含的数学思想方法，网线及结点代表数学结构知识）

孙杰远（2004）从教学需要的角度指出了数学教师要掌握的学科知识，具体包括三方面。①学校数学的完备知识。中小学数学教师要通晓当前数学课程的全部内容，熟知各学段的教材地位、作用及其组织结构；掌握和运用基本的数学思想和教学方法；了解中小学数学课程体系结构和发展趋势；正确理解中小学数学中的概念、性质、法则和数学关系的含义；清楚了解它们在整个数学中的地位和作用。②数学的基础知识。中小学数学教师要学习、了解和掌握一些作为数学的基础课程，如高等代数、微积分、概率统计和数论初步知识等。③数学史的必要知识。中小学数学教师要学习数学史，对人类认识数学的历史有所了解。②

王子兴（1996）认为，数学专业知识是数学教师进行数学教学的根本，应包括三个层次。①覆盖数学知识体系的数学基础知识。教师要掌握这些基础知识理论体系与知识结构；通晓知识的重点、难点和关键；熟悉基本的数学思想与数学方法；了解各种解题策略与解题

① 方勤华．数学教师专业素养研究［M］．哈尔滨：黑龙江教育出版社，2012.

② 孙杰远．现代数学教育学［M］．桂林：广西师范大学出版社，2004.

方法。②现代数学基础知识、基本结构与思想方法。教师掌握一定的现代数学思想与方法，去调查数学教学现状，预测数学教学的未来，从而全面深刻地揭示与理解数学的渊源与实质。③应用数学方面的知识。①

郭正标（2007）从新课程标准背景下高中数学教师应该具备的专业素质出发，认为数学教师的数学知识主要包括五方面：①数学内容知识；②数学实质知识；③数学逻辑性知识；④有关数学的信念；⑤有关数学最新的发展、正在进行的研究以及最近取得的成果。②

尚晓青（2009）将新课程标准下高中数学教师的学科知识划分为四个类别：①数学专业基础知识；②现代数学知识；③数学文化知识；④数学与信息技术整合的知识。他指出高中新课程中增加了算法内容、概率统计、导数、数学建模等作为基本知识点，并作为必修内容。这些给教师带来了很多新的压力，教师需要充实知识以应对新教材的变化。③

可见，尽管我国学者关于数学教师学科知识的构成论述不同，但从整体来看，基本上包括两方面：一方面是数学的知识，另一方面是关于数学的知识。诸如上述分类中的数学理论知识、数学史知识、数学结构知识、现代数学知识、数学专业基础知识、数学内容知识等都应属于“数学的知识”范畴；诸如对数学本体的认识、对数学思想方法的体悟、数学观念知识、有关数学的信念等都应属于“关于数学的知识”范畴。相较而言，国内学者喻平对数学教师学科知识的划分还是比较有代表性的，其分法与国外学者鲍尔对数学教师学科知识的划分基本上是类似的。本研究对高中数学教师学科知识结构的划分主要采用喻平的观点，即高中数学教师的学科知识主要由数学内容性知识、数学思想方法知识、数学史与数学文化知识、数学观四方面构成。

---

① 王子兴．数学教育学导论［M］．桂林：广西师范大学出版社，1996.

② 郭正标．高中数学教师专业知识结构及发展研究［D］．金华：浙江师范大学，2007.

③ 尚晓青．新课程下高中数学教师的学科知识需求［J］．陕西教育（行政版），2009（5）：22.

### 2. 数学教师学科知识现状的调查研究

近年来，我国学者对数学教师学科知识的研究文献大多数是关于现状的调查研究，且以研究生的论文选题居多。如徐芳芳的《高中数学教师导数知识研究》[①]、朱彬的《高中数学教师算法知识调查研究》[②]、李水仙的《新课程下高中数学教师学科知识的调查研究》[③]、李宁波的《高中数学教师统计知识的调查研究》[④]、张津瑞的《准教师数学史知识的调查研究》[⑤]、高珊的《北京市小学教师数学学科知识的调查与分析》[⑥]、王宇红的《张家口市小学骨干教师数学学科知识状况调查》[⑦]、罗小兵的《关于中学数学教师数学史知识的调查与分析》[⑧]、吴万岭的《小学教师数学观的调查研究》[⑨]、李琼的《数学课程改革与数学教师知识结构》[⑩]、王海坤等的《阜阳高中数学教师知识结构调查分析》[⑪]、方勤华的《数学教师数学知识的性质及对其大学数学教育的启示》[⑫]、龚玲梅的《职前数学教师学科知识的调查研究——以函数为例》[⑬] 等。

王海坤、许梦日（2009）的《阜阳高中数学教师知识结构调查分析》，选取安徽省阜阳市一些重点高中为样本，以平均教龄在 10 年以

---

① 徐芳芳．高中数学教师导数知识研究［D］．长春：东北师范大学，2008.

② 朱彬．高中数学教师算法知识调查与研究［D］．长春：东北师范大学，2009.

③ 李水仙．新课程下高中数学教师学科知识的调查研究［D］．重庆：西南大学，2011.

④ 李宁波．高中数学教师统计知识的调查研究［D］．长春：东北师范大学，2010.

⑤ 张津瑞．准教师数学史知识的调查研究［D］．长春：东北师范大学，2010.

⑥ 高珊．北京市小学教师数学学科知识的调查与分析［D］．北京：首都师范大学，2008.

⑦ 王宇红．张家口市小学骨干教师数学学科知识状况调查［D］．北京：首都师范大学，2009.

⑧ 罗小兵．关于中学数学教师数学史知识的调查与分析［D］．武汉：华中师范大学，2001.

⑨ 吴万岭．小学教师数学观的调查研究［D］．北京：首都师范大学，2006.

⑩ 李琼．数学课程改革与数学教师知识结构［D］．长沙：湖南师范大学，2004.

⑪ 王海坤，许梦日．阜阳高中数学教师知识结构调查分析［J］．阜阳师范学院学报（自然科学版），2009，26（2）：64–72.

⑫ 方勤华．数学教师数学知识的性质及对其大学数学教育的启示［J］．西南师范大学学报（自然科学版），2010，35（3）：269–273.

⑬ 龚玲梅，黄兴丰，汤炳兴，等．职前数学教师学科知识的调查研究：以函数为例［J］．常熟理工学院学报（教育科学），2011，25（6）：28–32.

上，具有大学本科学历的高中数学教师为研究对象，通过问卷调查及访谈的方法，就高中数学教师对高中数学新课程中增加的算法、初等数论、球面几何、优选法、统筹法、布尔代数、矩阵、风险决策、线性规划、数学建模等内容专题的掌握程度进行了研究。研究结果显示：有关新增内容中的算法、初等数论、统筹法和布尔代数以及球面几何、风险决策、数学建模等，分别只有很少数的教师认为自己掌握得较好；对于矩阵内容，大部分教师认为自己掌握得较好，这是因为教师在大学的相关课程中学习过矩阵；对于算法和初等数论，尽管大学里有开设相关数学课程，但由于这些课程的特殊性，也只有少数教师认为自己掌握得较好；对于球面几何、统筹法、布尔代数、风险决策，教师们在大学里则没有进行过系统学习，他们进入中学工作后，在新课改前也并没有注意到要去学习，因而对这类课程的了解相对较少。

这些研究基本上以基础教育新课改对数学教师学科知识提出的应然要求为指导理念，主要采用文献法、问卷调查法及访谈法等研究方法，对不同层次数学教师的学科知识现状进行了调查。大部分调查研究的结果表明，新课改背景下数学教师的学科知识整体上不容乐观。研究者就影响其学科知识发展的因素进行了分析，并着重从数学教师的职前培养及职后培训方面提出了相应的对策与建议。从研究的对象来看，既有小学数学教师，也有中学数学教师，尤其是高中数学教师；既有职前数学教师，也有职后数学教师。可见，学者们选取的研究对象较为全面，且以高中数学教师学科知识的现状调查研究为重点。

**3. 数学教师学科知识对教学效果影响的实证研究**

与国外相比，我国学界关于数学教师学科知识对教学效果影响的实证研究成果并不多，但部分学者也进行了探讨，如韩继伟、李琼、李渺、喻平等学者所做的工作比较具有代表性。

为探求数学教师的学科知识对课堂教学的影响，香港中文大学的李琼（以攻读博士时的单位为准）以小学数学教师的学科知识为例，采用认知心理学对专长的研究思路，通过课堂录像、访谈及学生问卷调查等研究方法，考察了小学数学专家教师与非专家教师在学科知识、教学内容知识方面的差异，尤其关注了这些差异是如何影响到教师实际的课堂教学及其学生学习的。

研究结果表明，在学科知识与教学内容知识方面，两类教师表现出明显的差异。与非专家教师相比，专家教师对数学知识具有更深刻的理解，包括深层的概念理解与清晰的知识组织。专家教师倾向于将数学与学生的数学学习视为“问题解决”，而非专家教师则更倾向于让学生“掌握知识”。在教学内容知识方面，专家教师更了解学生的错误想法与难点，所采用的策略倾向于从学生错误概念的本质入手，而非专家教师则直接引导学生掌握运算的规则。该研究还显示，教师在学科知识与教学内容知识方面的差异影响着其教学行为。两类教师都设计了不同认知要求的数学任务，但专家教师在任务的实施中能够保持任务的高认知水平，而非专家教师则倾向于降低任务的认知要求，仅仅让学生运用规则而不是促进学生的理解。在专家教师的课堂中，其课堂对话方式表现为：学生陈述—师生质疑—学生解释（学生—教师—学生）；而在非专家教师的课堂中，对话方式典型地表现为：教师提问—学生回答—教师评价（教师—学生—教师）。可见，教师知识、课堂教学与学生学习之间关系密切。教师的学科知识、教学内容知识通过直接影响课堂教学变量而间接影响着学生的学习，在三者的关系中，课堂教学变量是教师知识作用于学生学习的中介变量。①

香港中文大学的韩继伟（以攻读博士单位为准）采用质化研究的方法，将中学数学教师作为研究个案，以心理学的理论为根据，从问题图式的视角探讨教师的学科知识对教学效果的影响。为了探讨“教师的问题图式与教学是否有关系”这个基本问题，研究者先研究教师有什么样的问题图式，然后通过专家教师与普通教师问题图式的比较来探讨“教师的问题图式与教学的关系脉络”。研究发现，中学数学教师的问题图式是多样的，有各种不同类型的问题图式，包括以数学概念为核心的问题图式、以结论或未知量为核心的问题图式、以基本图

---

① 李琼．小学数学教师的学科知识、教学内容知识及其与课堂教学的关系［D］．香港：香港中文大学，2004.

形为核心的问题图式、以数学结构为核心的问题图式和以一般解题方法为核心的问题图式。专家教师的问题图式数量比普通教师要多，而在问题图式的类型上，专家教师不仅有普通教师所拥有的问题图式类型，而且有普通教师所没有的问题图式类型，如“以数学结构为核心的问题图式”和“以一般解题方法为核心的问题图式”。总体来讲，问题图式与其他学科知识联合起来研究是获得教师学科知识研究的一个更为丰富的途径，且专家教师的问题图式比普通教师更丰富。这意味着教师的问题图式与教学是有关系的。根据本研究的结果，研究者建议在未来的研究中需要通过实际的课堂观察进一步深入探讨教师的问题图式对教师教学有什么样的影响，并且将在教师教育中加强对教师问题图式和中学数学学科知识的培养与训练。①

实际上，对数学教师学科知识的研究不是孤立的，而是和其他知识联系在一起对教师的教学起综合性作用。为探求这一问题，南京师范大学的李渺（以攻读博士时的单位为准）采用定性与定量相结合的方法，以认识论和心理学为理论基础，通过文献梳理、课堂观察、教师访谈、学生访谈等方法，就数学教师的知识对数学教学的影响做了研究，得出以下结论。①数学教师陈述性知识成分主要有数学知识、教育学知识、心理学知识及其他学科知识，且它们构成一个有机的整体，共同对数学教学产生影响。②在数学教师陈述性知识的各成分中，相对而言，对数学教学的影响程度由高到低依次为数学知识与教育学知识（它们之间没有显著性差异）、心理学知识、其他学科知识。③对于数学知识、教育学知识而言，小学数学教师、初中数学教师、高中数学教师所做的评价存在显著性差异；对于心理学知识、其他学科知识而言，小学数学教师、初中数学教师、高中数学教师所做的评价不存在显著性差异。④数学教师的知识对数学教学的影响体现在教师的教学设计、教师的教学言行、教师的教学情感以及学生的数学思考、情感态度等方面。⑤实习教师的数学教育观念具有潜意识性、表面性

---

① 韩继伟. 中学数学教师的学科知识［D］. 香港：香港中文大学，2005.

以及不确定性等特点。⑥实习数学教师的知识存在着一些缺陷。⑦在职教师的数学教学观念在认识层面上与实践层面上存在着"断裂"现象。⑧在职教师的数学教学知识方面存在着一些问题：在一定程度上忽视学生的回答；在一定程度上忽视让学生自己发现问题；在一定程度上教师的提问中存在着无效问题等。⑨"经历即学习"是数学教师应持的一种学习观。⑩数学教师从课堂教学实践中学习是完善教师知识结构的一条有效途径。⑪实习数学教师应具有一些教学基本功。⑫教师培训中要考虑数学教师的学习材料问题。⑬数学教师学习中的"理解"不仅是教师的认知方式，还是教师的思维方式和生活方式。⑭教师知识的获得（建构）包括四方面：一般认识、理解、运用、发展。⑮要全面了解教师知识的价值。⑯教师追求教育智慧，则需寻求知识的意义性。[①] 后来李渺、喻平等学者的研究得出了类似的结果。[②]

在此特别提及旅美学者马力平的相关研究工作:《初等数学的理解与教学》。马力平通过中美两国小学数学教师的比较研究得出，教师对于自己所教学的数学知识内容的掌握情况在很大程度上决定了他的教学效果，其所指的数学知识的掌握情况是指这种知识究竟是"很好地发展起来的、整体性的"，还是"零碎的、互不相关的"。为了更为具体地刻画教师数学知识的掌握情况，马力平专门引进了"知识的深刻理解"的概念。该概念包括深度、广度和贯通度三个含义：深度是指相关题材与更为基本、更为深刻的数学思想之间的联系；广度是指横向联系的广泛程度；贯通度则是指在所包括的各种成分间迅速转换的能力。马力平还指出教师只有建立起对于所授知识的深刻理解，才可能在自己的教学中表现出以下特征：知识的相关性、多元取向、基本思想、纵向的一致性。[③]

---

① 李渺．教师的理性追求：数学教师的知识对数学教学的影响研究［D］．南京：南京师范大学，2007.

② 李渺，喻平．中小学数学教师知识对数学教学的影响之比较研究［J］．上海教育科研，2007（5）：11–15.

③ Ma L P. Knowing and teaching elementary mathematics［M］. Mahwah，NJ：Lawrence Erlbaum Associates，1999.

综合上述文献可以发现，尽管数学教师的学科知识与有效教学是必要非充分的关系，但如果数学教师缺乏足够的学科知识，对学科知识理解不到位及不丰富自己的问题图式都将影响其教学效果。

**4. 数学教师学科知识的发展及转化研究**

综观近年来的文献可以发现，我国学者单纯关于数学教师学科知识发展及转化的相关研究还是很少，多数文献与数学教师的专业知识或近年来流行研究的教学内容知识等混在一起。相关的研究主要有张波的《职前数学教师的实体性知识发展研究》[①]、李素华的《专业期刊阅读与数学教师的专业知识发展》[②]、钱旭升及童莉的《数学知识向数学教学知识转化的个案研究——基于新手与专家型教师的差异比较》[③]、韩继伟及马云鹏等人的《中学数学教师的教师知识来源的调查研究》[④]、田倩的《数学职前教师学科内容知识发展研究》[⑤]、徐章韬及龚建荣的《学科知识和学科教学知识在课堂教学中的有机融合》[⑥]等。

针对师范生的培养和学科知识发展，华东师范大学的张波（2006）（以攻读博士单位为准）做了"职前数学教师的实体性知识发展研究"。该研究基本采用质的研究方法，以"数学中的极限概念如何理解"为视角，对职前数学教师学科知识中的实体性知识发展做了研究。研究主要围绕3个问题展开。①实体性知识究竟是何定义？如何评估？师范生是否缺乏实体性知识？②哪些途径在促进职前教师发展中可能是有效的？③教学活动与师范生实体性知识的学习存在何种关系。研究者在重新审视了实体性知识定义的基础上，以理解水平分析、思维导

① 张波．职前数学教师的实体性知识发展研究［D］．上海：华东师范大学，2006.

② 李素华．专业期刊阅读与数学教师的专业知识发展［D］．上海：华东师范大学，2009.

③ 钱旭升，童莉．数学知识向数学教学知识转化的个案研究：基于新手与专家型教师的差异比较［J］．长春理工大学学报（高教版），2009，4（3）：155–157.

④ 韩继伟，马云鹏，赵冬臣，等．中学数学教师的教师知识来源的调查研究［J］．教师教育研究，2011，23（3）：66–70.

⑤ 田倩．数学职前教师学科内容知识发展研究［D］．上海：华东师范大学，2010.

⑥ 徐章韬，龚建荣．学科知识和学科教学知识在课堂教学中的有机融合［J］．教育学报，2007（6）：34–39.

图分析和教学阐述分析为综合评价工具，通过小面积的调查和深入的访谈，得出以下结论：①职前教师对数学概念（以极限为例）缺乏深刻的把握，存在与中学生相似地对极限概念的各种错误或不完善的理解，关于极限概念的实体性知识很不完善；②缺乏足够的内容知识使职前教师把有限的备课时间都用于内容学习，而不是准备如何呈现内容使学生容易理解；③缺乏足够实体性知识的职前教师有可能缺乏教好课的自信，并且他们在教学内容、媒体和模式的选择上都受到极大的限制。

基于师范生缺乏实体性知识的结论，该研究通过教学阐述与书写教案结合的手段，同时让师范生在此过程中用画思维导图的方式，发展他们的实体性知识。通过理解水平分析框架、教学阐述分析以及思维导图分析，研究者认为：①采用 3 次备课和教学阐述相结合，以及利用思维导图这两种途径可以帮助师范生发展他们的实体性知识；②原有学科知识水平不同的师范生在此过程中有不同的表现，但总体均为向前发展；③在采用 3 次备课和教学阐述相结合的方式中，师范生关注自身对内容的理解，关注新理解对原有认知的冲突。针对研究的结论，研究者最后提出了当前师范院校数学系课程设置的一些建议：①基础数学课程不可偏废；②重视教学所需的数学；③开设数学与教学“融合”的课程，注意提供多向、平等、融洽的交互平台，提供工具性的思维方式，提供可供深度挖掘的载体及提供恰当的教学阐述标准。

韩继伟，马云鹏等（2011）参考范良火（2003）的研究，以辽宁省沈阳市、吉林省长春市和黑龙江省哈尔滨市的 13 所中学里的 150 名初中数学教师为研究对象，通过问卷调查以了解不同来源对中学数学教师的教师知识（包括教育理论知识、数学学科知识、学科教学知识）发展的重要程度。研究结果显示：自身教学经验与反思、和同事的日常交流是职后最为重要的教师知识来源，而入职后的学历教育是最不重要的教师知识来源。在职前的各种教师知识来源中，教育见习、实习及微格教学是职前比较重要的教师知识来源，而数学专业课、教育类课程是最不重要和次重要的教师知识来源。①

为探讨职前数学教师学科知识发展的特点，田倩（2010）采用问卷测试和访谈等研究方法，以“集合、函数、二次曲线、概率、数系扩充”为核心研究内容，并结合职前教师对师范院校课程设置的主观看法，对职前数学教师学科知识发展的情况进行了研究。研究结果体现在两方面。第一，数学职前教师的学科内容知识在大学阶段没有得到良好的发展。在各个知识点上的表现情况如下：①职前教师没有理解无限集合的本质特征，不能正确运用集合的对等关系和基数的概念；②职前教师对函数概念的理解存在一定的错误或疏失，对函数概念的认知并没有随着学段的升高而提高；③职前教师虽然对中学期间所学习的二次曲线的概念和标准方程的掌握情况良好，但不能利用矩阵工具来研究二次曲线的化简和分类；④职前教师对于概率的公理化定义缺乏理解，运用概率的公理化定义和几何概型解决概率问题的能力也很弱；⑤职前教师关于常用数系的非运算性质了解得不多，大部分职前教师不理解数系扩充的原则。第二，职前教师对于目前就读大学课程并不是很满意。主要表现在以下几方面：①在大学的课程设置方面，已经开设的课程在内容上与中学数学教学的联系不够紧密，尚缺少与中学课程改革紧密相关的课程；②课程的时间设置上，数学教育类课程学时过短，选修课时间安排存在冲突，影响职前教师的修读选择；③数学课程的考核内容和评价方式存在问题，职前教师的学业成绩与实际掌握的学科内容知识并不相符。②

为探究来源途径对数学教师学科知识发展的贡献，李素华（2009）以中学数学教师为研究对象，以实证调查的形式研究了专业期刊阅读与数学教师专业知识发展的关系。研究主要讨论以下 3 个问题：①中学数学教师专业期刊的阅读现状；②专业期刊阅读在中学数学教师专业知识发展中的地位；③专业期刊阅读对中学数学教师专业知识发展

① 韩继伟，马云鹏，赵冬臣，等. 中学数学教师的教师知识来源的调查研究［J］. 教师教育研究，2011，23（3）：66–70.

② 田倩. 数学职前教师学科内容知识发展研究［D］. 上海：华东师范大学，2010.

的影响。研究结果表明：中学数学教师在阅读人群、阅读频率、阅读时间、阅读期刊种类、阅读动机等方面的表现不容乐观；促进教师专业知识发展的途径中教师首选的是自我总结、反思，其次是同事间的讨论、专题研讨教研活动、观摩其他教师的课堂教学，排名明显居后的是阅读专业期刊、阅读专业书籍。该研究发现，专业期刊阅读对教师数学知识的影响主要体现在能帮助教师认识数学思想观念以及积累解题方法与技巧。①

马力平（1999）进一步指出了教师数学学科知识发展的圆圈模型（图 2–4）。圆圈开始于学校教育，并为学科知识提供了坚实的基础。也就是说，未来教师在他们接受的中小学教育中学习一些数学能力，而不是在他们的教师预备课程中。数学主题与教学的结合正是从这个时候开始的。在数学主题与教学的联结点上，学科知识得到发展。之后，只要教师在他们的教学生涯中有机会、有动力去做，他们的学科知识会继续得到发展。其实，马力平在论著中从教学的角度对数学知识进行了分析，其所说的“数学知识”事实上就已包括了由“作为科学的数学知识”向“作为教学内容的数学知识”的过渡，产生了另外一种教师专业知识——教学特定数学内容的知识，即我们所说的数学教学知识。②

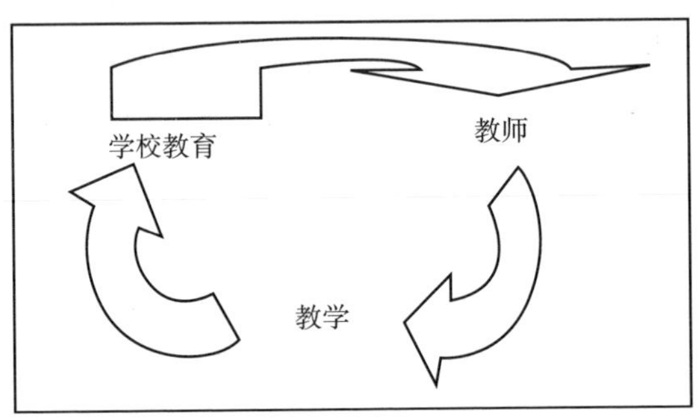


**图 2–4　数学教师学科知识发展的圆圈模型**

① 李素华. 专业期刊阅读与数学教师的专业知识发展［D］. 上海：华东师范大学，2009.

② Ma L P. Knowing and teaching elementary mathematics［M］. Mahwah，NJ：Lawrence Erlbaum Associates，1999.

当然，数学教师学科知识的发展过程也表现为知识转化的过程，尤其是学科知识向学科教学知识的转化是研究学科知识发展的另一视角。关于这方面的研究国外所做的工作比较多，我国学者对这方面的研究还处于初探阶段。如钱旭升、童莉（2009）以一位新手与一位专家型初中数学教师为个案，以制作概念图及课堂教学录像为研究工具，针对新手与专家型教师对同一单元“图形的平移与旋转”的知识转化情况进行了横向的比较分析。研究结果表明，在数学知识的理解方面，相比新手教师，专家教师对知识的理解更为深刻、知识的组织结构更加系统、知识之间的联系更加广泛；而在教学表征方面，两位教师关于表征的目的、教学任务的运用、表征的方式、对教科书任务的调整、表征的适应也存在差异。[①]

另外，徐章韬、龚建荣（2007）通过学习者的视角剖析了一堂数学课——“无穷等比数列各项和”的教学，具体分析了学科知识和学科教学知识在课堂教学中是怎样有机融合的。研究指出，学科知识，是教学之基；在实践中学科知识逐渐转化为学科教学知识，是教学之用。学科知识和学科教学知识的有机融合演绎了精彩的课堂教学。[②]

上述研究可以看出，学者们从不同的视角对数学教师学科知识发展的特点及规律进行了探讨，研究结果表明，数学教师的学科知识并不是一成不变且一劳永逸的，而是贯穿于职前职后一体化的教师教育过程中且不断发展的。这种发展一方面体现在不同专业活动的整合促进中，另一方面体现在学科知识与学科教学知识的转化过程中，是教师隐性知识与显性知识的相互转化。学者们的研究也反映出，教学和备课的相互结合、自身教学经验与反思、和同事的日常交流、职前教师教育课程的合理设置等都是促进教师学科知识发展的重要途径，

---

① 钱旭升，童莉．数学知识向数学教学知识转化的个案研究：基于新手与专家型教师的差异比较［J］．长春理工大学学报（高教版），2009，4（3）：155-157.

② 徐章韬，龚建荣．学科知识和学科教学知识在课堂教学中的有机融合［J］．教育学报，2007（6）：34-39.

而现阶段阅读专业书刊在促进学科知识发展方面并没有受到教师足够的重视。

**5. 基于不同视角的数学教师学科知识比较研究**

国内关于数学教师学科知识方面的研究还包括个别学者的比较研究。如卢锦玲针对上海及香港两地的小学数学教师的《“沪港两地小学数学教师专业知识缺失”的比较研究》、马力平针对中美两国小学数学教师的《初等数学的理解与教学》、李琼针对专家与非专家教师的《小学数学教师的学科知识：专家与非专家教师的对比分析》、高学明针对职前与职后数学教师的《预备数学教师与在职数学教师关于概率学科知识比较研究》等。

在不同地域数学教师学科知识的比较方面，华东师范大学的卢锦玲（以攻读博士时的单位为准）以两个“受儒家文化影响的地区”的中国城市——上海及香港为基地，探讨了两地小学数学教师专业知识的异同及缺失情况。该研究以质的研究为主要研究取向，从数学内容及教师专业知识两个维度出发，前者涵盖几何、代数及数据处理三个数学知识领域及一个综合“数”与“几何”的探究问题，后者涵盖学科内容知识及学科教学知识两个类别。以 6 个假想任务情境为核心研究内容，通过对两地各 12 位小学数学教师进行半结构式的访谈，得出两地小学数学教师专业知识的共同点及差异。①有关概念的正确性：香港教师缺失的知识普遍存在于各数学内容之中，在几何范畴最明显。与香港教师不同，上海教师在基本概念中缺失的知识很少。②有关概念间的联系性：香港教师概念间的联系性普遍不强，在几何范畴出现割裂及矛盾的情况。上海教师概念间的联系性较强，但在数据处理范畴未能正确地及有意义地应用在具体情境中。③有关基本原则的理解：香港教师分类的原则及探究的策略掌握在系统性上不及上海教师，但探究动机方面比上海教师强。④有关表征方法的处理：香港教师用语准确性、简洁度不及上海教师，差异比上海教师大，对学生的表达方法控制较高。⑤有关回馈的处理：香港教师给予的回馈对积极及正面建立数学概念及概念间联系的作用不强，给予回馈时关注学生能力差异的考虑较多。上海教师给予回馈时关注对学生将来学习的需要较多。[①]

马力平以中美两国的小学数学教师为研究对象，比较两国数学教师在初等数学的理解与教学方面的差异。研究得出的结论是：中国数学教师虽然接受职业教育的时间（平均为 11 ~ 12 年）比美国同行短很多（平均为 16 ~ 18 年），但中国数学教师在对数学理解的深度、广度和贯通度方面强于美国教师，中国教师的知识是整体性的，而美国教师的知识则是零碎的、互不相关的。[②]这说明中国数学教师的学科知识基础整体上还是比较扎实的，中国的中学生之所以能够在国际数学（IMO）中取得举世瞩目的成绩，与我国广大数学教师的数学专业素养相对比较高有着密切的关系。

在关于不同类型的数学教师的学科知识比较方面，李琼、倪玉菁、萧宁波（2005）以 32 名非专家型与专家型的小学数学教师为研究对象，通过问卷调查，对这两类教师的学科知识进行了比较研究。调查显示，这两类教师对数学学科知识的本质理解有显著差异。专家型教师在概念及知识结构方面比非专家型教师的理解更深刻。[③]

高学明（2010）选取职前与职后的数学教师为研究对象，运用问卷调查法与访谈法，分别从正确性维度、解释性维度和关联性维度三方面，对预备数学教师和在职数学教师对概率内容的掌握情况及其异同进行分析。调查结果显示：①尽管在职数学教师对概率学科知识的掌握情况好于预备数学教师，但整体上不容乐观；②预备数学教师对概率学科知识缺乏解释性与关联性理解；③预备教师和在职数学教师都存在概率学习的错误认知。[④]

---

① 卢锦玲．“沪港两地小学数学教师专业知识缺失”的比较研究［D］．上海：华东师范大学，2008.

② Ma L. Knowing and teaching elementary mathematics: Teachers' understanding of fundamental mathematics in China and the United States［J］. Educational studies in mathematics, 1999, 30（5）: 579–589.

③ 李琼，倪玉菁，萧宁波．小学数学教师的学科知识：专家与非专家教师的对比分析［J］．教育学报，2005（6）：57–64.

④ 高学明．预备数学教师与在职数学教师关于概率学科知识比较研究［D］．大连：辽宁师范大学，2010.

可见，不同学者从不同的视角对数学教师的学科知识进行了比较研究。整体来看，中国数学教师在对数学深度、广度和贯通度的理解方面强于美国数学教师；内地数学教师（不包括香港）的学科知识在有关概念的正确性、概念间的联系性、基本原则的理解、回馈的处理及表征方法的处理等方面要整体好于香港数学教师；专家型数学教师在概念及知识结构方面的理解比非专家型教师更深刻；预备教师和在职数学教师在概率内容的掌握及学习认知上都不容乐观，与在职数学教师相比较，预备数学教师对概率学科知识缺乏解释性与关联性理解。这说明，我国学者对数学教师学科知识的研究视角逐渐呈现开放态势。

## 三、数学教师学科知识研究述评

以上研究成果基本上代表了目前国内外数学教师学科知识研究的现状及水平，在梳理过程中，我们不难发现该领域仍然存在一些不容忽视的问题。

### 1. 数学教师学科知识的研究未能充分体现数学学科特点

数学教师学科知识的研究仍停留在教师应该掌握的数学学科分支门类方面，对数学教师究竟应该掌握哪些数学内容以及达到什么程度这样的问题目前缺少深入系统的研究；仍然停留在“教人一杯水自己应该有一桶水”的思维层面，表现为教师知道的数学知识越多越好。现有研究对教师有关数学知识本质的认识、数学思想方法的领悟、数学史知识以及数学问题解决知识等的研究关注不够，这些知识实际上共同整合为数学教师的学科知识。数学教师如果缺乏这些知识，就不能深层次理解和把握数学教学内容，也不可能有效实施数学教学。

### 2. 数学教师学科知识形成机制及其发展过程的研究欠缺

在现有的研究成果中，学者们对数学教师学科知识的形成及其发展做了理论与实证方面的研究，但是数学教师学科知识发展的内部机制是什么？为什么多样化的途径却对促进数学教师学科知识的发展有抑制作用，甚至会出现相反的实验结果？这些问题说明学者在样本的选择、研究方法的合理使用等方面有待进一步完善。

**3. 忽视微观和中观层面的研究**

国内数学教师学科知识的现有研究多为宏观研究，大多是从数学教师职业性质、专业发展等背景下的“应然性”推演。研究内容主要考虑数学教师进行有效教学应具备哪些数学知识以及数学教师学科知识在教师专业发展中的地位和作用等。但对中观层面的问题，如小学、初中和高中各个不同教学阶段数学教师学科知识，研究较少。而对微观层面的问题，如数学教师将学术形态的数学转化为教育形态的数学的知识和策略，数学教学中遵循学习数学化原则、适度形式化原则等，研究更少涉足。

**4. 实证研究较少，实验研究缺失**

现有的研究成果形式上多数采用文献分析法、问卷调查法、课堂观察法及访谈法等研究方法，但能够深入学校环境和数学课堂教学情境的研究较少。近年来国内出现了运用问卷调查法、个人叙事和田野访谈等实证方法来研究数学教师的学科知识，但整体看来，这些研究成果并没有形成系列性研究。因为实验研究的缺失，造成数学教师学科知识的形成和发展过程中存在的众多因果关系无法探明。

**5. 高中数学教师的学科知识研究成果比较少**

近年来，我国学者好像更加重视数学教师教学内容知识的研究，在很大程度上忽视了数学教师学科知识的研究。即使学者近年来对数学教师的学科知识尤其是高中数学教师的学科知识从知识结构、知识发展等方面进行了理论与实证研究，但整体来看，从理论基础、研究方法、结论实效等方面展开的研究仍然非常欠缺。而影响数学教师教学质量前提与基础的仍然是教师的学科知识，因此，在国内外学者追求教学内容知识研究的趋势下，我们更应该注重高考文化背景下的高中数学教师的学科知识这一根本性问题的研究。

# 第三章　基本概念与分析框架

要研究高中数学教师学科知识的发展，有必要先澄清一些关键的概念：知识、教师的学科知识、教师学科知识的来源，并建立一个理论和概念上的框架以引导本研究。

## 第一节　关于知识的理解

知识一词，在日常生活中的使用频率较高，人们谈论着各种各样的知识，学习各种各样的知识，教授各种各样的知识，但对于“什么是知识”这一问题一直是仁者见仁，智者见智，充满着激烈的争论。

### 一、哲学视野中的知识

知识论的研究在西方哲学史上一直占有十分重要的地位，在现代西方科学哲学中更占据核心地位，甚至可以把西方哲学发展的历史看成是不断追问知识的历史。虽然历来哲学家都同意知识的来源是学习，但是对知识是如何学习到的、知识的性质以及知识的可靠性等问题，一直众说纷纭，争论不休。在哲学史上，哲学家对于“什么是知识”有各种各样的说法。

以柏拉图（Plato）、苏格拉底（Socrates）、笛卡尔（Descartes）、斯宾诺莎（Spinoza）、莱布尼茨（Leibniz）以及康德（Kant）等为代表的理性主义哲学家，强调知识构成中的逻辑成分及知识形成中的理性作用，如柏拉图将知识定义为“被证明了的真实的信念”[①]。以培

---

① 鲍宗豪. 论无知：一个新的认识域［M］. 上海：上海人民出版社，1991.

根（Bacon）、洛克（Locke）、罗素（Russell）等为代表的经验主义哲学家认为，知识是对外部世界各种联系的反映，所有的知识来源于感觉经验。如培根提出“知识的主要形式不是别的，只是真理的表象……存在的真实同知识的真实是一致的”，因此，“知识就是存在的影像”[①]；洛克认为，“一切知识是建立在经验上的，而且最后是导源于经验的”[②]；罗素在其代表作《哲学问题》开篇就指出：“在探讨正确性时，我们自然是从我们现有的经验出发，而且在某种意义上，知识无疑就是从这些经验派生出来的”[③]。以詹姆斯（James）、杜威（Dewey）等为代表的实用主义哲学家将知识看成是一种行动的“工具”，效用是检验知识的唯一标准，也是衡量真理的尺度，并且知识不是永远固定不变的，而是暂时性的，是在实践中不断发展和完善的。如杜威认为，知识是有机体和环境之间相互作用的中介，是有机体为了适应环境刺激而探究的结果，一种知识如果是有效的或真正的知识，那么它一定能够提高有机体探究和适应环境的能力，否则就是无效的、错误的知识。[④] 以福科（Foucault）、德里达（Derrida）、利奥塔（Lyotard）等为代表的主张后现代知识观的哲学家视知识为内在于人的主观创造，是基于客观性上的主观建构，是一个动态的、开放的生态系统。

可见，不同的时代背景下，人们就会有不同的知识概念。到目前为止，哲学中对于“什么是知识”，并无公认的定义。

## 二、心理学视野中的知识

如果说哲学意义上所说的“知识”是从广义角度进行定义的，那么在心理学意义下的知识要如何定义呢？20 世纪 50 年代前，由于行为主义反对研究人脑的内部状态，所以知识作为个体头脑中的一种内

---

① 蔡量. 知识决定论［M］. 北京：北京日报出版社，1988.

② 洛克. 人类理解论：上册［M］. 关文运，译. 北京：商务印书馆，1983.

③ 罗素. 哲学问题［M］. 何兆武，译. 北京：商务印书馆，2007.

④ 钟启泉，李雁冰. 课程设计基础［M］. 济南：山东教育出版社，1998.

部状态，自然不是心理学研究的对象，似乎只是哲学家研究的课题。那时，在心理学辞书或教科书中很难找到知识的定义，即使在我国20世纪80年代出版的《教育学》《教育心理学》以及《中国大百科全书》等权威性著作中，知识还都是从哲学角度进行定义的。

开始从心理学角度关注知识问题则是近几十年的事情。如当代认知心理学家皮亚杰（Piaget）认为："知识是主体和环境或思维与客体相互交换而导致的知觉建构，知识不是客体的副本，也不是由主体决定的先验意识。"①根据皮亚杰的思想和当代信息加工心理学的观点，皮连生对知识的定义是："主体与其环境相互作用而获得的信息及其组织，储存于个体内即为个体的知识，储存于个体外即为人类的知识。知识的本质是信息在人脑中的表征。"②

从心理学角度，知识又可以根据不同标准分为不同类型，如根据知识内容分为自然的知识、社会的知识与思维的知识；按其来源分为直接知识与间接知识；根据知识显现程度可分为显性知识与隐性知识（默会知识）；根据内在心理机制的不同分为陈述性知识与程序性知识。陈述性知识，是指个人关于世界的事实性知识，它所回答的问题是"是什么"；程序性知识，指个人关于运算或实践方面的知识，它所回答的问题是"怎么办"。

## 三、教育学视野中的知识

众所周知，知识与教育二者关系密切。一方面，教育是知识筛选、传播、分配、积累和发展的重要途径；另一方面，知识又是教育的重要内容和载体，所有教育目标的实现离不开知识的教育。③《教育大辞典》中对知识的定义："知识是对事物属性与联系的认识，表现为对事物的知觉、表象、概念、法则等心理形式。可通过书籍和其他人

① 皮连生. 教育心理学：第3版［M］. 上海：上海教育出版社，2004.
② 皮连生. 教育心理学：第4版［M］. 上海：上海教育出版社，2011.
③ 石中英. 知识转型与教育改革［M］. 北京：教育科学出版社，2020.

造物独立于个体之外。"[①]《中国大百科全书·教育》中对知识的定义："所谓知识，就它反映的内容而言，是客观世界在人们头脑中的主观印象。就它反映的活动形式而言，有时表现为主体对事物的感性知觉或表象，属于感性认识；有时表现为关于事物的概论或规律，属于理性认识。"[②]范良火认为："主体对客体的知识是指主客体间一种交互作用的智力结果。"[③]

综合以上文献的观点，知识既是一个内涵十分丰富且外延相当广泛的概念，又是一个不断发展以致目前还难以用精确语言表述的概念。正如罗素所说知识是一个"高度模糊"的字眼，是"无法精确"表达的一个用语[④]；杜威和本特利（Bently）在《知与被知》一书中多次称知识是一个"不精确的名字"或是"模糊的字眼"[⑤]。以上论述的众多观点虽然思考的角度不同，对"知识"的定义存在着很大差别，但是，整体看来，以上文献对知识定义的阐述中基本上包括认知者、认知对象和相互作用三个核心要素：认知者是人，认知对象是事实、方法、经验等，相互作用是指习得、领悟及运用等。

本研究对知识的定义比较赞同范良火的观点，即知识是指主客体间一种交互作用的智力结果。这里的"主体"是指一个人，或是一群人，但不是一个动物；"客体"可以是任何事物，比如一个地方、一件事情、一种方法等；"交互作用"可以是主体对于、关于或作用于客体的认识、观察、经验、反思、推理及其他类似的过程，但不是纯粹的猜想、任意的想象或是无意义的梦幻。这三者之间的关系可用图 3-1 来表示[⑥]。

---

① 顾明远. 教育大辞典：第一卷［M］. 上海：上海教育出版社，1990.

② 董纯才. 中国大百科全书：教育［M］. 北京：中国大百科全书出版社，1985.

③ 范良火. 教师教学知识发展研究［M］. 上海：华东师范大学出版社，2003.

④ RUSSELL B，BLACKWELL K，EAMES E R. Theory of knowledge：the 1913 manuscript［M］. London：Routledge，2013.

⑤ DEWEY J，BENTLEY A F. Knowing and the known［M］. Boston：The Bacon Press，1949.

⑥ 范良火. 教师教学知识发展研究［M］. 上海：华东师范大学出版社，2003.

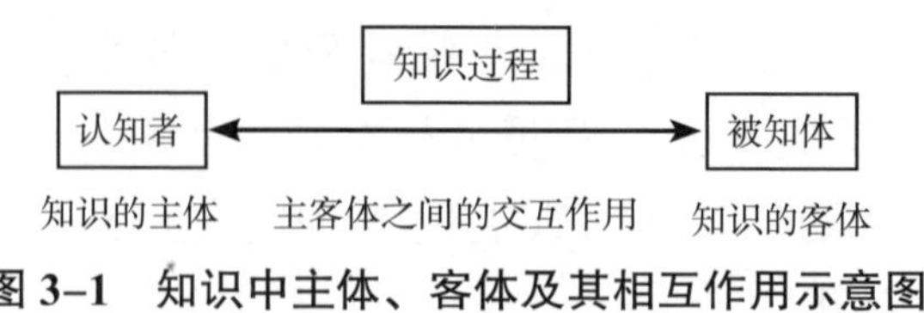


**图 3–1　知识中主体、客体及其相互作用示意图**

## 第二节　高中数学教师学科知识的概念及构成分析框架

### 一、高中数学教师学科知识内涵的理解

虽然无法精确表达知识的概念，但是本研究在以上论述的基础上，以知识的心理学定义为基础，将高中数学教师学科知识在本研究范围内进行界定。本研究中的高中数学教师学科知识是指高中数学教师基于新课程实施的现实背景及教师专业发展的愿景，在主观学习需求的驱动下，通过适当的外界条件支持，在数学学习、教学及研究过程中对不同类型的数学知识进行动态建构的智力结果。这一概念包含以下几层含义。

第一，从主客体认识的角度来看，高中数学教师学科知识的认识主体是高中数学教师，客体是数学的相关内容，知识获得的动力是主体与客体相互作用基础上的主动建构。由于“数学具有高度抽象性的特征决定了数学发展是一个知识建构的过程”（涂荣豹、喻平，2001）[①]。因此，高中数学教师学科知识的获得必须经教师主体在与不同类型数学知识相互作用的基础上进行主动建构，它与“关于高中数学教师的学科知识”是有所区别的。

第二，由于数学知识的存在形态，大致可以分为以下几种类型：作为科学内容的数学知识、作为课程内容的数学知识、作为教材内容的数学知识、作为教学内容的数学知识等。作为科学内容的数学知识

① 涂荣豹，喻平．建构主义观下的数学教学论［J］．南京师大学报（社会科学版），2001（2）：77–82.

指的是在数学这一门学科中所包括的那些知识及其结构；作为课程内容的数学知识是指在课程标准或教学大纲中出现的那些数学知识，它是依据教育目标并作为科学内容的数学知识进行选择和组织形成的；作为教材内容的数学知识主要指的是教科书中所涉及的数学知识及其结构，是对作为课程的数学知识进行教学加工后形成的；作为教学内容的数学知识指的是教师在教学过程中使用的数学知识，但不涉及学生和教学。本研究基于“知识是主客体间一种交互作用的智力结果”①的理解，认为“高中数学教师的数学知识”包括三个层面的含义：一是教师所知道的数学知识；二是教师所理解的数学知识；三是教师在教学中所使用的数学知识。本研究将这三个层面统称为“高中数学教师所拥有的学科知识”，即“高中数学教师的数学知识”。其含义是教师所知道的作为科学内容的数学知识，所理解的作为课程内容、教材内容的数学知识，以及在教学过程中所使用的数学知识。

第三，这里的“智力结果”主要包括：①高中数学教师所拥有的数学概念、命题、公式、法则等基本内容及由其相互联系构成的体系、框架等组织结构的知识，如在数学学科体系中概念与概念之间、命题与命题之间的关系，在教材中概念与命题间的组织顺序和前后关系等；②高中数学教师所拥有的数学思想方法知识，主要是高中数学教师在数学学习及教学过程中对数学中蕴含的思想方法的理解及顿悟；③高中数学教师所拥有的数学史与数学文化知识，如某数学概念或命题产生的背景，数学家在发现这一概念或命题时火热的思考过程，某数学事实在产生、发展及应用过程中所表现出来的文化价值等；④高中数学教师所持有的数学观，即高中数学教师对数学的本质、性质及价值等的认识。

第四，高中数学教师的学科知识可以表现为各种类型，如直接知识和间接知识、显性知识和隐性知识等。为了方便，本研究将高中数学教师的学科知识分为显性知识和隐性知识两大类，其中显性知识包括数学内容性知识、数学史及数学文化知识，隐性知识包括数学思想

---

①　范良火. 教师教学知识发展研究［M］. 上海：华东师范大学出版社，2003.

方法知识及数学观，这两类知识通过教师的经验反思为中介始终处于相互转化过程中。

第五，高中数学教师承担着为高校输送后备人才和为社会培养合格公民的重要责任，以及教给学生正确数学知识的教学任务。高中数学教师经过长期的专门学习及教学实践已经具有较为充分的数学知识，所以本研究中的“高中数学教师的学科知识”是将那些错误的数学知识排除在外的，指的是教师所拥有的正确的数学知识。

## 二、高中数学教师学科知识基本特点的分析

### 1. 高中数学教师的学科知识是一种个体性知识

数学教师的学科知识并不是冰冷的数学科学本身，而是由教师经过自己的思考建构而成的个体性知识。事实上，教师建构自己的学科知识，既是“求知”，也是“产知”。“求知”即不同的数学教师根据自身实际需要去建构自己的学科知识，“产知”意味着教师通过自我思考与自我组织的过程，形成了一套对自己有用的认知理解、思想方法及解题策略等，这些理解、方法和策略不是纯客观的东西，而是浸透着教师的思维特点、主观经验、性格特征及价值取向等成分。

正是由于数学教师学科知识体现出来的这种“个体性”，不同数学教师的学科知识表现出多方面的差异：不同时代数学教师的学科知识不同；同一时代不同地域的数学教师学科知识不同；同一地域甚至同一学校的数学教师学科知识不同，等等。最后一种差异尤其需要我们关注：由于一般教师与优秀教师、教书匠型教师与研究型教师、新手型教师与专家型教师等不同类型的数学教师所拥有的学科知识是不同的，其所从事的教学活动往往具有不同的教学效果。

### 2. 高中数学教师的学科知识是教师学、教、研等专业活动相互作用的产物，但更趋向为教学服务

完整的数学教师学科知识应该是教师专业活动相互作用的产物，它既需要数学教师在职前及职后所进行的数学理论学习做基础，又需

要职后丰富的教学实践来促动，还需要教师有效的科学研究去加工，只有经过这三者之间的相互作用并以教师积极主动的经验反思作为中介，教师所获得的学科知识才有可能是鲜活而完整的。显然，高中数学教师的学科知识作为其专业知识的主要组成部分，离不开其所从事的专业活动，但是，由于受种种条件的限制，我国教师整体的专业化发展程度还比较低，当前我国高中数学教师所拥有的学科知识还是以服务于高中数学教学为主，教师的继续学习及教学研究基本上都是为更好地从事数学教学服务的，这是在研究教师的学科知识时不得不关注的一个现实问题。

**3. 高中数学教师学科知识的发展贯穿于职前、职后一体化的教师教育过程中**

高中数学教师学科知识的发展是一个连续的过程，它伴随着教师专业的发展贯穿于职前、职后一体化的教师教育过程之中，既不能脱离数学教师职前教育时关于数学专业课程的学习，更不能脱离职后的继续学习及实践反思。高中数学教师在职前通过数学课程所学习到的数学知识很大程度上是抽象的学科知识（虽然职前数学教师在上大学期间受过职前培训、微格教学及教育实习等培训，但职前数学教师通过培训获得的学科知识相比较于职前通过学习数学专业课程获得的学科知识还是微不足道的），其理论性或学术性的味道比较浓厚，学生学习数学的目的就是应对各种考试而顺利取得入学资格或修够相应的学分以便能够顺利毕业。这时职前教师获得的学科知识还缺乏服务于职后教育教学的目的性与针对性，但是它毕竟为教师职后的数学专业活动奠定了扎实的基础。当职前教师转变角色成为正式的高中数学教师后，其通过学、教、研等专业活动获得的学科知识应当是对职前学科知识的延续、拓展、补充及验证，但由于我国的教师教育在职前培养与职后培训过程中还存在着培养模式、课程设置等相互断裂的现象，导致高中数学教师在从教后存在着初高中学科知识衔接断层，或多或少遗忘高等数学的情况。

**4. 高中数学教师的学科知识与学科教学知识既相互联系又相互区别**

自舒尔曼针对美国职前教师教育课程中学科知识与教学法知识相互分离的现状而提出学科教学知识的概念以来[①]，关于学科教学知识的研究便成为国内外学者研究的一个热点。虽然有学者对教师学科教学知识的内涵存在着修正甚至否定意见[②③]，但是，作为体现教师专业性的一种独特知识，学科教学知识应与学科知识一样成为教师专业知识的重要组成部分。根据舒尔曼的理解，教师的学科教学知识是教师将所教的学科知识按照学生的学习特点重新组织，以适合于学生理解的方式予以表征的一种知识形式，反映了特定内容的学科知识与一般教学法知识的一种整合。显然，教师的学科知识与学科教学知识虽然在内涵上是有区别的，但两者之间又联系紧密。一方面，学科知识是学科教学知识的基础与来源，是学科教学知识的一个必要非充分条件；另一方面，学科教学知识的发展同样可以进一步加深教师对学科知识的理解。因此，高中数学教师的学科知识与学科教学知识既相互联系又相互区别，正是由于它们之间的相互作用才推动着高中数学教师学科知识的发展。两者之间的关系如图 3–2 所示。

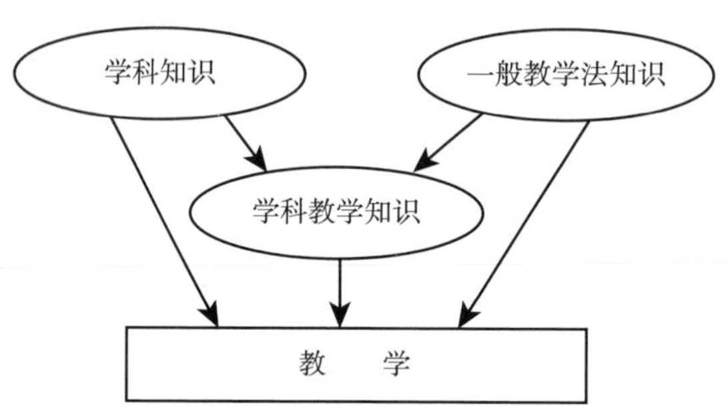


**图 3–2　学科知识与学科教学知识之间的关系图**

① WILSON S M. 150 Different ways of knowing：representations of knowledge in teaching［J］. Exploring teachers thinking，1987，5（1）：104–124.

② MARKS R. Pedagogical content knowledge：From a mathematical case to a modified conception［J］. Journal of teacher education，1990，41（3）：3–11.

③ MCEWAN H，BULL B. The pedagogica nature of subject matter knowledge［J］. American educational research journal，1991，28：316–334.

**5. 由于受评价制度的影响，高中数学教师的学科知识更多表现为服务于高考的现实倾向**

始于21世纪初的高中数学新课改从课程目标、课程内容、课程实施及课程评价等方面提出了许多新的理念，这些新的理念如同煦暖的春风吹拂着坚固而沉闷的高中数学课堂教学。在这些新理念的拂动下，我国高中数学教师便承接着名目繁多的新课程培训，通过培训，高中数学教师在理念的转变、知识的丰富、技能的娴熟、能力的提升等综合素养方面或多或少都有收获，这些收获为高中数学课堂教学无形之中注入了新的活力。但是，也要看到，任何人都不可能脱离特定的社会文化环境，同样，高中教师作为社会成员当然也不例外。由于长期受应试教育的影响，高中教师与其他职业教师的最大区别是自己的教学必须要面对高考的评价，而高考很大程度上成为现阶段社会评价高中教育教学质量的重要砝码。在这种现实评价机制的导引下，广大高中数学教师通过各种方式获得学科知识的主要目的就是为高考服务，诸如“高考考的就是我要教的，高考不考，就是新课程里有的东西我也不教”这样的言论就反映了大多数高中数学教师对待学科知识的态度。因此，相比较于其他类型的教师，高中数学教师的学科知识更多表现为服务于高考的现实倾向，这是当前多数高中数学教师学科知识的一大特点。

## 三、高中数学教师学科知识结构的诠释

对于学科知识的构成，施瓦布认为，学科知识应包括内容知识、实体性知识及句法知识三个维度；格罗斯曼、威尔逊、舒尔曼基于施瓦布的学科维度，提出了教师学科知识的四种成分：内容性知识、实体性知识、句法性知识及关于学科的观念；鲍尔以数学学科为例，指出教师要具备三方面的学科知识：学科的知识、关于学科的知识及对学科的态度或倾向；国内学者喻平认为，数学教师的学科知识可分为数学理论知识、对数学本体的认识、对数学思想方法的体悟、数学史知识四种子成分。这些学者虽然对教师学科知识的构成有不同的理解，

但概括起来主要包括学科的知识及关于学科的知识两大成分，前者主要表现为教师的显性知识，后者则主要表现为教师的隐性知识。本研究基于波兰尼（Polanyi）将人的知识划分为显性知识与隐性知识的理论，综合国内外学者对教师学科知识构成的研究，再结合高中数学教师教学的特点，认为高中数学教师的学科知识应包括显性知识及隐性知识两大类，其中显性知识包括数学内容性知识及数学史与数学文化知识；隐性知识包括数学思想方法知识及数学观。其中这四种知识相互作用，密不可分，共同构成了高中数学教师完整的学科知识。高中数学教师完整的学科知识构成如图 3–3 所示。

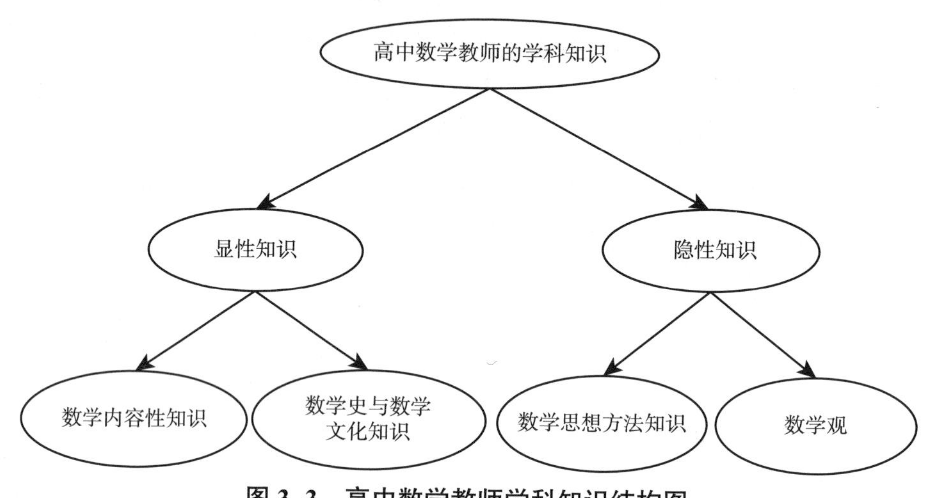


**图 3–3　高中数学教师学科知识结构图**

数学内容性知识是高中数学教师能够了解、理解、掌握及应用的与高中数学教学有关的数学概念、公式、命题等基本内容，能合乎逻辑地推理及会用清晰的数学语言阐释数学规则与程序，能从整体上理解与把握由这些基本内容、规则及程序所组成的关系结构及体系框架。数学史与数学文化知识主要指高中数学教师所了解、理解及掌握的有关数学各分支的相关概念、结论等的产生背景、发展过程及影响的知识；关于国内外一些著名数学家事迹的知识；关于数学名题赏析的知识；关于数学对人类文明和社会经济发展作用的知识。数学思想方法知识主要指高中数学教师在对数学内容长期理解的基础上所形成的一种隐性知识，它蕴含数学内容而高于数学内容，是数学内容的精髓，体现着教师对数学内容知识本质的理解，是数学教师数学素养高低的重要标志。数学观主要指高中数学教师在对数学内容性知识、数学史与数学文化知识、数学思想方法知识长期理解的基础上所形成的对数学本质、价值等的看法，是高中数学教师学科知识中最上位的知识，不同教师的数学内容性知识、数学史与数学文化知识、数学思想方法知识影响甚至决定着教师的数学观，而科学合理的数学观反过来从认识论的角度指导着教师其他三类知识的形成与发展。整体而言，这四类知识相互联系、相互作用，在学、教、研的过程中共同整合为高中数学教师完整的学科知识体系。为了具有针对性，本研究对高中数学教师学科知识界定的这四方面都聚焦到高中数学教学层面，与高中数学教学有关的大学高等数学、小学及初中涉及的数学知识都应该是高中数学教师应具备的学科知识。高中数学教师学科知识的四种成分之间的关系如图 3–4 所示。

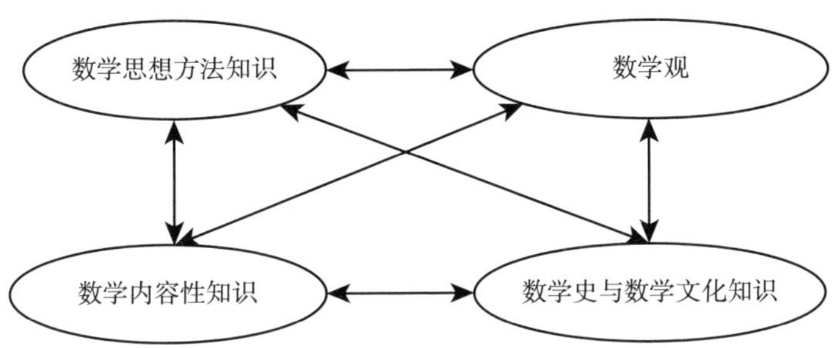


**图 3–4　高中数学教师学科知识结构成分之间的关系图**

## 第三节　高中数学教师学科知识发展的分析框架

格拉特霍恩（Glatthorn）提出：获得教师专业发展的路径实际上是一个连续的谱系，许多与教师专业发展相关的概念指的就是这个谱系中的某些途径。谱系的一端是顺其自然地渡过职业周期而获得专业成长，这种基于经验的成长一般要经历几个阶段，可称为“职业成熟”；另一端是有组织地促进教师成长的在职教育计划，可称为“教师培训”。从职业成熟到教师培训形成的谱系图如图 3–5 所示。其他有关概念则处于以这两个概念为端点所形成的谱系上，当然，每一端本身又是复杂的。如教师培训，按照培训是否在教师任职的学校进行又可区分为以“在职培训”和“在岗培训”为端点的一个连续谱系，如图 3–6 所示。[①]

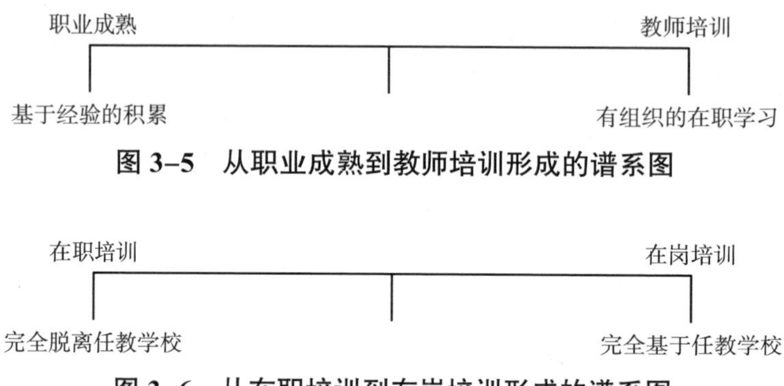


**图 3–5　从职业成熟到教师培训形成的谱系图**



**图 3–6　从在职培训到在岗培训形成的谱系图**

本研究基于格拉特霍恩关于教师专业发展连续谱系的观点，参照范良火关于教师教学知识来源的分析框架，根据我国教师在学习、教学及研究过程中发展其学科知识的实际途径，建立关于高中数学教师学科知识发展途径的分析框架。高中数学教师学科知识发展的连续谱系由职前学习的经验及职后学习的经验两部分组成。职前学习的经验包括数学课程的学习及数学教育类课程的学习两种方式。其中，数学课程的学习包括中小学数学课程的学习及大学数学专业类课程的学习两种具体途径；数学教育类课程的学习包括数学教育理论类课程的学习及数学教育实践类课程的学习两种具体途径。职后学习的经验包括

① 叶澜，白益民，王枬，等. 教师角色与教师发展新探［M］. 北京：教育科学出版社，2001.

教学实践活动中的学习及培训研修活动中的学习两种方式。其中，教学实践活动中的学习包括有组织的专业活动、和同事的日常交流、和学生的交流、自身的教学经验和反思四种具体途径；培训研修活动中的学习包括在职培训、阅读专业书刊、通过网络资源的学习、撰写数学教研论文四种具体途径。高中数学教师学科知识发展的分析框架如图 3–7 所示。

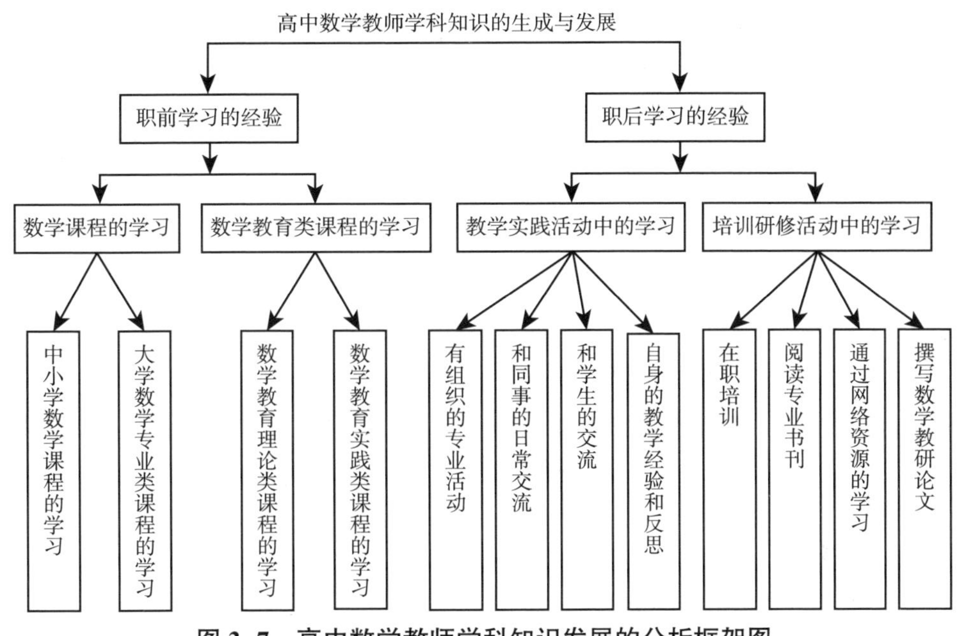


**图 3–7　高中数学教师学科知识发展的分析框架图**

## 一、职前学习的经验

### 1. 中小学数学课程的学习

高中数学教师学科知识的发展贯穿于教师职前学习与职后工作的整个过程中，虽然，高中数学教师在中小学阶段学习的数学知识主要是数学教师讲授的内容，且这种数学学习很大程度是比较被动的，学习数学知识的目的就是应对各种各样的考试。但纵观教师学科知识发展的整个过程，它毕竟是基础性的，尤其是在中小学数学学习的过程中，优秀数学教师在教学时的恰当引导往往对学生数学学习兴趣的培养及未来发展起着非常重要的作用。因此，中小学数学课程的学习经验对高中数学教师学科知识的发展有一定的促进作用，把它作为高中数学教师学科知识发展的途径之一也是合理的。

**2. 大学数学专业类课程的学习**

如果说高中数学教师作为中小学生时的数学学习很大程度上是一种被动学习的话，那么在上大学时对高等数学专业课程的学习则是相对积极主动的。大学的数学学习，没有中小学时升学的压力，学习负担较轻。大学教师在数学教学时主要起着引导作用，更多的学习权利属于学生。学生在学习高等数学时主要通过自学建构数学知识，且这种积极主动习得的数学知识在深度、广度、联接度等方面具有的特点对教师的专业发展具有重要作用，也为其将来以高观点从事高中数学教学奠定了直接的学科知识基础。因此，大学数学专业类课程的学习是高中数学教师学科知识发展的一种重要来源。

**3. 数学教育理论类课程的学习**

数学教师学科知识的发展途径除了中小学数学课程的学习及大学数学专业类课程的学习，数学教育理论类课程的学习也是一条比较有效的途径。我国高等师范院校教师传统的数学教育理论类课程主要包括“数学教学论”“初等数学研究”（或“中学数学研究”）两门核心课程。近年来，高等师范院校为适应基础教育课程改革，将数学教育理论类课程设置为“数学教学设计”“数学课标解读与教科书研究”两门限选课及“新课改下的中学数学研究”“数学史与数学文化选讲”等选修课。这些课程的学习，能够加深职前数学教师对高中数学新课程中必修内容及选修内容的理解与认识，帮助他们融通高等数学与初等数学在内容及思想方法等方面的有机联系、拓展职前数学教师的数学史与数学文化知识视野等。因此，数学教育理论类课程的学习也应该是高中数学教师学科知识发展的一种重要来源。

**4. 数学教育实践类课程的学习**

数学教育实践类课程学习的根本目的是从教学理念、学科知识、专业技能及教学策略等方面提高职前教师的职业素养，以便为职后成为合格的中学教师奠定基础。根据我国高等师范院校教师教育的现状，目前针对数学系师范生的数学教育实践类课程主要包括微格教学、教学见习、教育实习等内容。整体看来，虽然我国高等师范院校职前师资培养中存在着重课程理论学习而缺乏实践训练，以及教育实习时间比较短的现象，但通过数学教育实践类课程的学习有助于检验职前数学教师学科知识掌握及运用的情况，能够从理论与实践相结合、诊断与反思相比较的视角推动职前数学教师学科知识的发展。因此，数学教育实践类课程的学习应该是高中数学教师学科知识发展的一种有效途径。

## 二、职后学习的经验

### 1. 在职培训

在职培训主要有两种方式：一是学历进修，包括职前数学教师毕业成为高中数学教师后所进行的学历达标继续学习活动（全日制脱产进修、自考、函授、电大等形式），也包括攻读教育硕士学位、研究生进修班等；二是从教后接受的主要由相关教育行政部门、学校组织的各种形式的专业培训，如高中新课程培训、新教师培训、校本培训等。通过培训，有助于高中数学教师在教学理念、学科知识及专业技能等方面的发展。

### 2. 有组织的专业活动

有组织的专业活动是指由某些专业团体或教育行政部门组织的专业活动，如省、市、区、学校定期或者不定期开展的教学研究活动，包括教学经验交流会、公开课、集体备课、校本教研等不同形式。这里有组织的专业活动不包括在职培训中已经考虑过的为专业培训而设计的活动。

### 3. 和同事的日常交流

和同事的日常交流是指高中数学教师本人和其他不同类型的数学教师（如不同年级、不同性别、不同职称、不同民族、不同学历、不同教龄、不同地域等的数学教师）之间的交流，以及数学教师与其他学科教师之间的交流。交流的内容可包括学习、教学、研究等。这种交流有助于高中数学教师学科知识的发展。

**4. 自身的教学经验和反思**

大量的研究表明，教师自身的教学经验和反思是促进教师学科知识发展最为重要的途径。因为教学经验（实践）不仅能加强或巩固教师原有的已证明为正确的或是可行的知识，改正或修改他们原有的已被证明是错误的或不可行的知识，而且也可以为教师提供重要的（虽然未必是唯一的）机会获取或创造很多新的知识（包括具有情境性特征和隐性特征的一类知识）。另外，教师如果缺乏对其亲身教学经验的自我反思，那么从这样的经验中学到的知识在数量上和质量上都将十分有限。① 教师自我反思有许多方式，如课后小结、撰写教学反思札记、建立教师个人博客等。因此，本研究将自身的教学经验和反思作为高中数学教师发展其学科知识的一种重要途径列出，就显得尤为重要。

**5. 和学生的交流**

在关于教师学科知识或教学知识等知识发展的相关研究中，学者往往忽视了和学生的交流这一途径，可能因为这条途径对教师专业知识发展的促进作用微乎其微。但本研究在对高中数学教师的访谈过程中发现，不少教师都提到了和学生的交流是其学科知识发展的一种有效途径，原因如下：第一，尽管各式各样的培训有助于更新教师的教育教学理念，改进教师的教学方法，但在学科知识的发展方面对教师帮助不大；第二，虽然学校组织一些教研活动有助于丰富教师的学科知识，但在当前的高考评价体制下，教师之间的隐性竞争是存在的，教学经验丰富的教师很少甚至不愿与其他教师分享自己发展学科知识的经验，在这种情况下，大多数教师将发展自己学科知识的途径局限在自身学习方面。由于教学面对的主体是学生，而学生在课堂上的回答及课后学生完成作业、考试、提问等的反应往往有助于教师对数学

---

① 范良火. 教师教学知识发展研究［M］. 上海：华东师范大学出版社，2003.

知识的准确理解。因此和学生的交流也是促进高中数学教师学科知识发展的有效途径。

6. 阅读专业书刊

在当前高负荷从事数学教学而无暇阅读专业书刊的现实情况下，高中数学教师发展其学科知识的途径可能主要是自身的教学经验和反思等，阅读专业书刊似乎显得不太重要。但本研究将高中数学教师学科知识的构成划分为数学内容性知识、数学思想方法知识、数学史与数学文化知识、数学观四方面，其中数学史与数学文化知识及数学观更多涉及一些课外知识，需要教师阅读一些专业书刊才能弥补。因此，本研究将阅读专业书刊作为发展高中数学教师学科知识的一种途径来考虑也是合理的，目的是通过调研与访谈，考察高中数学教师通过学习发展其学科知识的现状。

7. 通过网络资源的学习

信息技术的快速发展已对教师的专业发展带来了极其重要的影响。通过网络，教师可以了解到最新的教育改革信息，观摩优秀教师的教学案例，查询到自己需要的知识资料，反馈学生学习的情况等。本研究在调研中发现，虽然绝大多数高中数学教师利用网络资源进行学习来提高自己学科知识的实效性还比较低，但通过网络资源进行学习的教师人数比较多，点击计算机的频次也比较高，尤其是大学刚毕业的二级数学教师在学科知识方面的疑问往往通过使用网络资源去求得解答，且这种情况正在影响与带动其他职级的高中数学教师使用网络资源来解决自己在学科知识方面存在的问题。因此，本研究把通过网络资源的学习作为发展高中数学教师学科知识的一种途径是有现实意义的。

8. 撰写数学教研论文

高中数学教师学科知识发展归根到底要通过有效的专业活动去实现，整体来说，高中数学教师的专业活动基本上包括学习、教学及研究三方面。从当前来看，我国绝大多数高中数学教师的研究主要侧重于解题研究，虽然与数学家、学者的精深专业研究有很大的差别，但通过研究，教师可以将自己理解的学科知识从多个角度进行重新审视，有助于教师对学科知识有更精确、更体系化及更具拓展性的理解。所以，在新课改倡导教师应由原来的“教书匠”转变为“研究者”的口号下，在学者提出“教师不只是别人研究成果的消费者，更应该成为研究者”[①] 的理论主张下，把“撰写数学教研论文”作为发展高中数学教师学科知识的一种有效途径是有理论依据及现实背景的。

① 饶见维．教师专业发展：理论与实务［M］．台北：五南图书出版公司，1996.

# 第四章　整体设计与方法运用

本章内容主要为本研究的整体设计、主体研究方法、数据的分析与处理以及研究的限制和局限等内容。研究的整体设计包括研究设计的基本思想及研究的主要问题两方面；主体研究方法主要是关于问卷调查法及访谈法的设计过程；数据的分析与处理主要说明如何对问卷调查获得的数据及教师访谈获得的信息进行处理与分析的问题；研究的限制和局限主要介绍本研究的不足等。

## 第一节　整体设计

### 一、研究设计的基本思想

首先，就知识、教师知识、教师学科知识、数学教师学科知识等内容，对国内外学者的研究成果及相关文件（主要指《普通高中数学课程标准（实验）》《教师教育课程标准（试行）》《中学教师专业标准（试行）》等）的基本要求做了文献梳理，总结高中数学教师学科知识的内涵、特点、构成及发展的途径，并结合对专家及高中数学教师的访谈，提出新课改背景下高中数学教师应具有的学科知识内容框架，编写调查问卷及访谈提纲。其次，通过问卷调查及田野访谈等方法全面、客观地调查高中数学教师学科知识的现状，总结不同高中数学教师在学科知识发展方面的特点及规律，揭示影响高中数学教师学科知识发展的因素。最后，在对高中数学教师学科知识发展现状与新课改背景下从事高质量数学教学所需要的高中数学教师学科知识的应然要求相比较，得出相关的结论及建议。本研究的整体设计图如图 4–1 所示。

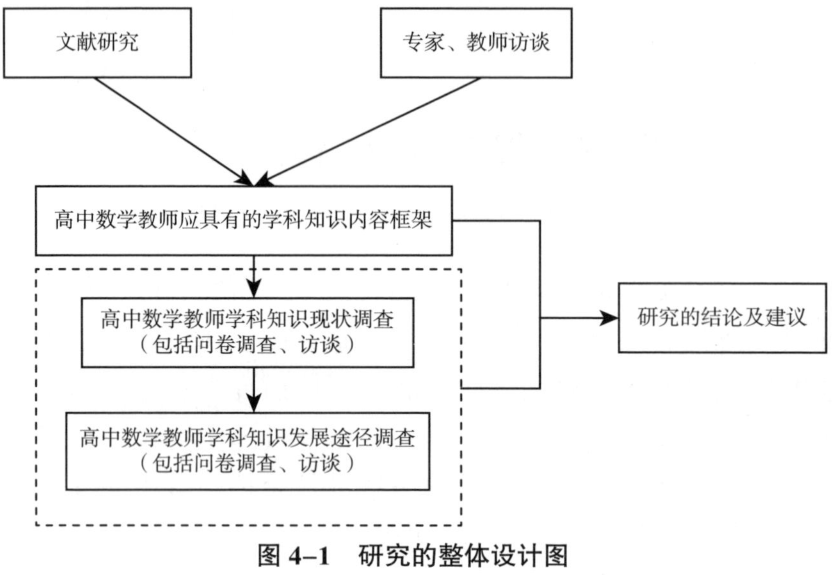


**图 4–1　研究的整体设计图**

### 二、研究的主要问题

本研究的主要问题是：在新课改背景下实施高质量的数学教学，高中数学教师需要具备哪些方面的数学学科知识？高中数学教师真实的学科知识现状如何？不同高中数学教师应如何发展自己的学科知识？影响高中数学教师学科知识发展的因素有哪些？在应然需要与实然现状的比较中，对高中数学教师的职前教育与职后培训有哪些启示与建议？

## 第二节　主体方法

### 一、问卷调查法

#### 1. 关于总体和样本的选择

本研究的总体是甘肃省的普通高中数学教师，样本选取采用随机抽样的方法，在甘肃省兰州、陇南、临夏、白银、定西、平凉和武威七个市区的高中学校，共发放教师问卷700份，回收问卷610份，回收率为87.1%，其中有效问卷538份，有效率为88.2%。为全面、客观、真实地了解新课改以来甘肃省高中数学教师具有的学科知识现状，本研究在选取样本学校时尽可能顾及甘肃省不同地域不同级别的高中学校，这里不同级别的高中学校主要分为省会城市（兰州市）、地级市及县城所属的省级示范性高中、市级示范性高中及普通高中三种类型；在选取高中数学教师样本时尽可能兼顾教师的性别、教龄、年龄、职称、学历等分布情况。被调查教师的地区分布情况及基本信息情况分别见表4–1和表4–2。

从回收的538份有效问卷的地区分布来看，兰州市95人，占被调查教师总数的17.7%；白银市87人，占总数的16.2%；定西市71人，占总数的13.2%；临夏市64人，占总数的11.9%；平凉市84人，占总数的15.6%；陇南市55人，占总数的10.2%；武威市82人，占总数的15.2%。

**表4–1　被调查教师地区分布情况**

| 市 | 人数/个 | 百分比/% |
|---|---|---|
| 兰州 | 95 | 17.7 |
| 白银 | 87 | 16.2 |
| 定西 | 71 | 13.2 |
| 临夏 | 64 | 11.9 |
| 平凉 | 84 | 15.6 |
| 陇南 | 55 | 10.2 |
| 武威 | 82 | 15.2 |
| 总计 | 538 | 100.0 |

**表4–2　被调查教师基本情况**

| 项目 | 分类 | 人数/个 | 百分比/% |
|---|---|---|---|
| 性别 | 男 | 306 | 56.9 |
| | 女 | 232 | 43.1 |

（续表）

| 项目 | 分类 | 人数 / 个 | 百分比 /% |
|---|---|---|---|
| 地区类别 | 兰州市 | 98 | 18.2 |
| | 地级市 | 215 | 40.0 |
| | 县城 | 225 | 41.8 |
| 学历 | 大专 | 17 | 3.2 |
| | 本科 | 476 | 88.5 |
| | 研究生 | 45 | 8.4 |
| 年龄 / 岁 | 20 ~ 30 | 189 | 35.1 |
| | 31 ~ 40 | 222 | 41.3 |
| | 41 ~ 50 | 121 | 22.5 |
| | 51 ~ 60 | 6 | 1.1 |
| 教龄 / 年 | 1 ~ 5 | 151 | 28.1 |
| | 6 ~ 10 | 173 | 32.2 |
| | 11 ~ 15 | 124 | 23.0 |
| | 16 年以上 | 90 | 16.7 |
| 职称 | 二级教师 | 199 | 37.0 |
| | 一级教师 | 183 | 34.0 |
| | 高级教师 | 156 | 29.0 |
| 所教年级 | 高一 | 249 | 46.3 |
| | 高二 | 185 | 34.4 |
| | 高三 | 104 | 19.3 |

由表 4–2 可以看出，从被调查教师的性别比例看，男教师 306 人，占被调查教师总数的 56.9%；女教师 232 人，占总数的 43.1%。调查对象主要以男教师为主，也反映出甘肃省高中数学教师中性别比例还不太平衡。从地区类别看，兰州市教师 98 人，占被调查教师总数的 18.2%；地级市教师 215 人，占总数的 40.0%；县城教师 225 人，占总数的 41.8%，所以本次调查的高中数学教师以地级市及县城教师为主，共占被调查教师总数的 81.8%，有利于了解县域高中数学教学的情况。

从学历分布来看，大专学历的教师有17人，占被调查教师总数的3.2%；研究生学历的有45人，占总数的8.4%；本科学历的有476人，占总数的88.5%。这说明甘肃省高中数学教师的学历还是以本科为主，专科学历的教师越来越少，而通过在职攻读教育硕士等渠道取得研究生学历的教师慢慢增多。从年龄分布来看，本次调查的对象多数是中青年教师，年龄段在20 ~ 40岁的共计411人，占总数的76.4%。从教龄分布来看，1 ~ 15年教龄的教师占大多数，共占被调查教师人数的83.3%。从职称方面看，一级教师和二级教师共计382人，占被调查教师总人数的71.0%；高级职称的只有156人，占总数的29.0%，所以一级教师和二级教师比高级教师稍多一些，这也基本符合当前高中数学教师的职称比例。从所教年级来看，带高一的教师最多，有249人，占被调查教师总数的46.3%；高三的教师最少，有104人，占总数的19.3%，高一教师多有利于了解甘肃省高中数学新课程实施的情况。

**2. 问卷的编制**

本研究旨在全面、客观地了解当前高中数学教师学科知识的现状，在相关文献梳理及专家、教师访谈的基础上，通过试编、预测及修改相结合的方式，最终完成了高中数学教师学科知识发展的问卷编制。关于高中数学教师学科知识发展的调查包括《高中数学教师学科知识现状及发展状况问卷调查》及《高中数学教师学科知识理解状况问卷调查——以高中数学中的“函数”及“向量”为例》两个问卷，两个问卷都由选择题及开放性问题两种类型的题目构成。

《高中数学教师学科知识现状及发展状况问卷调查》共由基本信息、高中数学教师学科知识的整体需求与理解的调查、对数学内容性知识的理解及其发展途径认识、数学思想方法的理解及数学思想方法知识发展途径认识、数学史与数学文化的理解及数学史与数学文化知识发展途径认识、数学观的理解及数学观发展途径认识和高中数学教师学科知识需求及发展途径的意见与建议七部分构成。教师的基本信息包括性别、教龄、职称、学历、所教年级等；数学内容性知识的理解及其发展途径认识，主要考查高中数学教师对数学内容性知识的整体理解、对新课程中选修系列内容的掌握情况及对教师自身数学内容性知识发展途径的认识等；数学思想方法的理解及数学思想方法知识发展途径认识，主要考查高中数学教师对数学思想方法的内涵、意义、分类，对几类重要数学思想方法的理解情况及对教师自身数学思想方法知识发展途径等的认识；数学史与数学文化的理解及数学史与数学文化知识发展途径认识，主要考查高中数学教师对数学史与数学文化的整体认识，对新课程中有关数学各分支的重要结论、史实等产生、发展、影响的了解情况，对国内外一些著名数学家历史事迹的了解及在平时教学中向学生介绍其历史事迹的情况，对数学史上一些名题的来源、解法及重要影响的认识情况，对数学关于人类文明和社会经济发展作用的认识情况，对一些数学重要组织和奖项的了解情况及对高中数学教师数学史与数学文化知识发展途径等认识；数学观的理解及数学观发展途径认识，主要考查高中数学教师对工具主义、柏拉图主义及问题解决的知识观、本质观、价值观的理解与认识情况，对教师自身数学观发展途径等的认识；高中数学教师学科知识需求及发展途径的意见与建议，主要考查高中数学教师对学科知识需求、学科知识发展的意见及建议等的认识。

《高中数学教师学科知识理解状况问卷调查——以高中数学中的“函数”及“向量”为例》共由“对高中数学教师函数知识的调查”及“对高中数学教师向量知识的调查”两部分构成。对高中数学教师函数知识的调查主要测查高中数学教师对函数的内容、思想方法、本质及历史发展过程的掌握情况，高中数学教师在函数教学中存在的知识困难及在促进函数知识发展方面的经验；对高中数学教师向量知识的调查主要测查高中数学教师对向量的内容、思想方法、本质及历史发展过程的掌握情况，高中数学教师在向量教学中存在的知识困难及在促进函数知识发展方面的经验。

本问卷在完成过程中共经历了理论建构、专家访谈、小范围试测、多次修改与试测、最终成型五个阶段。①本研究基于对国内外有关教师知识、教师学科知识、数学教师学科知识发展等文献的梳理，借鉴范良火、刘清华、吴卫东等的问卷，从数学内容性知识、数学思想方法知识、数学史与数学文化知识、数学观四方面建构问卷调查的基本框架；②本研究就该框架的科学性、可行性请教相关专家及一线高中数学教师，在访谈的基础上形成了该问卷的初稿；③就该问卷的初稿在师大附中、兰炼一中、榆中一中进行小范围试测；④总结问卷设计过程中出现的不足并及时进行修正，并对修改后的问卷再次进行试测、修改；⑤经过几次试测与修改后，形成了最终的问卷。本研究所使用的调查问卷借鉴了信度与效度比较好的范良火的《教师问卷调查表》及刘清华、吴卫东等的问卷设计，且调查问卷鲜明地体现出高中数学学科的特点，符合我国高中数学教师专业发展的实际，所以具有较高的信度与效度。

## 二、访谈法

除了问卷设计，本研究又设计了访谈提纲，进一步具体了解高中数学教师在学科知识发展方面的问题及经验情况。

访谈的题目从内容上主要包括：受访者的背景资料；对学科知识的理解与认识；对高中数学课程中函数的内容、思想方法、发展史、应用、本质等的认识；对高中数学课程中向量的内容、思想方法、发展史、应用、本质等的认识；发展学科知识的经验及建议等。

为较全面地了解高中数学教师学科知识发展的现状，本研究访谈的对象有两类，一类是大学数学教师，一类是高中数学教师。大学数学教师有 2 名，这 2 名大学数学教师长期从事高等师范学校数学教学、中学数学教师培训及基础教育研究工作，是教育部高中数学课程标准研制组核心成员，对高中数学新课程实施过程中高中数学教师专业发展的现状有着较为权威的认识。访谈的目的是从比较权威的视角窥探高中数学教师学科知识发展的现状，以便为本研究的因素分析及策略建议提供参考。正高级、高级、一级、二级职称的高中数学教师各选择了 2 名，除正高级教师外，其他职称等级的教师男女各占一半。访谈的目的是揭示高中数学教师在学科知识发展方面存在的问题及取得的经验，以便为本研究的现状调查提供真实的信息资料。参与访谈的数学教师基本情况见表 4–3。

表 4–3　参与访谈的数学教师基本情况

| 编号 | 性别 | 年龄 | 职称 | 其他相关数据 |
|---|---|---|---|---|
| W 教授 | 男 | 65 | 教授 | 高校数学教育方向领军人物，博士生导师，教育部高中数学课程标准研制组副组长；主要从事数学教学理论研究 |
| L 教授 | 男 | 49 | 教授 | 博士生导师、学科带头人，教育部高中数学课程标准研制组核心人员；主要从事高校数学教育基础理论、教师培训和高等数学等方面的教学与研究 |
| T 老师 | 男 | 65 | 正高级教师 | 某师范大学兼职教授、硕士生导师，J 省中学数学教学专业委员会理事，某中学计算机辅助教学专题研究组组长 |
| J 老师 | 男 | 49 | 正高级教师 | 首批省级骨干教师、学科带头人，省数学教学研究会理事，省中学高级教师评委会成员；教学理念是“教学相长，教研共进” |
| G 老师 | 男 | 45 | 高级教师 | 省级学科带头人，中国数学奥林匹克一级教练员，省数学会理事会理事，省数学教学研究会理事会理事，曾任某中学数学教研组组长 6 年 |
| H 老师 | 女 | 48 | 高级教师 | 市级骨干教师，某中学数学教研组组长，省“园丁奖”获得者 |
| S 老师 | 男 | 40 | 一级教师 | 曾获“区优秀教师”称号，本科学历 |
| Z 老师 | 女 | 35 | 一级教师 | 毕业于某师范大学数学系，本科学历 |
| L 老师 | 男 | 30 | 二级教师 | 毕业于某师范大学数学系，本科学历 |
| Y 老师 | 女 | 27 | 二级教师 | 毕业于某师范大学数学系，研究生学历 |

## 第三节　数据处理

本研究有两种类型的数据：调查问卷的数据和访谈的数据。对这两种类型的数据处理使用了不同的方法进行处理。

## 一、调查问卷数据的处理与分析

本研究有效问卷共538份，有效率为88.2%。根据有关研究（吴明隆，2000），地区性研究的平均样本数在500～1000较为合适[①]。所以，本研究的样本数量在较为合适的范围内。

本研究使用的统计软件是社会学统计软件SPSS13.0，由于研究的调查问卷分为选择题与开放性题两类题型，而选择题又包括程度性题、理解性题、有确定答案的题几种题型。所以在数据处理上采用不同的处理方法。

在处理程度性选择题时，根据给出的问题情境及多数人的倾向性意见对程度选项进行不同的赋值，如对选择题“数学思想方法是数学学科的精髓，对此观点您：A非常赞成　B比较赞成　C不太赞成　D完全不赞成”的选项分值处理上，因为基于学者的研究及多数人的倾向性意见，此观点是比较合理的，所以对选项“A非常赞成　B比较赞成　C不太赞成　D完全不赞成”按照4、3、2、1的分值进行赋值；而对选择题“从数学本源上来看，函数就是数学家直觉的构造。您对此观点：A非常赞同　B比较赞同　C不太赞同　D完全不赞同”的选项分值处理上，因为基于学者的研究及多数人的倾向性意见，此观点的陈述是不合理的，所以对选项“A非常赞成　B比较赞成　C不太赞成　D完全不赞成”按照1、2、3、4的分值进行赋值。在处理理解性选择题时，如对于选择题“对学科知识的理解中，您认为比较合理的选项是：A教师的学科知识是一个不断发展的动态体系　B教师的学科知识是教师对抽象数学知识的一种再建构　C教师的学科知识是与学科教学法知识、课程知识等紧密联系的　D不同数学教师的学科知识是相同的”，可通过描述统计（主要是计算选项人数百分比）的方法进行处理。对于有确定答案的选择题，如对选择题“已知$y=\log_a(2-ax)$在［0，1］上是$x$的减函数，则$a$的取值范围是：A（0，1）　B（1，2）　C（0，2）　D［2，+∞）”的选项处理上，由于答案是B，所以将B选

① 吴明隆．SPSS统计应用实务［M］．北京：中国铁道出版社，2000.

项赋值为 1，其余选项赋值为 0。

对开放性题的信息处理上，主要从对学科知识的理解、影响学科知识发展的因素、自己在学科知识发展的经验、学科知识发展的意见及建议几方面对相关观点进行梳理或描述性统计。在梳理或统计时，尽量考虑定性与定量相结合，不同层次的教师对这几个问题所持观点的区别。

## 二、访谈数据的处理与分析

本研究的访谈对象包括从事大学数学教学及基础教育研究且常年参加中学新课程培训的大学数学教师（2 男）及正高级（2 男）、高级（1 男 1 女）、一级（1 男 1 女）、二级（1 男 1 女）高中数学教师。访谈大学数学教师的目的是：有助于从整体上、理论上及高观点、前瞻性等的视角诠释高中数学教师学科知识的内涵、特点及意义；揭示职前职后一体化的教师教育过程中高中数学教师学科知识发展存在的问题及影响因素；从专业发展的长远目标及现实的高考文化提出高中数学教师学科知识发展的有效策略等。以上均可为本研究的理论指导、框架建立、现状分析、策略建构等提供有益的佐证。访谈高中一线数学教师的目的是，能够切身结合自己的成长经历，通过教育叙事的方式说出自己在学科知识发展方面的困惑与经验，为本研究提供扎实的事实材料。

根据前期文献研究和思想框架的构建，针对不同的教师类型，本研究编制了“大学数学教师访谈提纲”和“高中数学教师访谈提纲”。对高校数学教师的访谈，设计的问题比较笼统，意在探究专家对高中数学教师应具有的学科知识内容，学科知识发展的意义、现状、影响因素及策略建构等方面的认识，检查研究确立的思想框架中是否还有本研究没有考虑到的内容。对高中数学教师的访谈，主要围绕以下问题展开：高中数学教师应具有的学科知识是什么？新课改背景下高中数学教师的学科知识现状如何？高中数学教师学科知识发展的途径有哪些，其中哪些途径对教师数学学科知识发展的贡献最大？影响高中数学教师学科知识发展的因素有哪些？如何改进与提高数学教师的学科知识？

本研究采用个别现场访谈的方式，所有访谈都作了现场录音，随后转成文字。数据分析主要针对访谈过程中提出的问题，根据本研究设计的理论框架对转录的文字材料根据关键词进行梳理。这里需要说明的是，因为访谈的对象比较多，所以在行文过程中对各位教师的观点进行整理的时候并不是依次全部罗列出来，而是根据总结的需要有选择地列出同一级别某位教师的观点。

# 第二部分

# 高中数学教师学科知识的构成及发展：现状与途径

这部分内容是本书的主体，包括第五章、第六章、第七章、第八章，主要从数学内容性知识、数学思想方法知识、数学史与数学文化知识、数学观四方面对高中数学教师的学科知识现状进行了全面调研，并对高中数学教师学科知识的发展途径进行了科学探讨。这部分对高中数学教师学科知识中每一类知识的现状与途径都按照应具有的学科知识、学科知识的现状、学科知识的发展途径之思路展开，从而有理、有据、有序地回答了高中数学教师学科知识"应然的具有""实然的现状""如何发展"几个核心问题，这些问题的探讨为高中数学教师全面审视自己的专业知识现状及促进其专业成长提供了重要的参考素材。

# 第五章　数学内容性知识的现状分析及发展途径

尽管国内外学者关于数学教师学科知识的构成有不同的分类，但几乎所有学者都赞同数学内容知识是构成数学教师学科知识的核心基础，只不过不同的学者对数学内容性知识的称谓不尽一致，如舒尔曼的“内容知识”、鲍尔的“数学的实体性知识”、喻平的“数学理论知识”等。数学教师的内容性知识实际上就是指数学教师所应掌握的能顺利进行数学教学及促进自我专业成长的所必需的数学知识，包括数学概念、公式、公理、定理、法则及其相互形成的结构及体系等。可见，数学教师的内容性知识是构成数学教师整个知识体系的基本材料。数学教师只有掌握了广博而扎实的内容性知识，才能为其拥有数学本体方面的知识、数学思想方法知识、数学史与数学文化方面的知识等其他知识奠定必要的前提与基础。在本章，我们主要回答以下几个问题：高中数学教师要顺利进行高中数学教学及促进自我专业成长应该具备哪些内容性知识？通过问卷调查及访谈等方式分析高中数学教师的内容性知识现状如何？高中数学教师的内容性知识是如何发展的？

## 第一节　高中数学教师应具备的数学内容性知识

尽管具备广博而扎实的数学内容性知识对高中数学教师顺利实施数学教学及促进教师的专业成长非常重要，这是学者们在不同的研究中所共同认可的观点，但是关于高中数学教师应具备哪些数学内容性知识才是最必需的这一问题，学者们的观点不太一致。这既有历史的原因，也与不同学者对这一问题理解的视角有一定的关系。从历史发展的角度看，由于受不同时期政治、经济、科技、教育及数学科学本身发展等因素的影响，我国自 1949 年起到现在共经历了 8 次大的基础教育课程改革，不同时期的课程改革对高中数学教师应掌握的学科内容知识有着不同的要求。从 1949 年到 2000 年，我国前 7 次普通高中数学课程改革主要以《普通高中数学教学大纲》（以下简称《大纲》）几次修订为主要标志，而第 8 次课程改革则是以 21 世纪以来颁布的《普通高中数学课程标准》为主要标志。到目前为止，教育部虽已颁布了《普通高中数学课程标准（实验）》《普通高中数学课程标准（2017 年版）》及《普通高中数学课程标准（2017 年版 2020 年修订）》几个课标，但整体来看，一方面 2017 版课标继承了实验版课标的大部分知识内容，另一方面与 2017 版课标配套的高中数学教科书刚在全国试用，其对我国高中数学教师学科知识改变的影响不太明显。因此，为了全面、系统、可持续研究高中数学教师的学科知识，本研究主要以教育部 2003 年制定的、在全国实施了十几年且对高中数学教师学科知识具有重要影响的《普通高中数学课程标准（实验）》（以下简称《课标》）为依据讨论高中数学教师的学科知识。该《课标》首次提出高中数学课程应施行“必修 + 选修”的课程模式，除了设置 5 个必修模块，还设置了 4 个选修系列，尤其是选修 3、选修 4 包括的若干专题涉及许多近现代数学的内容，大多高中数学教师以前都很少接触这些内容，甚至在大学阶段都没有学过，这给高中数学教师顺利进行高中数学教学带来了很大的挑战。

## 一、1949—2000 年我国高中数学课程内容的变化历程

关于我国高中数学课程内容变化的研究，吕世虎的博士论文《中国当代中学数学课程发展的历程及其启示》在国内颇具影响。该研究通过对当代（1949—2000 年）具有代表性的数学教学大纲和主要的数学教材进行纵向比较，从课程目标（教学目标）、课程内容、课程选择性、课程编排方式等方面，对 20 世纪中国初中及高中数学课程的发展历程进行了全面系统的梳理。研究指出，1949—2000 年，我国中学

数学课程的发展历程可划分为3个阶段：选择数学课程发展道路时期（1949—1957年）、探索中国数学课程体系时期（1958—1991年）及建立中国数学课程体系时期（1992—2000年）。在不同的历史时期，我国数学课程内容随《大纲》的几次修订而呈现出一些不同的变化，这些变化反映出社会发展、教育改革、数学科学本身发展等因素对中学数学课程内容的变化都有非常重要的影响。[①]

表5-1列出了1952—1996年我国《大纲》中关于高中数学课程内容知识变化的统计情况。

## 二、2001年以来我国高中数学课程的内容性知识

进入21世纪，我国在政治、经济、教育等方面呈现出一些新的变化。为了使我国的基础教育课程改革在继承优秀传统的基础上与国际课程改革接轨，2003年，国家教育部颁布了《课标》[②]，该标准从课程理念、课程目标、课程内容、课程实施等方面对我国高中数学课程提出了指导性的规定。这是我国1949年以来的第8次高中数学课程改革，也是规模最大、比较彻底的一次课程改革。本次高中新课改最突出的特点是施行“必修+选修”的课程管理模式，必修共分5个模块，选修共分4个系列。与以前的高中数学课程相比较，必修模块中新增加了“算法初步”的内容，选修3与选修4中涉及的很多内容都是一些新的内容，如选修3中设置了信息安全与密码、球面上的几何、对称与群等内容；选修4中设置了矩阵与变换、初等数论初步、优选法与实验设计、统筹法与图论初步、风险与决策、开关电路与布尔代数等内容。表5-2对《课标》中的数学内容性知识进行了统计。

① 吕世虎. 中国当代中学数学课程发展的历程及其启示［D］. 长春：东北师范大学，2009.

② 中华人民共和国教育部. 普通高中数学课程标准（实验）［M］. 北京：人民教育出版社，2003.

**表 5-1　1952—1996 年《大纲》中关于高中数学课程内容知识的统计**

| | 高中数学课程中的传统内容 | | | | 高中数学课程中的现代化内容 | | | | |
|---|---|---|---|---|---|---|---|---|---|
| | 代数 | 平面 / 立体几何 | 三角 | 平面解析几何 | 概率统计 | 微积分初步 | 线性代数初步 | 集合 / 逻辑代数初步 | 向量 |
| 1952 年版《大纲》 | 幂，方根，二次方程，二次方程组，指数，对数，指数方程，对数方程，高次方程，函数（正、反、一次、二次、幂、指、对）及图像，排列、组合、二项式定理，复数，不等式，数列，数列极限 | 相似形，多边形，圆，直线与平面，多面体，旋转体 | 锐角三角函数，解直角三角形，正余弦定理，解斜三角形，任意角的三角函数，三角函数基本关系式，诱导公式，三角函数的图像及性质，和、差、倍，半三角函数，和差化积 | — | — | — | — | — | — |
| 1963 年版《大纲》 | 复数，指数方程，对数方程，多项式，高次方程，不等式，函数（幂、指、对）及图像，数学归纳法，排列、组合、二项式定理，数列，数列极限 | 直线与平面，多面体，旋转体 | ⋆解三角形，任意角的三角函数，基本关系式，诱导公式，三角函数的图像及性质，和、差、倍、半三角函数，和差化积，积化和差，反三角函数，三角方程 | 直线，圆锥曲线，极坐标，参数方程，坐标变换（平移），坐标变换（旋转） | 随机事件的概率，概率的加法，概率的乘法，独立重复试验的概率 | — | 行列式，线性方程组 | — | — |

（续表）

| | 高中数学课程中的传统内容 | | | | 高中数学课程中的现代化内容 | | | | |
|---|---|---|---|---|---|---|---|---|---|
| | 代数 | 平面/立体几何 | 三角 | 平面解析几何 | 概率统计 | 微积分初步 | 线性代数初步 | 集合/逻辑代数初步 | 向量 |
| 1978年版《大纲》 | 函数（幂、指、对）及图像，指数方程，对数方程*，复数，数学归纳法，排列、组合、二项式定理，数列，数列极限，函数极限 | 直线与平面，多面体，旋转体 | 任意角的三角函数，基本关系式，诱导公式，三角函数的图像及性质，和、差、倍、半三角函数，和差化积，积化和差*，反三角函数*，三角方程* | 圆锥曲线，极坐标，参数方程，坐标变换（平移）坐标变换（旋转）* | 随机事件的概率，概率的加法，概率的乘法，独立重复试验的概率 | 导数，微分，导数的应用，不定积分，定积分，定积分的应用① | 行列式，线性方程组 | 集合，集合的运算，计算机简介，数的进位制，逻辑连接词，逻辑代数式化简 | — |
| 1987年版《大纲》 | 函数（幂、指、对）及图像，指数方程，对数方程，不等式，数列，数列极限，函数极限，数学归纳法*，复数，排列、组合、二项式定理 | 直线与平面，多面体，旋转体 | 任意角的三角函数，基本关系式，诱导公式，三角函数的图像及性质，和、差、倍、半三角函数，和差化积，积化和差，反三角函数，简单三角方程 | 直线，圆锥曲线，参数方程，极坐标，坐标变换（平移） | 随机事件的概率*，概率的加法*，概率的乘法*，独立重复试验的概率* | — | 行列式*，线性方程组* | 集合，集合的运算 | — |

（续表）

| | | 高中数学课程中的传统内容 | | | | 高中数学课程中的现代化内容 | | | | |
|---|---|---|---|---|---|---|---|---|---|---|
| | | 代数 | 平面 / 立体几何 | 三角 | 平面解析几何 | 概率统计 | 微积分初步 | 线性代数初步 | 集合 / 逻辑代数初步 | 向量 |
| 1996年版《大纲》 | 必修 | 函数及图像（指、对），不等式，数列，数学归纳法，排列、组合、二项式定理 | 直线与平面，简单几何体（多面体、球）[②] | 任意角的三角函数，基本关系式，诱导公式，三角函数的图像及性质，和、差、倍三角函数，和差化积、积化和差，正余弦定理，解斜三角形 | 直线，圆锥曲线，极坐标（在积分中），参数方程（只限直线、圆、椭圆），坐标变换（平移） | 随机事件的概率，概率的加法，概率的乘法，独立重复试验的概率 | — | — | 集合，集合的运算，命题，逻辑连接词，四种命题，充要条件 | 平面向量，平面向量的运算及几何意义，平面向量的坐标表示[③]；平面向量的应用[④]<br>空间向量，空间向量的运算，空间向量的坐标表示[⑤]；直线的方向向量，平面的法向量，向量在平面内的射影 |

（续表）

| | | 高中数学课程中的传统内容 | | | | 高中数学课程中的现代化内容 | | | | |
|---|---|---|---|---|---|---|---|---|---|---|
| | | 代数 | 平面 / 立体几何 | 三角 | 平面解析几何 | 概率统计 | 微积分初步 | 线性代数初步 | 集合 / 逻辑代数初步 | 向量 |
| 1996 年版《大纲》 | 理科限选 | 复数，数列极限，函数极限 | — | — | — | 随机变量及其分布，随机变量的数字特征（期望和方差），抽样方法，总体分布的估计 | 导数，微分，导数的应用，不定积分，定积分，定积分的应用① | — | — | — |
| | 文实限选 | 复数，数列极限，函数极限 | — | — | — | 抽样方法，总体分布的估计 | 导数，导数的应用 | — | — | — |

注：* 号标出的为选修内容。

★ 1963 年版《大纲》中的解三角形内容包括解直角三角形、正余弦定理、解斜三角形等，内容与初中重复，只是要求高一些。

①定积分的应用包括面积、体积、路程问题、变力做功等。

②直线、平面、简单几何体有两个方案，执行时只选一个。第一方案为传统的综合几何，第二方案为向量几何（将空间向量引入立体几何）。1996 年版《大纲》用积分处理体积问题。

③必修内容中的平面向量部分。

④平面向量的应用包括平面两点间的距离、线段的定比分点、平移等。

⑤必修内容中立体几何选择第二方案时所要学习的空间向量的知识内容。

**表 5–2 《课标》中的数学内容性知识统计**

| 必修模块 / 选修系列 | | 内容领域 | 内容纲目（知识单元） | 内容细目（知识点） |
|---|---|---|---|---|
| 必修 | 数学 1 | 集合 | 集合 | 集合的含义与表示、集合间的基本关系、集合的基本运算 |
| | | 代数 | 函数概念与基本初等函数 I | 函数的概念、函数的表示法、映射、函数的单调性与最大（小）值、函数的奇偶性；指数函数（指数与指数幂的运算、指数函数及其性质）、对数函数（对数与对数运算、对数函数及其性质）、幂函数；函数与方程（方程的根与函数的零点、用二分法求方程的近似解）、函数模型及其应用（几类不同增长的函数模型、函数模型的应用举例） |
| | 数学 2 | 立体几何初步 | 空间几何体 | 空间几何体的结构、空间几何体的三视图和直观图、空间几何体的表面积与体积 |
| | | | 点、直线、平面之间的位置关系 | 空间点、直线、平面之间的位置关系，直线、平面平行的判定及其性质，直线、平面垂直的判定及其性质 |
| | | 平面解析几何初步 | 直线与方程 | 直线的倾斜角与斜率、直线的方程、直线的交点坐标与距离公式 |
| | | | 圆与方程 | 圆的方程，直线、圆的位置关系，空间直角坐标系 |
| | 数学 3 | 算法 | 算法初步 | 算法与程序框图、基本算法语句、算法案例 |
| | | 统计与概率 | 统计 | 随机抽样、用样本估计总体、变量间的相关关系 |
| | | | 概率 | 随机事件的概率、古典概型、几何概型 |
| | 数学 4 | 三角 | 三角函数 | 任意角和弧度制、任意角的三角函数、三角函数的诱导公式、三角函数的图象与性质、函数 $y=A\sin(\omega x+\psi)$、三角函数模型的简单应用 |
| | | | 三角恒等变换 | 两角和与差的正弦、余弦和正切公式，简单的三角恒等变换 |
| | | 向量 | 平面向量 | 平面向量的实际背景及基本概念、平面向量的线性运算、平面向量的基本定理及坐标表示、平面向量的数量积、平面向量应用举例 |
| | 数学 5 | 三角 | 解三角形 | 正弦定理和余弦定理、应用举例、实习作业 |
| | | 代数 | 数列 | 数列的概念与简单表示法、等差数列、等差数列的前 $n$ 项和、等比数列、等比数列前 $n$ 项和 |
| | | | 不等式 | 不等关系与不等式、一元二次不等式及其解法、二元一次不等式（组）与简单的线性规划问题、基本不等式 |

（续表）

| 必修模块 / 选修系列 | | 内容领域 | 内容纲目（知识单元） | 内容细目（知识点） |
|---|---|---|---|---|
| 选修 | 数学 1–1 | 简易逻辑 | 常用逻辑用语 | 命题及其关系、充分条件与必要条件、简单的逻辑联结词、全称量词与存在量词 |
| | | 代数 | 圆锥曲线与方程 | 椭圆、双曲线、抛物线 |
| | | 微积分初步 | 导数及其应用 | 变化率与导数、导数的计算、导数在研究函数中的应用、生活中的优化问题举例 |
| | 数学 1–2 | 统计 | 统计案例 | 回归分析的基本思想及其初步应用 |
| | | 推理与证明 | 推理与证明 | 合情推理与演绎证明、直接证明与间接证明 |
| | | 代数 | 数系的扩充与复数的引入 | 数系的扩充和复数的概念、复数代数形式的四则运算 |
| | | 算法 | 框图 | 流程图、结构图 |
| | 数学 2–1 | 简易逻辑 | 常用逻辑用语 | 命题及其关系、充分条件与必要条件、简单的逻辑联结词、全称量词与存在量词 |
| | | 平面解析几何 | 圆锥曲线与方程 | 曲线与方程、椭圆、双曲线、抛物线 |
| | | 向量 | 空间向量与立体几何 | 空间向量及其运算、立体几何中的向量方法 |
| | 数学 2–2 | 微积分初步 | 导数及其应用 | 变化率与导数、导数的计算、导数在研究函数中的应用、生活中的优化问题举例、定积分的概念、微积分基本定理、定积分的简单应用 |
| | | 推理与证明 | 推理与证明 | 合情推理与演绎推理、直接证明与间接证明、数学归纳法 |
| | | 代数 | 数系的扩充与复数的引入 | 复数代数形式的四则运算、数系的扩充和复数的概念 |
| | 数学 2–3 | 统计与概率 | 计数原理 | 分类加法计数原理与分步乘法计数原理、排列与组合、二项式定理 |
| | | | 随机变量及其分布 | 离散型随机变量及其分布列、二项分布及其应用、离散型随机变量的均值与方差、正态分布 |
| | | | 统计案例 | 回归分析的基本思想及其初步应用、独立性检验的基本思想及其初步应用 |

（续表）

| 必修模块 / 选修系列 | | 内容领域 | 内容纲目（知识单元） | 内容细目（知识点） |
| --- | --- | --- | --- | --- |
| 选修 | 数学 3–2 | 信息安全与密码 | 初等数论的有关知识 | 整除与同余、模 m 的完全同余系和简化剩余系，欧拉定理和费马小定理，大数分解问题、欧拉函数的定义和计算公式，威尔逊定理及在素数判别中的应用，原根与指数，模 p 的原根存在性，离散对数问题 |
| | | | 数论在信息安全中的应用 | 通信安全中的有关概念（如明文、密文、密钥）、通信安全中的基本问题（如保密、数字签名、密钥管理、分配和共享）、公钥体制、离散对数在密钥交换和分配中的应用——棣弗 – 赫尔曼方案、离散对数在加密和数字签名中的应用——盖莫尔算法、拉格朗日插值公式在密钥共享中的应用 |
| | 数学 3–3 | 非欧几何 | 球面上的几何 | 从欧氏几何看球面、球面上的距离和角、球面上的基本图形、球面三角形、球面三角形的全等、球面多边形与欧拉公式、球面三角形的边角关系、欧氏几何与非欧几何 |
| | 数学 3–4 | 近世代数 | 对称与群 | 平面图形的对称群（平面刚体运动的定义及性质，对称变换的定义，正多边形的对称变换，对称变换的逆变换、性质及合成，平面图形的对称群）；代数学中的对称与抽象群的概念（$n$ 元对称群 $Sn$、多项式的对称变换、抽象群的概念）；对称与群的故事（带饰和面饰、化学分子的对称群、晶体的分类、伽罗瓦理论） |
| | 数学 3–5 | 拓扑 | 欧拉公式与闭曲面分类 | 欧拉公式（欧拉公式的发现过程，拓扑证明及应用，非欧拉多面形的面数、棱数、顶点数的关系）；曲面三角剖分的概念；一些曲面的三角剖分及其欧拉示性数的计算；拓扑变换的直观含义；用拓扑不变量对一些曲线、闭曲面进行分类；拓扑思想的一些应用 |
| | 数学 3–6 | | 三等分角与数域的扩充 | |
| | 数学 4–1 | 几何证明选讲 | 相似三角形的判定及有关性质 | 平行线等分线段定理、平行线分线段成比例定理、相似三角形的判定及性质、直角三角形的射影定理 |
| | | | 直线与圆的位置关系 | 圆周角定理、圆内接四边形的性质与判定定理、圆的切线的性质及判定定理、弦切角的性质、与圆有关的比例线段 |
| | | | 圆锥曲线性质的探讨 | 平行射影、平面与圆柱面的截线、平面与圆锥面的截线 |

（续表）

| 必修模块 / 选修系列 | | 内容领域 | 内容纲目（知识单元） | 内容细目（知识点） |
|---|---|---|---|---|
| 选修 | 数学 4-2 | 线性代数 | 线性变换与二阶矩阵 | 几类特殊线性变换及其二阶矩阵，变换、矩阵的相等，二阶矩阵与平面向量的乘法 |
| | | | 变换的复合与二阶矩阵的乘法 | 复合变换与二阶矩阵的乘法、矩阵乘法的性质 |
| | | | 逆变换与逆矩阵 | 逆变换与逆矩阵（逆变换与逆矩阵、逆矩阵的性质），二阶行列式与逆矩阵，逆矩阵与二元一次方程组（二元一次方程组的矩阵形式、逆矩阵与二元一次方程组） |
| | | | 变换的不变量与矩阵的特征向量 | 变换的不变量——矩阵的特征向量（特征值与特征向量、特征值与特征向量的计算）、特征向量的应用 |
| | 数学 4-3 | 代数 | 数列与差分 | 数列的差分（数列差分的概念，数列的一、二阶差分以及它们对描述数列变化的意义，差分与数列的增减、极值、数列图象的凹凸的关系）；一阶线性差分方程 $x_{n+1}=kx_n+b$（在 $k=1$ 或 $b=0$ 时差分方程 $x_{n+1}=kx_n+b$ 的解与等差数列和等比数列的关系，方程 $x_{n+1}=kx_n+b$ 的通解与特解）、一阶线性差分方程组 $\begin{cases} x_{n+1}=ax_n+by_n+c \\ y_{n+1}=dx_n+ey_n+f \end{cases}$（一阶线性差分方程组的通解、特解与其相应齐次方程组通解的关系；给定初值，用迭代法求一阶线性差分方程组的解，写出求解的算法框图；给定的具体方程组，初步讨论当 $n\to\infty$ 时，解（数列）的变化趋势（收敛、发散、周期）；差分方程和差分方程组的实际应用） |
| | 数学 4-4 | 平面解析几何 | 坐标系 | 平面直角坐标系、极坐标系、简单曲线的极坐标方程、柱坐标系与球坐标系简介 |
| | | | 参数方程 | 曲线的参数方程、圆锥曲线的参数方程、直线的参数方程、渐开线与摆线 |
| | 数学 4-5 | 初等代数 | 不等式选讲 | 不等式和绝对值不等式、证明不等式的基本方法、柯西不等式与排序不等式、数学归纳法证明不等式 |

（续表）

| 必修模块 / 选修系列 | | 内容领域 | 内容纲目（知识单元） | 内容细目（知识点） |
|---|---|---|---|---|
| 选修 | 数学 4–6 | 初等数论初步 | 整数的整除 | 整除（整除的概念和性质、带余除法、素数及其判别法），最大公因数与最小公倍数（最大公因数、最小公倍数、算术基本定理） |
| | | | 同余与同余方程 | 同余的概念及性质、剩余类及其运算、费马小定理和欧拉定理、一次同余方程、拉格朗日插值法和孙子定理、弃九验算法 |
| | | | 一次不定方程 | 二元一次不定方程、二元一次不定方程的特解、多元一次不定方程 |
| | | | 数论在密码中的应用 | 信息的加密与去密、大数分解和公开密钥 |
| | 数学 4–7 | 优选法与试验设计 | 优选法 | 优选法的概念、单峰函数、黄金分割法——0.618 法、分数法、其他几种常用的优越法、多因素方法 |
| | | | 试验设计初步 | 正交试验设计法、正交试验的应用 |
| | 数学 4–8 | 运筹学 | 统筹方法 | 统筹法的基本概念、统筹图的绘制、统筹图中参数的计算、统筹图的关键路及关键路的算法、统筹方法的应用 |
| | | 图论 | 图论初步 | 图的基本概念及作用、图的生成树和最小生成树的算法、图的最短路问题及其算法 |
| | 数学 4–9 | 统计决策 | 风险与决策的基本概念 | 风险与决策的关系、风险与决策的基本概念［风险（平均损失）、平均收益、损益矩阵、风险型决策］ |
| | | | 决策树方法 | 决策树方法的概念、步骤及应用 |
| | | | 风险型决策的敏感性分析 | 风险型决策的敏感性实例分析 |
| | | | 马尔可夫型决策简介 | 马尔可夫链简介、马尔可夫型决策简介、长期准则下的马尔可夫型决策理论 |
| | 数学 4–10 | 布尔代数 | 布尔代数的引入 | 开关电路与布尔代数、命题演算与布尔代数 |
| | | | 布尔代数的基本知识 | 布尔代数的概念、性质、等值公式，布尔函数的概念、相等、完全性、标准形式及化简 |
| | | | 布尔代数的应用 | 布尔代数在电子计算机里的应用 |

## 三、几点结论

从以上对1949年以来高中数学课程内容的梳理可以看出，高中数学教师应具备如下特点的数学内容性知识。

（1）高中数学教师应具备高中数学课程改革中基本保持不变的核心数学内容知识。1949年以来，我国的高中数学课程共进行了8次改革，整体来看，诸如初等代数、平面几何、立体几何、平面解析几何、三角、概率统计、微积分初步、集合、平面向量等知识是高中数学课程中的核心内容，这些内容作为培养未来公民基本数学素养的重要且基础的知识，也应该是高中数学教师所具备的，这些内容历经多次课程改革而被不同程度地保留了下来，可见其重要作用及价值。因此，高中数学教师在新课程教学过程中，应按照新课程的基本要求领悟及掌握这些核心数学内容知识。

（2）高中数学教师应具备适应新课程教学的近现代数学内容知识。随着2003年《标准》的出台，我国的普通高中数学课程内容发生了比较大的变化，除了设置5个必修模块，还设置了4个选修系列。“算法”第一次作为必修内容明确成为高中学生应掌握的知识，选修3及选修4系列的大部分内容都是高中数学教师原来没有学过或没有系统学过的，如信息安全与密码、非欧几何、对称与群、矩阵与变换、拓扑、初等数论初步、布尔代数、优选法与试验设计、运筹学、图论、统计决策等学科的初步知识，这些内容涉及近现代数学分支的部分基础知识、基本原理及基本应用等。这些新增加的内容给高中数学教师顺利进行高中数学教学带来了很大的挑战，应成为高中数学教师亟须补充的数学内容知识。

（3）高中数学教师应具备不断适应社会发展、数学发展、教育改革的动态性数学内容知识。在不同的历史时期，随着我国政治、经济、教育、文化及数学科学本身等的发展，我国高中数学教学大纲（或课程标准）中的相关知识内容也在不断变化，这就要求高中数学教师不断调适自己的数学内容知识观，具备不断适应社会进步与数学科学发展的数学内容知识。

## 第二节　高中数学教师所具有的数学内容性知识现状

### 一、高中数学教师所具备的数学内容性知识现状（基于问卷调研的视角）

#### 1. 高中数学教师对数学内容性知识的理解及掌握情况

为了解高中数学教师所具备的数学内容性知识现状，本研究在问卷中主要设计了两类问题，一类是高中数学教师对数学内容性知识的内涵、作用等的理解，另一类是对高中数学新课程中的选修 3 及选修 4 内容的掌握及理解情况。调查的整体情况如表 5–3、表 5–4 所示。

**表 5–3　高中数学教师对数学内容性知识的理解情况**

| 题目 | 完全赞同 | | 基本赞同 | | 不太赞同 | | 完全不赞同 | |
|---|---|---|---|---|---|---|---|---|
| | 人数 / 人 | 百分比 / % | 人数 / 人 | 百分比 / % | 人数 / 人 | 百分比 / % | 人数 / 人 | 百分比 / % |
| 数学内容性知识是数学教师学科知识中最基础、最重要的成分 | 199 | 36.99 | 245 | 45.54 | 65 | 12.08 | 29 | 5.39 |
| 高中数学课程中的知识内容体系主要分为函数、几何、运算、算法、应用、概率统计 6 个主要脉络 | 113 | 21.00 | 304 | 56.51 | 84 | 15.61 | 37 | 6.88 |

**表 5–4　高中数学教师对数学内容性知识的掌握情况**

| 题目 | 熟练掌握 | | 基本掌握 | | 基本了解 | | 不太了解 | |
|---|---|---|---|---|---|---|---|---|
| | 人数 / 人 | 百分比 / % | 人数 / 人 | 百分比 / % | 人数 / 人 | 百分比 / % | 人数 / 人 | 百分比 / % |
| 数学史选讲 | 34 | 6.32 | 79 | 14.68 | 167 | 31.04 | 258 | 47.96 |
| 信息安全与密码 | 8 | 1.49 | 27 | 5.01 | 81 | 15.06 | 422 | 78.44 |

（续表）

| 题目 | 熟练掌握 | | 基本掌握 | | 基本了解 | | 不太了解 | |
|---|---|---|---|---|---|---|---|---|
| | 人数/人 | 百分比/% | 人数/人 | 百分比/% | 人数/人 | 百分比/% | 人数/人 | 百分比/% |
| 球面上的几何 | 55 | 10.22 | 120 | 22.31 | 220 | 40.89 | 143 | 26.58 |
| 对称与群 | 59 | 10.97 | 135 | 25.09 | 195 | 36.24 | 149 | 27.70 |
| 欧拉公式与闭曲面分类 | 61 | 11.34 | 115 | 21.38 | 205 | 38.10 | 157 | 29.18 |
| 三等分角与数域扩充 | 45 | 8.37 | 133 | 24.72 | 198 | 36.80 | 162 | 30.11 |
| 几何证明选讲 | 110 | 20.45 | 288 | 53.53 | 98 | 18.21 | 42 | 7.81 |
| 矩阵与变换 | 48 | 8.92 | 145 | 26.95 | 211 | 39.22 | 134 | 24.91 |
| 数列与差分 | 50 | 9.29 | 168 | 31.23 | 252 | 46.84 | 68 | 12.64 |
| 开关电路与布尔代数 | 5 | 0.90 | 14 | 2.60 | 87 | 16.17 | 432 | 80.30 |
| 不等式选讲 | 146 | 27.13 | 191 | 35.50 | 123 | 22.86 | 78 | 14.50 |
| 初等数论初步 | 60 | 11.15 | 157 | 29.18 | 229 | 42.57 | 92 | 17.10 |
| 优选法与试验设计初步 | 65 | 12.08 | 113 | 21.00 | 159 | 29.55 | 201 | 37.36 |
| 统筹法与图论初步 | 40 | 7.43 | 95 | 17.66 | 190 | 35.32 | 213 | 39.59 |
| 风险与决策 | 77 | 14.31 | 57 | 10.59 | 134 | 24.91 | 270 | 50.19 |
| 坐标系与参数方程 | 273 | 50.74 | 124 | 23.05 | 90 | 16.72 | 51 | 9.48 |

从表 5–3 的统计结果可以看出，共有 82.53% 的高中数学教师对“数学内容性知识是数学教师学科知识中最基础、最重要的成分”的观点持赞同态度，有 77.51% 的教师赞同“高中数学新课程中的知识内容体系主要分为函数、几何、运算、算法、应用、概率统计 6 个主要脉络”的看法。这说明绝大多数教师承认数学的基本概念、命题、法则及其相互之间的关系等对数学教学起着奠基性的作用。另外，多数教师认可高中数学新课程中的 6 个主要知识脉络，而这些脉络基本上是高中数学课程中的最核心的内容，说明尽管现在实施了新课程，但高中数学教师对这些最基础的知识点的把握还是比较熟悉且扎实的。表 5–4 显示，高中数学教师对高中数学新课程中选修 3 及选修 4 的内容整体掌握及了解情况不太乐观，尤其是信息安全与密码、开关电

路与布尔代数两个专题内容，几乎绝大多数教师不太了解，其中有78.44% 的数学教师对信息安全与密码不太了解，有 80.30% 的教师对开关电路与布尔代数不太了解。相比较而言，数学教师对几何证明选讲、不等式选讲、坐标系与参数方程三个专题内容的掌握及理解情况比较理想，其中能熟练掌握、基本掌握几何证明选讲的教师分别占调查教师总数的 20.45%、53.53%，能熟练掌握、基本掌握不等式选讲的教师分别占教师总数的 27.13%、35.50%；能熟练掌握、基本掌握坐标系与参数方程的教师分别占教师总数的 50.74%、23.05%。这说明教师对高中数学新课程中经典内容的掌握还是比较扎实的，而对新课程中增加的但在大学数学专业课程中没学习的内容知识掌握得很不理想，对新课程中增加的但在大学数学专业课程中学习过的相关内容掌握得也不太理想。如 47.96% 的教师对数学史选讲的内容不太了解，说明虽然许多选修内容或多或少地在大学里学习过，但由于学习得不系统或大学毕业后对高等数学的遗忘，多数教师对这些内容掌握情况差。

为进一步了解不同数学教师在掌握及了解高中数学新课程的选修内容方面是否存在着差异，本研究从职称的视角（虽然中学教师可以从教龄、学历、职称、性别等方面进行不同的划分，但考虑到多数人对中学教师的职称是最看重的，而且教师的职称很大程度上也浓缩着其教龄的长短、经验的多寡，体现着其综合数学素养水平的高低，所以本研究在整个研究过程中姑且把职称作为比较的视角）进行了单因素方差分析，统计结果如表 5–5 所示。

**表 5–5 不同职称数学教师对高中数学选修内容的掌握及了解情况**

| 题目 | 二级教师 | | 一级教师 | | 高级教师 | | *F* | *Sig.* |
|---|---|---|---|---|---|---|---|---|
| | 平均数 | 标准差 | 平均数 | 标准差 | 平均数 | 标准差 | | |
| 数学史选讲 | 2.64 | 0.89 | 2.68 | 0.93 | 2.92 | 0.85 | 4.87 | 0.008 |
| 信息安全与密码 | 2.90 | 1.14 | 2.93 | 1.13 | 3.13 | 1.05 | 2.16 | 0.116 |
| 球面上的几何 | 2.80 | 0.98 | 2.82 | 0.96 | 2.91 | 0.84 | 0.67 | 0.510 |
| 对称与群 | 2.75 | 0.95 | 2.79 | 0.99 | 2.88 | 0.97 | 0.82 | 0.443 |
| 欧拉公式与闭曲面分类 | 2.81 | 0.99 | 2.82 | 1.03 | 2.93 | 0.87 | 0.72 | 0.487 |

（续表）

| 题目 | 二级教师 | | 一级教师 | | 高级教师 | | $F$ | $Sig.$ |
|---|---|---|---|---|---|---|---|---|
| | 平均数 | 标准差 | 平均数 | 标准差 | 平均数 | 标准差 | | |
| 三等分角与数域扩充 | 2.92 | 0.99 | 2.87 | 0.97 | 2.86 | 0.80 | 0.27 | 0.767 |
| 几何证明选讲 | 2.13 | 0.79 | 2.34 | 0.77 | 1.89 | 0.88 | 0.86 | 0.452 |
| 矩阵与变换 | 2.73 | 0.92 | 2.79 | 0.93 | 2.89 | 0.87 | 1.42 | 0.244 |
| 数列与差分 | 2.52 | 0.89 | 2.54 | 0.81 | 2.74 | 0.73 | 2.73 | 0.066 |
| 开关电路与布尔代数 | 2.48 | 1.03 | 2.33 | 0.94 | 2.12 | 0.97 | 5.89 | 0.003 |
| 不等式选讲 | 2.33 | 1.03 | 2.19 | 0.99 | 2.22 | 1.01 | 1.02 | 0.362 |
| 初等数论初步 | 2.81 | 0.95 | 2.62 | 0.88 | 2.49 | 0.79 | 5.97 | 0.003 |
| 优选法与试验设计初步 | 2.86 | 1.08 | 2.83 | 0.99 | 3.10 | 1.00 | 3.45 | 0.032 |
| 统筹法与图论初步 | 3.02 | 0.92 | 3.03 | 0.92 | 3.18 | 0.95 | 1.51 | 0.221 |
| 风险与决策 | 3.14 | 1.11 | 3.00 | 1.12 | 3.20 | 0.99 | 1.55 | 0.212 |
| 坐标系与参数方程 | 3.09 | 1.14 | 3.02 | 1.19 | 3.13 | 1.04 | 0.39 | 0.675 |

注：$F$代表检验的统计量；$Sig.$表示显著性，即$P$值，标准为$P>0.05$表示差异不显著，$0.01<P<0.05$表示差异显著，而$P<0.01$则表示差异极显著。

通过表5–4的数据可以发现，不同职称的高中数学教师对数学史选讲、开关电路与布尔代数、初等数论初步、优选法与试验设计初步四方面的专题内容在掌握及了解方面存在着显著性差异。进一步结合事后检验，发现二级教师与高级教师不仅在掌握及了解数学史选讲方面的差异是极其显著的（$P=0.004<0.01$），而且在开关电路与布尔代数专题内容方面的差异也是极其显著的（$P=0.001<0.01$）。另外，在掌握及了解初等数论初步专题内容方面，二级教师与高级教师之间存在着极显著性差异（$P=0.001<0.01$），而二级教师与一级教师之间存在着显著性差异（$P=0.035<0.05$），一级教师与高级教师之间不存在显著性差异（$P=0.179>0.05$）。再者，二级教师与高级教师在掌握及了解“优选法与试验设计初步”方面存在着显著性差异（$P=0.030<0.05$）。

可见，对这四方面内容的掌握及了解情况所存在的差异主要介于二级教师及高级教师之间，高中数学教师对高中数学新课程中的选修3及选修4内容整体理解情况不容乐观。二级教师刚从大学毕业，对于在大学数学专业课程的学习中所积淀下来的数学史及相关高等数学的知识还留有印象。高级教师虽然具有丰富的教学经验及对高中数学新课程中的必修内容掌握得比较扎实，但由于大学毕业已经很长时间，对高等数学的大部分内容已经淡忘。这就造成了二级教师与高级教师之间的上述差异。

**2. 高中数学教师对函数及向量内容知识的掌握情况**

为了测查高中数学教师对具体的数学内容知识的掌握情况，本研究主要以函数及向量两个知识点作为例子对高中数学教师进行了测查，因为这两部分内容在高中数学内容体系中的地位是很重要的。函数知识主要包括函数的概念（主要是函数的三要素）、函数的性质（单调性、周期性、奇偶性、最值等）、函数的图像、复合函数的表达式等；向量知识主要包括向量的实际背景及相关概念，平面向量的加法、减法及数乘等线性运算及其几何意义，平面向量基本定理的作用及坐标表示，平面向量的数量积的坐标表示、模及夹角等。具体结果如表 5–6、表 5–7 所示。

**表 5–6 不同职称数学教师对高中函数内容的掌握及理解情况**

| 题目 | 二级教师 | 一级教师 | 高级教师 | 总平均得分 |
|---|---|---|---|---|
| | 平均得分 | 平均得分 | 平均得分 | |
| 函数定义的理解 | 0.80 | 0.84 | 0.89 | 0.85 |
| 函数周期性的判断 | 0.14 | 0.17 | 0.28 | 0.19 |
| 方程的根与函数零点之间的关系 | 0.93 | 0.91 | 0.91 | 0.92 |
| 函数零点条件的判断 | 0.72 | 0.80 | 0.81 | 0.78 |
| 函数的单调性与方程根的关系判断 | 0.45 | 0.43 | 0.47 | 0.46 |
| 对“精确到”与“精确度”两概念的理解 | 0.43 | 0.54 | 0.58 | 0.51 |
| 对幂函数、指数函数、对数函数增长速度的理解 | 0.46 | 0.47 | 0.51 | 0.48 |
| 函数的综合应用中函数解析式的求法 | 0.35 | 0.43 | 0.46 | 0.41 |
| 满足条件的函数自变量的取值范围 | 0.40 | 0.39 | 0.51 | 0.43 |
| 满足条件的函数自变量的值 | 0.14 | 0.16 | 0.34 | 0.21 |

**表 5–7　不同职称数学教师对高中向量内容的掌握及理解情况**

| 题目 | 二级教师 | 一级教师 | 高级教师 | 总平均得分 |
|---|---|---|---|---|
| | 平均得分 | 平均得分 | 平均得分 | |
| 向量数性积概念的理解 | 0.93 | 0.98 | 0.94 | 0.95 |
| 向量数性积的概念 | 0.98 | 0.96 | 0.99 | 0.98 |
| 向量数性积的运算律的理解 | 0.95 | 0.89 | 0.89 | 0.91 |
| 向量的共线条件的判断 | 0.74 | 0.73 | 0.84 | 0.77 |
| 向量的投影及向量的坐标运算 | 0.52 | 0.55 | 0.58 | 0.55 |
| 向量的模、夹角及线性表示 | 0.62 | 0.60 | 0.65 | 0.62 |
| 向量的数性积、夹角及线性表示 | 0.69 | 0.69 | 0.83 | 0.73 |
| 向量平行的判断 | 0.82 | 0.84 | 0.86 | 0.84 |
| 向量的垂直及其相关运算 | 0.58 | 0.57 | 0.57 | 0.57 |
| 向量的数性积及其相关运算 | 0.12 | 0.14 | 0.18 | 0.14 |

由表 5–6 及表 5–7 可以看出，不同职称高中数学教师对函数及向量部分中最基础的内容知识理解及掌握得都比较扎实。整体来看，高级教师的平均得分要高于二级及一级教师，且所有高中数学教师在向量内容上的平均得分要整体高于在函数内容上的平均得分。但是，在对函数及向量部分内容知识的理解及掌握情况的测查中，二级、一级、高级教师在个别问题上都出现了得分低的情况。如函数部分的测查题目 9：以下关于函数周期性的判断正确的是：A　图象按照一定的规律不断重复出现的函数一定是周期函数；B　周期函数的图象必定是按照一定的规律不断地重复出现的；C　每一个周期函数总存在一个最小正周期；D　地球围绕着太阳转，地球到太阳的距离 $y$ 是时间 $t$ 的函数，且这个函数 $y=f(t)$ 是周期函数。二级、一级、高级教师的平均得分仅分别为 0.14（在 199 位调查者中，只有 28 人选对，得分率为 14.1%）、0.17（在 183 位调查者中，只有 32 人选对，得分率为 17.5%）、0.28（在 156 位调查者中，只有 44 人选对，得分率为 28.2%），得分率相当低。造成此题得分率低的根本原因是：一方面，绝大多数高中数学教师并没有真正理解函数周期性的本质，许多教师尤其是二级数学教师对函

数周期性的理解仅停留在表面或文字表达上；另一方面，绝大多数高中数学教师在对函数周期性的理解方面比较注重抽象的数学式子本身的运算，缺乏将抽象的数学知识与现实生活联系起来的自觉意识，于是见到生活中的实际问题时，就不能进行正确的判断。

## 二、高中数学教师所具备的数学内容性知识现状（基于访谈的视角）

为了比较真实地了解我国高中数学教师所具备的数学内容知识现状，本研究采用访谈法，对大学数学教师及高中正高级、高级、一级、二级数学教师等进行了比较深入的访谈。访谈的提纲主要围绕高中数学教师数学内容性知识的重要性、现状及影响因素几方面展开。

### 1. 不同层次的教师对高中数学教师所具有的数学内容性知识现状的认识

在对不同层次的数学教师所进行的访谈中，大家都不约而同地认为数学内容性知识对高中数学教师开展高质量的数学教学及自我专业发展具有重要作用，且这种作用是奠基性的，制约着高中数学教师其他学科知识及专业知识的发展。

例如，W 教授在谈到高中数学教师的内容知识现状时指出："从高师院校数学系开设的高等数学课程与本次高中数学新课程的必修模块与选修系列专题的内容衔接情况来看，高中数学教师应掌握函数、几何、运算、算法、应用、概率统计这六个知识内容体系，每个知识体系又包括更为具体的概念、公式、公理、定理、推论及性质等基础知识内容。这些基础知识内容及其相互整合所形成的六大知识内容体系是当下高中数学教师顺利进行高中数学教学的基本前提。但是，绝大多数高中数学教师更多注重的是中学数学中函数、几何、运算三大知识内容体系的掌握，忽视了算法、应用、概率统计这几个知识内容体系的理解及训练。"

L 教授则从高中数学新课改的知识要求视角提出高中数学教师尽可能全面掌握内容知识的急迫性："尽管现在全国都进入了高中数学新

课改，但我国很多省市的高中数学教学仍然在高考指挥棒下进行着应试教育，许多高中数学教师仍然为高考而带领学生开展不同程度的解题训练。大多数教师尤其是中老年数学教师还没有真正意识到高中数学新课改对他们在知识内容方面所提出的严峻挑战，虽然有些教师已感受到了这种挑战与压力，但又不知道如何去应对，绝大多数教师抱着走一步看一步的心态去应对新课改对他们所带来的知识压力。”

T 教师（正高级教师）谈道：“作为一名中学正高级教师，从专业成长的角度看，自己现在对中学数学基础内容知识的理解比以前更深入一些，如果说以前对某个概念或命题的理解仅停留在表面层次的话，现在则尽量从本质上去理解与把握概念或命题的深层次的内涵。另外，与自己作为一名二级数学教师时主要侧重数学零散内容知识的理解与把握相比较，现在对中学数学内容知识的理解更注重从整体结构上去把握，基本上能做到中学数学内容知识的梳理与提纲挈领，这是作为正高级教师与二级教师最明显的区别。即便如此，本次高中新课改所提出的新内容尤其是选修 3 及选修 4 的大部分内容自己还是很不熟悉，这无形之中增加了自己的紧迫感，必须想办法弥补这些新增内容带给自己的缺陷。”

S 教师（一级教师）谈道：“现在许多高中数学教师的数学内容知识现状不容乐观。第一，过分注重数学解题的技巧训练而忽视了对数学概念、公理、定理、法则等基础知识的本质、体系结构等的理解，具体表现为许多教师知道中学数学中的概念、公理、定理、法则等的内容是什么，但要让他们说出这些基础知识深层次的一些东西来，许多教师还是说不上，这在刚毕业的二级数学教师及多数一级数学教师身上表现得非常明显。第二，只关心高考的导向作用，高考考什么就让学生训练什么，很少顾及小学、初中、大学与高中数学之间的有机联系，久而久之，大部分高中数学教师所拥有的数学内容知识只是为应对高考的一种比较狭隘的知识。第三，二级、一级、高级及正高级数学教师之间关于数学内容知识习得、发展及教学的经验缺乏有效的交流，在这一点上，绝大多数二级教师做得更好一些，一些一级教师觉着自己已经是高中数学教学的中坚力量了，所以不屑向高级、正高级教师虚心学习，而一些年龄偏大的高级、正高级教师多少抱着一种问则说不问则不说的态度，其宝贵的数学知识发展经验得不到及时的分享。"

L 教师（二级教师）谈道："虽然自己刚从高师院校数学系毕业，也比较系统地学习了高等数学的许多课程，但回到中学教学时发现自己对一些数学概念、公式、定理等的理解还是不够深入，基本上停留在表面上，对知识点及考点的把握不准，还没有建立起中学数学中几大块内容的体系框架。例如，函数是初、高等数学中几乎贯穿始终的内容，而对于函数在高中数学中的地位及作用到底如何，函数概念及周期性、单调性、奇偶性如何进行正确的理解，函数与映射、对应之间的逻辑关系如何处理才能使学生更好地理解等，自己在这些方面功底还不够扎实。虽然国家提倡素质教育，但社会及家长对高考的现实期望值还是比较高的，而自己的学科内容知识比较欠缺，所以压力还是很大的，也挺着急。"

**2. 访谈资料小结及分析**

以上访谈反映出当前高中数学教师的学科知识在内容知识方面的现状。

• 绝大多数高中数学教师都具有高中数学教科书所规定的最基本的内容性知识，这是他们顺利进行高中数学教学的根本前提与基础条件。但相比较而言，二级教师对中学数学基础内容知识的理解不够深入，并且对整个中学数学内容知识体系框架的理解与把握还不够；一级教师拥有比较扎实的数学基础内容知识功底，运用数学概念、公式、定理及法则解题的能力最强，与二级教师相比较更注重解题的变式训练，但对数学内容知识本质的理解深度及对整个中学数学内容知识体系框架的把握上还欠火候；高级教师具备非常扎实的中学数学基础内容知识功底，而且对相关的数学概念、公式、定理及法则等数学知识的理解更深入一些，尤其是把握考点的能力比较强，能比较好地把握整个中学数学内容知识体系框架，但运用数学内容知识解决实际问题的能力与一级教师相比较稍显欠缺；正高级教师具备的中学数学基础内容知识功底最扎实，对中学数学概念、公式、定理及法则等基本上能从本质上进行理解，把握整个中学数学内容知识体系框架的能力最强，不足之处是对高中数学中新知识的更新速度比较缓慢。

• 随着社会的发展、基础教育课程的改革，我国不同层次的高中数学教师都在不同程度地丰富与完善着自己的数学内容知识。当前，虽然我国各省市都已进入了高中数学新课程改革，新课程的核心基本理念是根据未来社会的发展需要培养高中生的数学素养，凸显高中生数学学习的基础性、多样性及选择性，但整体来看，左右我国高中数学教师内容知识的掌握、丰富及发展的主要影响因素仍然是高考，也就是说，绝大多数教师根据高考的考点要求不断弥补自己的内容知识漏洞。

• 具备高等数学的基础知识与基本思想方法，进行高观点下的中学数学教学是每一位高中数学教师的基本素养。但是，由于长期以来在中学数学教学中很少用到高等数学的基础知识，导致绝大多数高中数学教师掌握的高等数学基础知识越来越少。在不同职称的高中数学教师中，高级教师的高等数学基础知识遗忘程度相对较高；而二级教师大多刚从大学毕业，其所拥有的高等数学基础知识是最多的，但对于如何用高等数学的基础知识与基本思想、方法进行高观点下的中学数学教学却最缺乏经验。可见，不同职称的高中数学教师或淡忘了高等数学的基础知识，或虽然具备比较扎实的高等数学基础知识却对进行高观点下的中学数学教学缺乏经验，这都在一定程度上影响了高中数学教学的有效性。

• 本次高中数学课程改革增加了一些诸如布尔代数、非欧几何、信息安全与密码、矩阵与变换、初等数论初步、优选法与试验设计、运筹学、图论、统计决策等近现代数学的若干内容，主要集中在选修3系列及选修4系列的若干专题中，而新增加的数学内容知识中有不少内容是高中数学教师在大学期间没有学过或在相关高等数学课里学的不多，仅凭学过或掌握很少的数学内容知识给学生上课，这对绝大多数高中数学教师是一种巨大的挑战。虽然有些教师已经感受到这种新内容教学的压力，但是整体看来，绝大多数高中数学教师还缺乏自觉地学习、掌握这些新内容知识的责任感与紧迫感，许多教师抱着一种边走边看的态度。

## 三、高中数学教师所具备的数学内容性知识现状小结

绝大多数高中数学教师都具有高中数学教科书所规定的基本内容知识，这是他们顺利进行高中数学教学的前提。相比较而言，二级教师对中学数学基础内容知识的理解不够深入，并且对整个中学数学内容知识体系的理解与把握还不够。一级教师拥有比较扎实的数学基础内容知识功底，运用数学概念、公式、定理及法则解题的能力最强，与二级教师相比较，更注重解题的变式训练，但对数学内容知识本质理解的深度及对整个中学数学内容知识体系框架的把握上还欠火候。高级教师具备非常扎实的中学数学基础内容知识功底，而且对相关的数学概念、公式、定理及法则等数学知识的理解更深入一些，尤其是把握考点的能力比较强，能较好地把握整个中学数学内容知识体系框架，但运用数学内容知识解决实际问题的能力与一级教师相比较稍显欠缺。正高级教师具备的中学数学基础内容知识功底最扎实，对中学数学概念、公式、定理及法则等基本上能从本质上进行理解，把握整个中学数学内容知识体系框架的能力最强，不足之处是对高中数学中新知识更新的速度比较缓慢。

不同职称高中数学教师对函数及向量部分的基础内容知识掌握得都比较扎实，具体表现在教师能够熟练运用数学概念、公式、定理、公理、法则等引导学生进行解题训练，在国际数学教育中形成了“注重双基”的中国数学教育特色。整体来看，高级教师对函数及向量基础内容知识的理解与掌握要好于一级与二级教师，且所有高中数学教师对向量内容的理解与掌握程度要整体好于函数内容，但也有不少教师对函数周期性的理解不到位。

随着社会的发展、课程改革的深入，不同层次的高中数学教师都在不同程度地丰富与完善着自己的数学内容性知识。虽然高中数学新课程的基本理念凸显高中生数学学习的基础性、多样性及选择性，但

整体来看，左右当前高中数学教师内容性知识掌握、丰富及发展的主要影响因素仍然是高考，也就是说，绝大多数教师仍然根据高考的要求不断弥补自己的内容知识漏洞。

本次高中数学新课程增加了一些诸如布尔代数、非欧几何、信息安全与密码、矩阵与变换、初等数论初步、优选法与试验设计、运筹学、图论、统计决策等近现代数学的若干内容，这些内容主要集中在选修 3 系列及选修 4 系列的若干专题中。在对这些新增加的近现代数学内容掌握情况的调查中，多数教师掌握得很不理想，其中高级与二级高中数学教师在掌握及了解数学史选讲、开关电路与布尔代数、初等数论初步及优选法与试验设计初步四个专题内容方面存在显著性差异。这说明新增加的数学内容知识中有不少内容是高中数学教师在大学相关高等数学课程里没有学过或仅仅接触过，尤其是大学毕业时间比较长的高级教师，与毕业时间不长的二级教师相比较，他们对这些近现代数学内容知识的欠缺更明显。这种现状已经使教师感受到新课程教学的压力，但整体看来，绝大多数高中数学教师还缺乏自觉学习、掌握这些新内容知识的责任感与紧迫感，许多教师抱着一种边走边看的态度。

## 第三节　高中数学教师数学内容性知识发展的途径

关于高中数学教师内容性知识发展的途径（也称为高中数学教师内容性知识的来源），本研究主要通过问卷调研及访谈的形式来进行探讨。在问卷调查部分，本研究主要列出了 12 方面的来源：中小学数学课程的学习、大学数学专业类课程的学习、数学教育理论类课程的学习、数学教育实践类课程的学习、在职培训、有组织的专业活动、和同事的日常交流、自身的教学经验和反思、和学生的交流、阅读专业书刊、通过网络资源的学习、撰写数学教研论文。在教师访谈部分，主要结合高中数学教师内容性知识发展的有关话题，对大学数学教师及高中正高级、高级、一级、二级数学教师进行了比较深入的访谈。

## 一、问卷调查数据的分析

### 1. 高中数学教师对其数学内容性知识各种来源评价的整体情况

从表 5–8 可以看出，高中数学教师有各种不同的来源发展数学内容性知识，且不同教师就各种来源对数学内容性知识发展的贡献程度在评价方面存在着差异。在表 5–8 所示的 12 种来源中，如果将给予肯定性评价“影响很大”与“有些影响”的教师的百分比合起来看，自身的教学经验与反思（85.7%）、中小学数学课程的学习（82.7%）、大学数学专业类课程的学习（79.9%）是教师发展其数学内容知识的三种重要来源，其中自身的教学经验与反思是最重要来源；有组织的专业活动（71.4%）、和学生的交流（71.2%）、和同事的日常交流（69.3%）、通过网络资源的学习（68.8%）也是高中数学教师数学内容性知识发展的几种比较重要的来源；而撰写数学教研论文（32.1%）及数学教育实践类课程的学习（47.4%）则是对数学教师数学内容性知识发展贡献较小的来源；其他来源则对数学教师数学内容性知识的发展具有一定的贡献。

**表 5–8　高中数学教师对数学内容性知识各种来源贡献程度情况**

| 来源 | 贡献程度 | | | | | | | | 均值 |
|---|---|---|---|---|---|---|---|---|---|
| | 没有影响 | | 影响很小 | | 有些影响 | | 影响很大 | | |
| | 人数 / 人 | 占比 / % | 人数 / 人 | 占比 / % | 人数 / 人 | 占比 / % | 人数 / 人 | 占比 / % | |
| 中小学数学课程的学习 | 12 | 2.2 | 81 | 15.1 | 225 | 41.8 | 220 | 40.9 | 3.21 |
| 大学数学专业类课程的学习 | 10 | 1.9 | 98 | 18.2 | 247 | 45.9 | 183 | 34.0 | 3.12 |
| 数学教育理论类课程的学习 | 18 | 3.3 | 228 | 42.4 | 186 | 34.6 | 106 | 19.7 | 2.70 |
| 数学教育实践类课程的学习 | 96 | 17.8 | 187 | 34.8 | 157 | 29.2 | 98 | 18.2 | 2.48 |
| 在职培训 | 22 | 4.1 | 176 | 32.7 | 248 | 46.1 | 92 | 17.1 | 2.76 |
| 有组织的专业活动 | 16 | 3.0 | 138 | 25.7 | 256 | 47.6 | 128 | 23.8 | 2.92 |
| 和同事的日常交流 | 2 | 4.0 | 163 | 30.3 | 240 | 44.6 | 133 | 24.7 | 2.94 |
| 自身的教学经验和反思 | 6 | 1.1 | 71 | 13.2 | 163 | 30.3 | 298 | 55.4 | 3.40 |
| 和学生的交流 | 16 | 3.0 | 139 | 25.8 | 229 | 42.6 | 154 | 28.6 | 2.97 |

（续表）

| 来源 | 贡献程度 | | | | | | | | |
|---|---|---|---|---|---|---|---|---|---|
| | 没有影响 | | 影响很小 | | 有些影响 | | 影响很大 | | 均值 |
| | 人数/人 | 占比/% | 人数/人 | 占比/% | 人数/人 | 占比/% | 人数/人 | 占比/% | |
| 阅读专业书刊 | 19 | 3.5 | 168 | 31.2 | 252 | 46.8 | 99 | 18.4 | 2.80 |
| 通过网络资源的学习 | 5 | 0.9 | 163 | 30.3 | 247 | 45.9 | 123 | 22.9 | 2.90 |
| 撰写数学教研论文 | 104 | 19.3 | 261 | 48.5 | 126 | 23.4 | 47 | 8.7 | 2.21 |

注：表中贡献程度采用赋分制（没有影响 =1，影响很小 =2，有些影响 =3，影响很大 =4）。根据加权平均进行计算均值，设没有影响（贡献）人数为 $\alpha$，影响很小（贡献）人数为 $\beta$，有些影响（贡献）人数为 $\gamma$，影响很大（贡献）人数为 $\eta$，调查样本总数为 $N$，则均值计算公式为 $\frac{\alpha\times 1+\beta\times 2+\gamma\times 3+\eta\times 4}{N}$。

### 2. 平均评价值的统计与分析

依据教师对各种来源所作评价的平均值，不同来源对“数学内容性知识”贡献的总体性比较如图 5-1 所示。

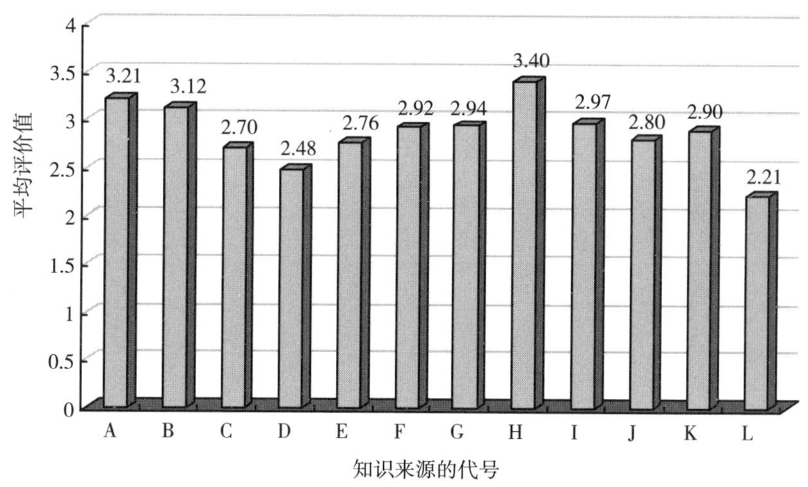


**图 5-1 高中数学教师对“数学内容性知识”的各种来源的平均评价值**

注：A= 中小学数学课程的学习，B= 大学数学专业类课程的学习，C= 数学教育理论类课程的学习，D= 数学教育实践类课程的学习，E= 在职培训，F= 有组织的专业活动，G= 和同事的日常交流，H= 自身的教学经验和反思，I= 和学生的交流，J= 阅读专业书刊，K= 通过网络资源的学习，L= 撰写数学教研论文。

根据图 5–1 中所显示的平均评价值，可以看出各种来源对教师形成“数学内容性知识”的重要性从大到小依次为教师自身的教学经验和反思（3.40）、中小学数学课程的学习（3.21）、大学数学专业类课程的学习（3.12）、和学生的交流（2.97）、和同事的日常交流（2.94）、有组织的专业活动（2.92）、通过网络资源的学习（2.90）、阅读专业书刊（2.80）、在职培训（2.76）、数学教育理论类课程的学习（2.70）、数学教育实践类课程的学习（2.48）、撰写数学教研论文（2.21）。可见，除了个别来源之间的顺序稍有变化，其他来源的重要性先后顺序与前面肯定性评价所得出的结果是一致的。

综合以上两种统计分析的结果可知，自身的教学经验和反思、中小学数学课程的学习、大学数学专业类课程的学习是数学教师发展其数学内容性知识的重要来源，而撰写数学教研论文及数学教育实践类课程的学习对发展教师的数学内容性知识的贡献较小，其他来源都有一定的作用。

### 3. $\chi^2$ 检验

为了更确切地了解高中数学教师的不同职称是否显著地影响他们对数学内容性知识各种来源的评价，本研究将调查对象按职称分为二级、一级、高级三类，运用 $\chi^2$ 检验考察不同职称的高中数学教师之间是否存在显著性差异。统计结果如表 5–9 所示。

**表 5–9　高中数学教师数学内容性知识 12 种主要来源的职称组人数分布**

| 来源 | 职称组 | 评价 | | | | $\chi^2$ 检验 |
|---|---|---|---|---|---|---|
| | | 没有影响 | 影响很小 | 有些影响 | 影响很大 | |
| A. 中小学数学课程的学习 | 二级教师 | 3 | 30 | 69 | 97 | $\chi^2 \approx 12.30$<br>$df=6$<br>$P \approx 0.056$ |
| | 一级教师 | 4 | 31 | 88 | 60 | |
| | 高级教师 | 5 | 20 | 68 | 63 | |
| | 总数 | 12 | 81 | 225 | 220 | |
| B. 大学数学专业类课程的学习 | 二级教师 | 4 | 38 | 94 | 63 | $\chi^2 \approx 10.30$<br>$df=6$<br>$P \approx 0.113$ |
| | 一级教师 | 5 | 33 | 73 | 72 | |
| | 高级教师 | 1 | 34 | 80 | 41 | |
| | 总数 | 10 | 98 | 247 | 183 | |

（续表）

| 来源 | 职称组 | 评价 | | | | $\chi^2$ 检验 |
|---|---|---|---|---|---|---|
| | | 没有影响 | 影响很小 | 有些影响 | 影响很大 | |
| C. 数学教育理论类课程的学习 | 二级教师 | 5 | 80 | 65 | 24 | $\chi^2\approx 12.31$ d$f$=6 $P\approx 0.055$ |
| | 一级教师 | 6 | 74 | 61 | 22 | |
| | 高级教师 | 7 | 74 | 60 | 22 | |
| | 总数 | 18 | 228 | 186 | 106 | |
| D. 数学教育实践类课程的学习 | 二级教师 | 47 | 60 | 51 | 42 | $\chi^2\approx 11.11$ d$f$=6 $P\approx 0.085$ |
| | 一级教师 | 28 | 69 | 57 | 28 | |
| | 高级教师 | 21 | 58 | 49 | 28 | |
| | 总数 | 96 | 187 | 157 | 98 | |
| E. 在职培训 | 二级教师 | 11 | 54 | 101 | 30 | $\chi^2\approx 12.12$ d$f$=6 $P\approx 0.059$ |
| | 一级教师 | 7 | 57 | 81 | 39 | |
| | 高级教师 | 4 | 65 | 66 | 23 | |
| | 总数 | 22 | 176 | 248 | 92 | |
| F. 有组织的专业活动 | 二级教师 | 4 | 53 | 85 | 57 | $\chi^2\approx 11.05$ d$f$=6 $P\approx 0.087$ |
| | 一级教师 | 8 | 43 | 86 | 46 | |
| | 高级教师 | 4 | 42 | 85 | 25 | |
| | 总数 | 16 | 138 | 256 | 128 | |
| G. 和同事的日常交流 | 二级教师 | 0 | 70 | 82 | 47 | $\chi^2\approx 10.62$ d$f$=6 $P\approx 0.101$ |
| | 一级教师 | 0 | 51 | 80 | 52 | |
| | 高级教师 | 2 | 42 | 78 | 34 | |
| | 总数 | 2 | 163 | 240 | 133 | |
| H. 自身的教学经验和反思 | 二级教师 | 1 | 24 | 56 | 118 | $\chi^2\approx 6.25$ d$f$=6 $P\approx 0.395$ |
| | 一级教师 | 1 | 25 | 61 | 96 | |
| | 高级教师 | 4 | 22 | 46 | 84 | |
| | 总数 | 6 | 71 | 163 | 298 | |
| I. 和学生的交流 | 二级教师 | 4 | 50 | 82 | 63 | $\chi^2\approx 23.20$ d$f$=6 $P\approx 0.001$ |
| | 一级教师 | 8 | 61 | 82 | 32 | |
| | 高级教师 | 4 | 28 | 65 | 59 | |
| | 总数 | 16 | 139 | 229 | 154 | |

（续表）

| 来源 | 职称组 | 评价 | | | | $\chi^2$ 检验 |
|---|---|---|---|---|---|---|
| | | 没有影响 | 影响很小 | 有些影响 | 影响很大 | |
| J. 阅读专业书刊 | 二级教师 | 7 | 72 | 91 | 29 | $\chi^2 \approx 10.25$<br>$df=6$<br>$P \approx 0.115$ |
| | 一级教师 | 6 | 58 | 77 | 42 | |
| | 高级教师 | 6 | 38 | 84 | 28 | |
| | 总数 | 19 | 168 | 252 | 99 | |
| K. 通过网络资源学习 | 二级教师 | 0 | 73 | 83 | 43 | $\chi^2 \approx 15.30$<br>$df=6$<br>$P \approx 0.018$ |
| | 一级教师 | 2 | 57 | 78 | 46 | |
| | 高级教师 | 3 | 33 | 86 | 34 | |
| | 总数 | 5 | 163 | 247 | 123 | |
| L. 撰写数学教研论文 | 二级教师 | 40 | 104 | 38 | 17 | $\chi^2 \approx 6.91$<br>$df=6$<br>$P \approx 0.330$ |
| | 一级教师 | 38 | 86 | 41 | 18 | |
| | 高级教师 | 26 | 71 | 47 | 12 | |
| | 总数 | 104 | 261 | 126 | 47 | |

表 5–9 所报告的 $\chi^2$ 检验结果表明，在 0.05 的水平上，3 个职称组教师在中小学数学课程的学习、大学数学专业类课程的学习、数学教育理论类课程的学习、数学教育实践类课程的学习、在职培训、有组织的专业活动、和同事的日常交流、自身的教学经验和反思、阅读专业书刊、撰写数学教研论文 10 种来源的人数分布上没有显著性差异，而通过网络资源学习及和学生的交流 2 种来源的人数分布上存在显著性差异（其中两个 $P$ 值分别为 $P_1=0.018<0.05$；$P_2=0.001<0.01$）。通过 3 种职称之间进一步两两配对进行的 $\chi^2$ 检验得出，这两种来源在人数分布上存在的显著性差异主要存在于二级教师和高级教师之间，而一级与二级教师之间不存在显著性差异。

**4. 问卷调查的结论及分析**

可见，不同职称的高中数学教师都认为自身的教学经验与反思、中小学数学课程的学习及大学数学专业类课程的学习这 3 种途径对其数学内容性知识发展的贡献是最重要的，这种调查结果是与现实相吻合的。因为中小学数学课程的学习为数学教师的学科知识发展提供了最基础的素材，具有不可或缺的重要作用。从大学数学专业类课程的学习这种途径来看，大学数学专业类课程的系统学习为高中数学教师的学科内容知识奠定了比较扎实的基础，这是大学生走向高中数学课堂顺利教学的最起码的知识保障。众所周知，现阶段我国高中数学教师主要由国内高等师范院校来培养（现在也有部分高中数学教师由综合性大学培养而成），高等师范院校数学系的数学专业类课程主要包括数学分析、高等代数、空间解析几何、概率统计、数学实验、近世代数、实变函数、复变函数、泛函分析、常微分方程、高等几何、微分几何、运筹学、图论、拓扑学、数学史等，这些数学专业类课程对开拓职前教师的知识视野、积淀其扎实的知识基础、形成其高观点审视中学数学的思想方法、培养其良好的数学文化品性等都起着非常重要的作用。这些综合的数学素养对职后高中数学教师正确理解中学数学的概念、公式、法则、定理等内容，灵活运用这些内容知识去解决实际问题，宏观把握中学数学的知识内容体系等起着非常重要的、潜在的促进作用。如果说大学数学专业类课程的学习是从理论上为职后教师奠定了数学素养的话，那么自身的教学经验与反思则是促进高中数学教师数学内容性知识发展的实践途径。尽管通过大学数学专业课程的学习，职前教师具备了比较扎实的高等数学功底，但这些高深的高等数学知识如何与中学数学做到有机结合却需要教学实践的检验，从建构主义的知识观来看，数学教师主体只有在与教学环境客体不断交互的过程中才能真正建构起自己完整的数学内容知识体系。据此，自身的教学经验与反思作为促进数学教师数学内容性知识发展的最重要的途径也就理所当然了。

另外，二级数学教师基本上刚从大学毕业，理论知识丰富但教学经验欠缺，而高级数学教师的教学经验最丰富，自我反思能力最强。因此，虽然“自身的教学经验与反思”是不同职称高中数学教师发展其数学内容性知识的重要途径之一，但二级教师与高级教师就自身的教学经验与反思对其数学内容知识发展的贡献所做评价就存在显著性差异。

调查结果还显示，不同职称的高中数学教师对数学教育实践类课程的学习这种途径对数学内容性知识发展所做贡献的平均评价值较低主要有两方面的原因。一是主观方面的原因。绝大多数高中数学教师上大学时并没有重视数学教育实践类课程的学习，虽然微格教学及教育实习是高等师范院校数学系学生必修的数学实践类课程，但许多教师在上大学时没有从促进自己学科知识发展的角度重视这两门课程的学习。二是客观方面的原因。我国原有的教育实习共有 8 周时间，师范生在很短的时间内要促进自己的学科知识有很大的发展显然是不现实的。这两方面的原因造成了在高中数学教师专业发展的经历中，数学教育实践类课程的学习对数学内容知识的促进及影响就微乎其微了。

而撰写数学教研论文这种途径对教师数学内容性知识发展所做贡献的平均评价值较低，主要是由于绝大多数高中数学教师的工作压力比较大，教学时间非常紧张，他们中很少有人有闲暇去撰写数学教研论文，除非迫于职称晋升的压力。

另外，二级教师教龄短，绝大部分都是毕业不久的年轻教师，他们思维活跃，接受新鲜事物的意识比较强，最容易和学生打成一片，而学生不断反馈出来的数学问题往往会促使这些年轻教师不断完善自己的内容知识。另外，二级教师由于计算机辅助数学教学的意识与能力比较强，他们刚工作时会碰到很多有待求助的数学知识问题，这会促使其通过上网查资料的方式去解决与实现。这两方面的因素促使和学生的交流及通过网络资源的学习成为提升二级数学教师数学内容性知识的重要途径。相对而言，由于大多数高级职称的数学教师工作时间比较长，和青少年学生沟通与交流毕竟有一定的代沟，并且他们计算机辅助数学教学的能力较为欠缺，导致和学生的交流及通过网络资源的学习并不是当前发展其数学内容性知识的重要途径。据此分析可知，高级、二级教师关于和学生的交流及通过网络资源的学习这两种途径在对其数学内容性知识发展贡献程度的认识上自然就存在着显著性差异。

## 二、访谈资料的分析

### 1. 不同层次的数学教师对数学内容性知识发展途径的访谈

为更全面地了解高中数学教师数学内容性知识发展的途径，本研究采用访谈法，主要对大学数学教师及高中正高级、高级、一级、二级数学教师等进行了比较深入的访谈。本研究对大学数学教师的主要访谈内容是：您认为高中数学教师在其数学内容性知识发展方面存在的主要问题是什么？您对高中数学教师的数学内容性知识发展有哪些好的建议？对高中数学教师的主要访谈内容是：从您专业成长的角度看，有哪些途径促进了您的数学内容性知识的发展？在这些途径当中，哪种途径的贡献最大？下面是一些受访者的访谈记录。

例如，W 教授（大学教授）在谈到高中数学教师内容性知识发展现状时指出："整体来看，当前我国高中数学教师数学内容知识掌握的情况还是比较扎实的，正是由于他们具备了比较扎实的数学内容知识功底，支撑着我国庞大的高中数学教育教学，为社会也为高等学校培养了大批的具有良好数学素养的社会人才，在国际数学教育中形成了'注重双基'的中国数学教育特色。在这一点上，我们应该感谢千千万万的高中数学教师。同时，我们也要清醒地看到，尽管高中数学教师在自己的工作岗位上年复一年地辛勤工作着，但大多数高中数学教师对数学内容知识的自我学习意识不强，缺乏知识创新及发展的自觉意识，许多教师抱着'教熟几本教材、演熟大量题目、听从高考指导、从容应对教学'的观念，认为这样便可一劳永逸地应对高中数学教学。虽然，本次高中数学新课改增加了许多新的数学内容及知识，但主要是选修系列 3 及系列 4 的内容，高考考得不多，所以对大多数高中数学教师而言压力不大。另外，由于高中数学教学时间很紧张，再加上教师本人自我发展的意识不强，导致了绝大多数高中数学教师很少采用诸如撰写科研论文、网络学习、阅读专业书刊等提高其数学内容知识的途径。这些问题的存在严重影响着我国高中数学教师的专业成长，一定要引起各方的关注。"

L 教授（大学教授）则从高中数学新课改的知识要求视角提出了高中数学教师较为全面地掌握数学内容知识的急迫性："现在我国高中数学教师绝大多数都是本科学历，甚至近几年来一些高等师范大学及综合性大学数学专业的硕士研究生也进入到高中数学教师的行列，还有一部分高中数学教师正在或将要攻读教育硕士。但一个突出的问题是，如何将他们在大学阶段学习的高等数学知识与高中阶段的初等数学知识做到有机整合。许多高中数学教师大学刚毕业时掌握了高深的高等数学知识，但从事中学数学教学后由于许多高等数学知识用不上，久而久之，他们将所掌握的高等数学知识慢慢遗忘殆尽。从某种程度上来说，他们所具有的数学内容性知识成为应对高考的机械、重复、狭窄、陈旧的知识。本次普通高中数学课程改革在数学内容的广度、深度及联结度等方面对数学教师的内容性知识提出了新的要求。但根据许多省市组织的高中数学教师新课程的培训及教师参与的校本教研情况来看，大多数教师并没有表现出丰富、拓展、提升自己数学内容性知识的积极性与主动性，如有些高级教师出现职业倦怠、一级与二级教师缺乏有效的引导等现象都不同程度地存在着。另一个突出问题是，高等师范院校数学类课程设置如何凸显高初结合。现在高等师范院校数学系的专业课程，如'数学分析''高等代数''概率统计'等，过分突出专业知识的科学性与系统性，而讲授专业课程的大学数学教师对中学新课改的情况了解甚少，因此他们在进行知识教学时不能引导学生做到高初结合。另外'初等数学研究'等数学教育类课程并没有根据普通高中数学课程新增加的内容进行及时修订。这些方面也影响了高中数学教师数学内容知识的发展。"

T 教师（正高级教师）谈道："作为一名正高级教师，我认为高中数学教师从大学里获得的数学内容知识是不够的，大量的知识应该是在工作以后获得的，教师一定要继续学习，这是非常重要的，这样获得的知识对高中数学教学而言针对性更强、更有效。从自身的经验来看，我认为促进自己数学内容性知识发展的途径主要可概括为：①有心；②勤奋；③积累；④继续学习；⑤抓住机会；⑥不断反思；⑦丰富拓展。其中继续学习及不断反思对自己学科知识的发展是最重要的，继续学习除了向别人学习，主要还是多看书，如看一些中外数学名著和数学杂志；反思主要是自我反思，通过不断给自己提出问题并寻求问题解决的办法，久而久之，自己就对一些数学问题理解得深也看得广。如看了波利亚的《数学的发现》第二卷后，慢慢改善了自己解题教学的行为。”

J教师（正高级教师）根据自身专业发展的经验谈到了其数学内容知识发展的情况：“现在回顾自己专业发展的道路可以说是充满着酸甜苦辣。就拿数学内容知识的发展来说，读小学与中学时基本上是在教师的督促下形式化地学习数学，那时候学习数学的目的就是考试，这也无形当中奠定了自己数学内容知识未来发展的朴素基础。上了大学后，通过对高等数学专业课程的学习，自己的数学知识从广度与深度上都有了很大的提升与拓展，也为自己以后的内容知识发展奠定了系统而扎实的知识基础。当上高中数学教师以后，伴随着自己学科内容知识的不断丰富与发展，职称也从二级教师→一级教师→高级教师→正高级教师一步步走过来，回顾自己专业成长的过程，很难说只有某一种或两种途径促进了自己数学内容知识的发展，因为在不同的专业发展阶段，促进自己数学内容知识发展的途径所起的作用是并不均衡的。如在二级教师阶段，促进自己数学内容知识不断丰富与完善的途径主要是钻研教材，听其他教师尤其是具有丰富经验的数学教师的课，从他们身上汲取有价值的东西。当然除了听课，和学生的交流也是提高自己数学内容知识的重要方式，正是许多学生在听课及做作业过程中碰到了许多难解决的问题来问我，才逼迫自己对一些问题进行进一步的思考。在一级教师阶段，从事高中数学课程教学已近两轮了，与二级教师阶段相比较，虽然自己已基本熟悉了高中数学课程的内容知识，对概念、公式、定理等的理解也有所加深，但对整个高中数学内容知识体系的把握上还比较欠缺，这一阶段促进自己数学内容知识发展的主要途径是大量做题。在高级教师阶段，除了对高中数学的概念、公式、定理等的理解更加深入，最深切的感受就是整体把握高中数学内容知识体系的能力有所增强，也能够比较好地把握高考的知识点，这一阶段促进自己数学内容知识发展的主要途径除了做典型题，更多的是参与各种类型的有组织的教研活动。在正高级教师阶段，教学时更侧重数学思想方法的提炼和概括，这一阶段促进自己数学内容知识发展的主要途径是自我反思，有时也阅读一些专业书刊，写一些与解题有关的小论文，但理论水平比较薄弱。”

H 教师（高级教师）根据自己的专业成长谈到了其在数学内容知识发展方面的经验：“根据多年来的经验，自己促进数学内容知识发展的主要途径是和学生勤交流，大量做高考题，多参加一些教研活动，不断进行自我教学经验总结与反思等。要说哪种途径对数学内容知识发展的贡献最大，自己感觉还是大量做高考题这条途径。因为通过做题，一方面能巩固已教过的数学知识，另一方面能发现自己掌握、理解、运用数学内容知识的不足。说句老实话，我们也不想引导学生搞题海战，但社会及学生家长评价我们教学质量高低的就是高考。这就是我国高中数学教学的现状，谁也躲避不了，而要使学生在高考中取得好成绩，教师首先要过解题关。因此，通过大量做题，进行不同类型数学题的解题训练，是和我一样的绝大多数高中数学教师提高其内容知识的主要途径。”

Z 教师（一级教师）谈道：“可能与其他教师不太一样，我促进自己数学内容知识发展的主要途径是‘和同事的日常交流’。除了在备课、教研组活动等场合虚心听取其他教师的一些意见及建议，比较幸运的是我碰见了一位非常好的教学‘师傅’，他给我的感觉是认真、负责、细心、热情。大学毕业刚工作的那几年，‘师傅’一有机会就来听我的课，和我一起研讨对一些数学概念、公式、定理等的理解，而且叮嘱我写一些教学日志。通过不断地研讨及写一些教学日志后的反思，自己对原来一些数学问题的理解深刻多了，这为我以后顺利进行高中数学教学奠定了非常好的基础。另外，本次高中数学新课程倡导要把抽象的数学内容知识与丰富的现实生活联系起来，注重信息技术与数学课程的整合及研究性学习等新理念，这就迫切需要我们提高自己的数学应用能力及计算机辅助数学教学的能力，而诸如阅读专业书刊、撰写数学教研论文、通过网络资源的学习等是提高这些能力的有效途径。但是平时教学工作非常忙以及主观上缺乏积极主动的意识等原因，间接上影响了自己的学科内容知识的发展，希望有关方面都能为我们的专业成长提供良好的帮助。”

L 教师（二级教师）谈道：“前几年自己主要带高二、高三的数学课，今年开始带高一，而高一恰好实施的是新课程，必修 1 及必修 2 的内容看起来好像与原来课程的内容变化不大，但实际上最难上的是‘函数模型及其应用’这一块内容。主要原因是自己对与函数应用有关的投资、销售、人口等知识不太熟悉，再就是很多函数模型问题的解决要与几何画板的处理联系起来，自己这方面的能力非常欠缺。那么面对这种情况怎么办呢？自己感觉有效的做法就是边学边教，多听听其他数学教师尤其是中学正高级、高级教师的课，多参加一些不同形式的新课程培训，积极参加学校及年级组组织的教研活动，看看网上的一些优秀教学案例等。通过多种途径的学习，自己感觉在数学内容知识方面理解得深了、想得多了，在高中数学新课程的教学中也不那么被动了。”

Y 教师（二级教师）谈道：“由于自己是从综合性大学数学系毕业的一位硕士研究生，具备了比较高深的高等数学知识，在未进入高中数学课堂之前，说实在的真有点‘自我感觉良好’的想法，但真正踏上高中数学课堂的讲台之后，才发现自己对高中数学内容知识的理解并不是那么到位。比如对函数概念的理解，原来当学生时只是从数学教师的讲解中体会函数概念的内涵，想得不是很深，现在给学生讲之前不仅自己要深刻理解函数概念，而且要通过适当的教学方法转化为学生容易理解的知识。虽然自己做了很多努力，但由于自己毕竟没有参加过正规系统的数学教育实践类课程的学习，所以在和学生的配合上不是很默契，学生在函数概念的理解上也没有把握住本质。那么如何丰富与完善自己的内容知识呢，一是要多向老教师学习，多听其他教师的课；二是通过网络学习；三是通过学生平时的提问与作业当中的错误不断促使自己对函数概念做更深层次的思考。如函数概念中的‘对应法则’必须要用明确的解析式表示出来吗？映射、对应、函数之间的逻辑关系到底是什么，按照怎样的顺序讲解才比较合理？函数的值域与数集 $B$ 的一个子集如何理解？这些问题都在和学生的交流中得到了不断的丰富与完善。这也促使自己的数学内容知识得到了发展。”

**2. 访谈资料小结及分析**

从以上访谈可以看出，当前高中数学教师数学内容性知识发展现状具有如下特点。

• 整体来看，当前我国大多数高中数学教师都具备比较扎实的数学内容知识，具体表现在教师熟练运用数学概念、公式、定理、公理、法则等引导学生进行解题训练，在国际数学教育中形成了“注重双基”的中国数学教育特色。

• 尽管高中数学教师在自己的工作岗位上年复一年地辛勤工作着，但由于受高考的长期影响，大多数高中数学教师发展其数学内容知识的最直接目标就是应对高考，他们并没有从社会发展及课程改革对其专业发展的要求方面主动完善其数学内容知识，缺乏知识创新及发展的自觉意识。

• 本次高中数学新课程中增加了许多新的数学知识，如信息安全与密码、矩阵与变换、初等数论初步、风险与决策、开关电路与布尔代数等。这些知识很多都是许多高中数学教师尤其是中老年教师以前在大学里没有学过的，通过什么样的方式才能使他们尽快掌握这些新知识是摆在每位教师面前的急迫任务。

• 不同职称的高中数学教师发展数学内容知识的途径是多样的，一般来说，大多数教师在其专业成长的不同阶段都具有对其数学内容知识贡献程度不同的发展途径。但整体来看，“自身的教学经验和反思”“中小学数学课程的学习”“大学数学专业类课程的学习”“和同事的日常交流”“有组织的专业活动”等途径对教师数学内容知识发展的贡献程度比较大。

• 相比较而言，高中数学教师中二级教师发展其数学内容知识的主要途径是“和学生的交流”及“通过网络资源的学习”；一级教师发展其数学内容知识的主要途径是“自身的教学经验及反思”与“和同事的日常交流”；高级教师发展其数学内容知识的主要途径是“自身的教学经验及反思”与“有组织的专业活动”；正高级教师发展其数学内容知识的主要途径是“自身的教学经验及反思”“阅读专业书刊”“撰写数学教研论文”等。可见，在专业成长的不同阶段，不同职称的高中数学教师都有比较重要的途径发展其数学内容知识。

# 第六章　数学思想方法知识的现状分析及发展途径

数学内容性知识构成了高中数学教师学科知识体系的素材性内容，而数学思想方法知识是教师在对数学概念、公式、法则、性质、定理及其应用等内容长期理解的基础上所形成的一种隐性知识。它体现着教师对数学内容性知识本质理解的程度，是数学教师数学素养高低的重要标志。一般来说，数学思想方法是蕴于数学内容而又高于数学内容，是数学内容的精髓。在本章里，我们以《课标》为依据，主要回答这么几个问题：新课程教学背景下高中数学教师应具备的数学思想方法知识包括哪些基本内容？高中数学教师的数学思想方法知识现状如何？高中数学教师的数学思想方法知识是如何发展的？

## 第一节　高中数学教师应具备的数学思想方法知识

高中数学教师到底应具备什么样的数学思想方法知识才比较合理，这是一个难以回答的问题，而且几乎没有相关的文献来研究这个问题。本研究认为，从数学教师掌握知识的服务趋向来看，高中数学教师所具备的数学思想方法知识不外乎有两方面的服务功能，一方面是为高质量的数学教学服务，另一方面是为加强自身的数学修养服务，两者关系密切，但归根到底还是为高中数学教学服务。长期以来，能够从理念、目标、内容及要求等方面对高中数学教学起着指导作用的还是《课标》，因此，下面着重就《课标》中涉及的数学思想方法的知识点及教学要求进行梳理。

## 一、《课标》中涉及的数学思想方法梳理

为探讨新课改背景下的高中数学教师应具备的数学思想方法知识，本研究先对 2003 年国家教育部颁布的《课标》中涉及的数学思想、数学思想方法、数学方法等进行简要的统计汇总，为便于观察及概括，统计时主要从必修模块 / 选修系列、相关的教学要求刻画或内容阐释、数学思想方法三方面去进行。统计结果如表 6–1 所示。

**表 6–1 《课标》中涉及的数学思想方法**

| 必修模块 / 选修系列 | 相关的教学要求刻画或内容阐释 | 数学思想方法 |
| --- | --- | --- |
| 数学 1 | ● 函数的思想方法将贯穿高中数学课程的始终。学生将学习指数函数、对数函数等具体的基本初等函数，结合实际问题，感受运用函数概念建立模型的过程和方法，体会函数在数学和其他学科中的重要性，初步运用函数思想理解和处理现实生活和社会中的简单问题<br>● 进一步体会“用有理数逼近无理数”的思想 | 函数的思想方法、数学模型的思想方法、“用有理数逼近无理数”的思想 |
| 数学 2 | ● 解析几何是 17 世纪数学发展的重大成果之一，其本质是用代数方法研究图形的几何性质，体现了数形结合的重要数学思想<br>● 在平面解析几何初步的教学中，教师应帮助学生经历如下的过程：首先将几何问题代数化，用代数的语言描述几何要素及其关系，进而将几何问题转化为代数问题；处理代数问题；分析代数结果的几何含义，最终解决几何问题。这种思想应贯穿平面解析几何教学的始终，帮助学生不断地体会“数形结合”的思想方法 | 数形结合的数学思想 |
| 数学 3 | ● 算法思想已经成为现代人应具备的一种数学素养；需要特别指出的是，中国古代数学中蕴涵了丰富的算法思想；算法是高中数学课程中的新内容，其思想是非常重要的，但并不神秘；本模块的主要目的是使学生体会算法的思想，提高逻辑思维能力<br>● 在解决统计问题的过程中，进一步体会用样本估计总体的思想<br>● 教师应引导学生体会统计的作用和基本思想<br>● 会用随机抽样的基本方法和样本估计总体的思想，解决一些简单的实际问题<br>● 知道最小二乘法的思想，能根据给出的线性回归方程系数公式建立线性回归方程 | 算法思想、样本估计总体的思想、统计的思想、最小二乘法的思想 |

（续表）

| 必修模块 / 选修系列 | 相关的教学要求刻画或内容阐释 | 数学思想方法 |
|---|---|---|
| 数学 4 | ● 经历用向量方法解决某些简单的平面几何问题、力学问题与其他一些实际问题的过程 | 向量方法 |
| 数学 5 | ● 求解一元二次不等式，可先求出相应方程的根，再根据相应函数的图象求出不等式的解；也可以运用代数的方法求解<br>● 在本模块的教学中，教师应引导学生体会线性规划的基本思想，借助几何直观解决一些简单的线性规划问题，不必引入很多名词 | 函数与方程、线性规划的思想 |
| 选修 1–1 | ● 在本模块中，学生将学习圆锥曲线与方程，了解圆锥曲线与二次方程的关系，掌握圆锥曲线的基本几何性质，感受圆锥曲线在刻画现实世界和解决实际问题中的作用，进一步体会数形结合的思想<br>● 在本模块中，学生将通过大量实例，经历由平均变化率到瞬时变化率刻画现实问题的过程，理解导数的含义，体会导数的思想及其内涵 | 数形结合的思想、导数的思想 |
| 选修 1–2 | ● 推理一般包括合情推理和演绎推理，归纳、类比是合情推理常用的思维方法<br>● 通过对典型案例（如肺癌与吸烟有关吗）的探究，了解独立性检验（只要求 2×2 列联表）的基本思想、方法及初步应用<br>● 通过对典型案例（如质量控制、新药是否有效）的探究，了解实际推断原理和假设检验的基本思想、方法及初步应用<br>● 通过对典型案例（如昆虫分类）的探究，了解聚类分析的基本思想、方法及初步应用<br>● 通过对典型案例（如人的体重与身高的关系）的探究，进一步了解回归的基本思想、方法及初步应用<br>● 结合已经学过的数学实例，了解直接证明的两种基本方法：分析法和综合法；了解分析法和综合法的思考过程、特点<br>● 结合已经学过的数学实例，了解间接证明的一种基本方法——反证法；了解反证法的思考过程、特点 | 归纳、类比的思维方法；独立性检验的思想方法；假设检验的思想方法；聚类分析的思想方法；回归的基本思想方法；分析法、综合法、反证法；公理化思想 |
| 选修 2–1 | ● 通过圆锥曲线的学习，进一步体会数形结合的思想<br>● 能用向量方法解决线线、线面、面面的夹角的计算问题，体会向量方法在研究几何问题中的作用 | 数形结合的思想、向量方法 |

（续表）

| 必修模块 / 选修系列 | 相关的教学要求刻画或内容阐释 | 数学思想方法 |
|---|---|---|
| 选修 2–2 | ● 借助几何直观体会定积分的基本思想，初步了解定积分的概念<br>● 结合已经学过的数学实例，了解直接证明的两种基本方法：分析法和综合法；了解分析法和综合法的思考过程、特点<br>● 结合已经学过的数学实例，了解间接证明的一种基本方法——反证法；了解反证法的思考过程、特点<br>● 了解数学归纳法的原理，能用数学归纳法证明一些简单的数学命题<br>● 通过对实例的介绍（如欧几里得《几何原本》、马克思《资本论》、杰斐逊《独立宣言》、牛顿三定律），体会公理化思想<br>● 通过感受导数在研究函数和解决实际问题中的作用，体会导数的思想及其内涵 | 定积分的基本思想、分析法和综合法、反证法、数学归纳法、公理化思想、导数的思想 |
| 选修 2–3 | ● 学生将在必修课程学习统计的基础上，通过对典型案例的讨论，了解和使用一些常用的统计方法，进一步体会运用统计方法解决实际问题的基本思想，认识统计方法在决策中的作用<br>● 分类加法计数和分步乘法计数是处理计数问题的两种基本思想方法 | 统计方法解决实际问题的基本思想 |
| 选修 3–1 数学史选讲 | ● 本专题由若干个选题组成，内容应反映数学发展的不同时代的特点，要讲史实，更重要的是通过史实介绍数学的思想方法，选题的个数以不少于 6 个为宜<br>● 欧几里得与《几何原本》，演绎逻辑系统，第五公设问题，尺规作图，公理化思想对近代科学的深远影响<br>● 平面解析几何的产生——数与形的结合<br>● 随机思想的发展（概率论溯源、近代统计学的缘起）<br>● 算法思想的历程（算法的历史背景、计算机科学中的算法） | 公理化思想、数形结合的思想方法、随机思想、算法思想 |
| 选修 3–2 信息安全与密码 | ● 教师应注意介绍相关内容（如通信技术的发展等）的历史与背景，帮助学生理解信息安全中需要解决的问题以及如何利用公钥体制解决这些问题，体会大数分解和离散对数等思想方法在现代信息安全中所起的作用 | 大数分解和离散对数等思想方法 |
| 选修 3–3 球面上的几何 | ● 类比是学习这个专题所用到的重要的思想方法，空间想象和几何直观能力是学好这个专题的关键 | 类比的思想方法 |
| 选修 3–4 对称与群 | ● 通过分析图形的不同对称性和刚体运动，寻求刻画不同图形对称性的思想，逐步形成图形对称变换的概念<br>● 通过二次、三次方程的求解过程，了解代数方程根的对称群的含义，并了解伽罗瓦利用群论方法解决方程根式解问题的科学史实，感受群论在现代数学中的重大作用 | 对称的思想、群论方法 |

（续表）

| 必修模块 / 选修系列 | 相关的教学要求刻画或内容阐释 | 数学思想方法 |
| --- | --- | --- |
| 选修 3–5 欧拉公式与闭曲面分类 | ● 了解拓扑思想的一些应用（如平面布线问题、一笔画问题、布劳威尔不动点定理与经济稳定点问题、四色问题）<br>● 理解本专题的整体结构和内容，以及对数学变换思想的认识<br>● 三角剖分是研究图形拓扑性质的重要思想方法，引导学生经历对具体曲面使用三角剖分的方法研究其性质的过程，使学生通过操作与实践学习和掌握三角剖分的思想方法 | 拓扑思想、变换思想、三角剖分的思想方法 |
| 选修 3–6 三等分角与数域扩充 | ● 体会解决古希腊三大作图问题的思想方法和它在人们思想认识上的作用 | 数形结合、公理化思想 |
| 选修 4–1 几何证明选讲 | ● 本专题的编写与教学，都应力求深入浅出。内容与要求 6、7 的两个命题证明过程中，蕴含着丰富的数学思想方法，它们有助于学生体会空间想象能力和几何直观能力在解决问题中的作用，有助于提高学生综合运用几何知识解决问题的能力 | 极限的思想 |
| 选修 4–2 矩阵与变换 | ● 理解本专题的整体思路、结构和内容，进一步认识变换的思想 | 变换的思想 |
| 选修 4–3 数列与差分 | ● 给定初值，会用迭代法求一阶线性差分方程组的解；能写出求解的算法框图<br>● 初步体会连续变量离散化的思想，能用它来讨论一些简单的问题 | 迭代法、连续变量离散化的思想 |
| 选修 4–4 坐标系与参数方程 | ● 对本专题整体结构和内容的理解，进一步认识数形结合思想，思考本专题与高中其他内容之间的联系 | 数形结合思想 |
| 选修 4–5 不等式选讲 | ● 用参数配方法讨论柯西不等式的一般情况<br>● 用向量递归方法讨论排序不等式<br>● 通过一些简单问题了解证明不等式的基本方法：比较法、综合法、分析法、反证法、放缩法<br>● 数学归纳法是重要的数学思想方法，教师应通过对一些简单问题的分析，帮助学生掌握这种思想方法 | 参数配方法、向量递归方法、比较法、综合法、分析法、反证法、放缩法、数学归纳法 |
| 选修 4–6 初等数论初步 | ● 本专题学生将通过具体的问题学习有关整数和整除的知识，探索用辗转相除法求解简单的一次不定方程、简单同余方程、同余方程组等，从中体会思想方法，了解我国古代数学的一些重要成就 | 辗转相除法 |

（续表）

| 必修模块 / 选修系列 | 相关的教学要求刻画或内容阐释 | 数学思想方法 |
| --- | --- | --- |
| 选修 4–7 优选法与试验设计初步 | ● 本专题将结合具体实例，初步地介绍单因素、双因素的优选法和多因素的正交试验设计方法，并对方法给予简单的说明，帮助学生理解这些方法的基本思想，并能思考和解决一些简单的实际问题 | 优选法、试验设计方法 |
| 选修 4–8 统筹法与图论初步 | ● 统筹法是一个应用十分广泛的方法，在学习时不仅要求学生掌握该方法，还应培养学生的应用意识，即让学生结合自己的生活实际，有意识地收集可以应用该方法的实际问题 | 统筹法 |
| 选修 4–9 风险与决策 | ● 马尔可夫型决策具有广泛的应用，高中学生可以通过例子加以理解，并掌握其方法，不要在一般理论和方法的水平上展开 | 马尔可夫型统计决策方法 |
| 选修 4–10 开关电路与布尔代数 | ● 通过状态和状态的运算，抽象出布尔代数、电路函数和电路多项式的概念。感悟从实际问题抽象、概括为数学问题的过程和用数学理论解决实际问题的思想方法 | 抽象、概括、数学建模的思想 |

## 二、《课标》数学思想的特点

表 6–1 的统计结果显示，高中数学新课程中涉及的数学思想方法归纳起来有以下几个特点。

**1.《课标》中涉及的数学思想方法可分为数学思想、数学思想方法及数学方法三个层次**

第一层次，只以数学思想的名词术语出现的，如算法思想、公理化思想、定积分的思想、导数的思想、拓扑思想、变换思想、抽象的思想、概括的思想、数学建模的思想、“用有理数逼近无理数”的思想、最小二乘法的思想、线性规划的思想。第二层次，以数学思想方法的名词术语出现的，占了绝大多数，如函数的思想方法、函数与方程的思想方法、数形结合的思想方法、统计的思想方法（包括独立性检验的思想方法、假设检验的思想方法、聚类分析的思想方法、回归的基本思想方法）、群论的思想方法、大数分解和离散对数等思想方法、归纳的思想方法、类比的思想方法、三角剖分的思想方法。第三层次，只以数学方法的名词术语出现的，这主要涉及一些用于具体的解题、证明的数学方法及现代运筹学、决策论中的数学方法，如向量法、分析法、综合法、反证法、数学归纳法、迭代法、参数配方法、向量递归方法、比较法、放缩法、辗转相除法、优选法、试验设计方法、统筹法、马尔可夫型统计决策方法等。

**2.《课标》中涉及的数学思想方法包含了宏观型、逻辑型、技巧型三类思想方法**

朱成杰（2004）把数学思想方法分为三种类型。第一类是宏观思想方法，包括抽象概括、化归、数学模型、归纳猜想等，其中抽象概括、数学模型、归纳猜想方法常常与数学知识的发生、发展过程紧密联系，是将现实世界进行数学化的重要方法。第二类是逻辑型思想方法，包括分类法、完全归纳法、反证法、演绎法、特殊化方法等，这类方法都具有确定的逻辑结构。例如演绎法，其主要形式是三段论，具有精确的逻辑表达结构。第三类是技巧型思想方法，包括换元、配方、待定系数等方法，这类方法常常用于具体解题，只有一定的操作步骤。① 依此划分标准,《课标》中涉及的数学思想方法基本上包涵了宏观型、逻辑型、技巧型三类思想方法。

**3.《课标》中涉及的数学思想方法体现了近现代数学向中学数学的渗透**

通过表 6–1 的统计结果可以看出，本次高中数学新课程中涉及的数学思想方法除了函数与方程、数形结合、归纳与类比、向量法、分析法、综合法、反证法、数学归纳法、迭代法、参数配方法、向量递归法、比较法、放缩法等一些常见的思想方法，一个明显的特点是渗透了一些近现代数学的思想方法，如公理化思想、算法思想、统计思想、随机思想、拓扑思想、优选法、试验设计法、统筹法、马尔可夫型统计决策法等。显然，思想方法是源于数学内容而高于数学内容的，数学思想方法的这些变化反映了本次高中数学课程改革内容的变化，

① 朱成杰. 数学思想方法的频数分布及其思考［J］. 数学教学，1994（1）：12–14.

即随着社会的发展及数学科学本身的发展，一些近现代数学的基本内容及重要的思想方法成为现代高中生及高中数学教师的基本素养，尽管大部分内容以选修的内容出现，但如算法的思想、统计的思想则是渗透在必修内容中的。

**4.《课标》中涉及的数学思想方法体现了不同的教学要求**

表 6–1 的统计结果也显示，对于必修模块中的思想方法,《课标》中关于数学思想方法的教学要求主要采用教师引导或帮助学生去“体会”“了解”相关思想方法的方式。而对于必修模块中所涉及的一些重要数学思想方法则要求让学生在“体会”其内涵的基础上逐渐学会初步运用。对于选修专题中涉及的一些思想方法教学要求还是以“了解”及“体会”为主。如“函数思想”应该是贯穿中学数学始终的核心思想,《课标》关于“函数思想”的教学要求是这样陈述的:“函数的思想方法将贯穿高中数学课程的始终。学生将学习指数函数、对数函数等具体的基本初等函数，结合实际问题，感受运用函数概念建立模型的过程和方法，体会函数在数学和其他学科中的重要性，初步运用函数思想理解和处理现实生活和社会中的简单问题。”又如对“算法思想”的教学要求如此陈述:“算法是高中数学课程中的新内容，其思想是非常重要的，但并不神秘；本模块的主要目的是使学生体会算法的思想，提高逻辑思维能力。”而对于选修 2–3 中的“统计方法”,《课标》中提出的教学要求是:“学生将在必修课程学习统计的基础上，通过对典型案例的讨论，了解和使用一些常用的统计方法，进一步体会运用统计方法解决实际问题的基本思想，认识统计方法在决策中的作用。”可见，数学教师在帮助学生体会、建构不同思想方法时应针对不同的教学要求去进行。

## 三、高中数学教师应具有的数学思想方法知识分析

实际上，数学思想与数学方法是一对既相互联系又相互区别的概念。第一，数学思想与数学方法的联系是指两者都以一定的数学知识为基础，促进着数学知识的深化以及向数学能力的转化。第二，数学

思想与数学方法的区别，一是表现在内涵方面。数学思想是指现实世界的空间形式和数量关系反映到人的意识之中，经过思维活动而产生的结果，是对数学事实、概念、理论经过概括后产生的本质认识，它含有传统数学的精华和现代数学的基本观点，是解决问题的主要手段和理论基础。而数学方法则是解决数学问题的手段，具有“行为规则”的意义和一定的可操作性。二是两者所具有的抽象概括程度不同，即表现出互为表里的关系，也就是说，数学思想往往带有理论性的特征，而数学方法具有实践性的倾向。但是，无论是数学教育研究者在理论研究中还是广大一线数学教师在教学实践中，都将数学思想与数学方法两个术语常常混用或合用，没有具体地严格区分，往往统称为“数学思想方法”。正如张奠宙所指出的：“同一个数学成就，当用它去解决别的问题时，称之为方法，当评价它在数学体系中的自身价值和意义时，称之为思想”。他通过举例说明了自己的观点，如“极限”，用它去求导数、求积分时，就称之为“极限方法”；当讨论它的价值，即将变化过程趋势用数值加以表示，使无限向有限转化时，人们就讲“极限思想”了，为了将这两重意思合在一起说，于是有“极限思想方法”之类的提法。又如 M. 克莱因的巨著《古今数学思想》，其实说的都是“古今数学方法”，只不过从数学史角度看，人们更加注重那些数学大师们的思想贡献、文化价值，因而才称之为数学思想。① 本研究也不再对数学思想及数学方法加以区分，把数学思想和数学方法统称为数学思想方法。

基于以上分析，本研究认为新课改背景下的高中数学教师应具备的数学思想方法知识应满足以下几个条件。

**1. 高中数学教师应具备多层次的数学思想方法知识**

关于数学思想方法的分类，不同的学者持有的观点不尽相同。张奠宙（1993）将数学方法分为四个层次：第一，基本的和重大的数学思想方法；第二，与一般科学方法相应的数学方法；第三，数学中特

① 张奠宙，过伯祥. 数学方法论稿［M］. 上海：上海教育出版社，1996.

有的方法；第四，中学数学中的解题技巧。[①] 曹才翰、章建跃（2006）在《数学教育心理学》中将数学思想方法分为四个层次：第一层次，与某些特殊问题联系在一起的方法，我们可以将它称为“解题术”；第二层次是解决一类问题时可以采用的共同方法，我们将其称为“解题通法”；第三层次是数学思想，这是人类对数学及其对象，对数学的概念、命题、法则、原理以及数学方法的本质性认识；第四层次是数学观念，这是数学思想方法的最高境界，是一种认识客观世界的哲学思想。[②] 蔡上鹤（1997）基于对一些相关概念的辨析，提出了数学思想的两大“基石”——符号化与变元表示思想、集合思想；两大“支柱”——对应思想、公理化结构思想；其他的一些思想方法可以从中衍生出来，如函数与方程的思想衍生于符号与变元表示的思想等。他把数学方法分为包括模型方法、变换方法、对称方法等在内的宏观数学方法及包括逻辑学中的方法、数学中的一般方法、数学中的特殊方法等在内的微观数学方法。[③] 王玉启等（1990）认为数学思想应包括三个层次：一为数学核心思想（序化思想），二为一般数学思想（公理思想、转化思想、符号思想），三为具体思想。[④] 朱成杰（1994）把数学思想方法分为三种类型：第一类是宏观思想方法，包括抽象概括、化归、数学模型、归纳猜想等；第二类是逻辑型思想方法，包括分类法、完全归纳法、反证法、演绎法、特殊化方法等；第三类是技巧型思想方法，包括换元、配方、待定系数等方法。[⑤] 王林全等（2000）从数学研究的一般方法（观察与实验、划分与比较、分析与综合、抽象与概括、特殊与一般）、数学的逻辑方法（归纳、演绎、类比）、几种重要的思想方法（模型方法、化归方法、公理化方法）、数学思维方法（逻辑思维、形象思维、创造性思维）几方面对中学思

① 张奠宙，过伯祥．数学方法论稿［M］．上海：上海教育出版社，1993.

② 曹才翰，章建跃．数学教育心理学［M］．北京：北京师范大学出版社，2006

③ 蔡上鹤．数学思想和数学方法［J］．中学数学，1997（9）：1-4.

④ 王玉启，王秋海，王宪昌，等．数学思想史［M］．长春：吉林大学出版社，1990.

⑤ 朱成杰．数学思想方法的频数分布及其思考［J］．数学教学，1994（1）：12-14.

想方法进行了探讨。①

尽管不同的学者划分数学思想方法的视角不尽相同，但整体来看，学者们倾向于对数学思想方法的认识不能停留在朴素、具体的解题及证明层面，应该有一个逐级提高与深化的过程。

正是基于学者们的研究及高中新课程要求的考虑，本研究认为，高中数学教师具有的数学思想方法知识也应包括四个层次：第一是具备能够完成具体数学解题及证明的微观层面的数学思想方法，如换元法、迭代法、配方法、向量法、分析法、综合法、反证法、数学归纳法、比较法、放缩法等；第二是具有对一类数学问题的解决起着指导作用的中观层面的思想方法，如数形结合的思想方法、函数与方程的思想方法、分类讨论的思想方法、化归与转换的思想方法等；第三是具有对一个数学分支的内容理解、问题解决、成果发现等起着重要指导作用的较宏观层面的数学思想方法，如集合的思想、统计的思想、函数的思想、随机的思想、拓扑的思想、群论的思想、算法的思想、极限的思想、公理化思想、结构的思想、数学模型的思想等；第四是具有数学研究、数学欣赏等方面的最宏观层面的思想方法，如观察与实验、抽象与概括、特殊与一般等思想方法及数学审美思想等。

**2. 高中数学教师应具有近现代数学的思想方法知识**

通过对《课标》中数学思想方法的梳理发现，本次高中数学新课程中渗透了许多高等数学的思想方法，如集合的思想、统计的思想、函数的思想、随机的思想、拓扑的思想、群论的思想、算法的思想、极限的思想、公理化思想等。这些思想方法源于本次高中数学新课程增加或强化了不少近现代的数学内容，如算法、导数及其应用、统计案例、概率、信息安全与密码、球面几何、对称与群、矩阵与变换、初等数论初步、优选法与实验设计初步、统筹法与图论初步、风险与决策、开关电路与布尔代数等。而这些内容知识绝大多数高中数学教

① 王林全，林国泰．中学数学思想方法概论［M］．广州：暨南大学出版社，2000.

师都比较欠缺，尽管有些内容在大学数学系的相关专业课程中学过，但由于长时间不用，许多教师都忘得差不多了。由于数学思想方法是蕴涵于数学内容而高于内容本身的，如果对高中数学新课程中增加或强化的高等数学内容不熟悉，教师就需要用自己所领悟到的数学思想方法知识去指导高中数学教学，这显然是不现实的。因此，高中数学教师只有通过各种渠道不断弥补自己在这些知识方面的不足，才能用高等数学的思想方法去驾驭、统领、指导中学数学的教学。

**3. 高中数学教师应从数学思想方法发展的视野理解数学思想方法知识**

高中数学课程内容中蕴含着许多不同的思想方法，但有些数学思想方法在高中数学中的地位及作用非常重要，如函数与方程、数形结合、化归与转化、分类讨论、算法、统计、公理化思想方法等，对于这些重要的思想方法的理解与认识，高中数学教师就不应该停留在朴素的表面层次上，而应从数学思想方法发展的视域去理解其产生的背景、发展的过程及在数学发展上的意义及作用等。如公理化思想与算法思想有其产生的历史渊源，以欧几里得的《几何原本》为代表的古希腊数学是一种严格的演绎体系，注重公理化的思想方法，这种公理化思想方法不仅开启了后世数学发现的先河，而且成为其他科学发现自己新成果的重要方法。而以刘徽的《九章算术注》为代表的中国古代数学是一种较松散的归纳体系，注重实用和算法化的思想方法，这种思想方法承前启后，不仅奠定了中国古代数学思想方法的基础，而且对中国古代数学思想方法乃至近现代数学思想方法的发展具有深远的影响，它和欧几里得的《几何原本》东西辉映，是现代数学思想方法的两大源泉。[①] 再比如中学数学中常见而重要的数形结合思想方法也有其产生的历史背景，这可以同古希腊的毕达哥拉斯、17 世纪初的笛卡尔及费马等的贡献联系起来，我国数学家华罗庚对数形结合思想方法的作用还做过形象的比喻等。所有这些有关数学思想方法产生、发

① 吴文俊，白尚恕．中国数学史大系［M］．北京：北京师范大学出版社，1998.

展及作用等史实性的素材知识对高中数学教师完整地理解数学思想方法具有重要作用，否则，学生从教师那里学到的思想方法将是“一叶障目，不见泰山”。

## 第二节　高中数学教师所具有的数学思想方法知识现状

数学思想方法与数学内容相比，后者往往随时间的流逝而被人淡忘，前者则能对人产生更深远的影响。正如日本学者米山国藏所说：“我搞了多年的数学教育，发现学生们在中学接受的数学知识，因毕业进入社会后几乎没有什么机会应用，通常是出校门后不到两年，很快就忘了。然而，不管他们从事什么业务工作，唯有深深铭刻于脑际的数学精神、数学的思想方法及着眼点，却随时随地发生作用，并使他们终身受用。”①

为了解高中数学教师所具备的数学思想方法知识现状，本研究主要以问卷调研及访谈的形式展开研究。问卷调研部分的题目主要设计了两块内容，第一块测查高中数学教师对数学思想方法的整体理解情况，主要包括数学思想方法的含义、分类、来源等的理解；第二块内容主要以函数与向量两个知识点为例，测查高中数学教师在数学解题中对思想方法的理解与掌握情况。由于高中数学教师对思想方法的领悟是一种隐性知识，所以测查函数与向量两部分内容时尽量让他们在做完题以后写出该题所使用的主要数学思想方法。为了使答案具有针对性与整合性，笔者将能反映出典型数学思想方法的一些题目事先做了标记。访谈部分主要选取大学数学教师及正高级、高级、一级、二级等不同层次的高中数学教师为访谈对象，访谈内容主要从数学思想方法对高中数学教师学科知识发展的重要性、高中数学教师所具有的数学思想方法知识现状、提高高中数学教师数学思想方法知识的有效

① 米山国藏. 数学的精神、思想和方法［M］. 毛正中，吴素华，译 . 成都：四川教育出版社，1986.

策略等几方面展开讨论。

## 一、高中数学教师具有的数学思想方法知识现状（基于问卷调研的视角）

### 1. 高中数学教师对数学思想方法的整体理解与认识情况

高中数学教师对数学思想方法的体悟首先应包括教师对数学思想方法的一般理论认识。鉴于此，本研究在问卷设计时主要针对“数学思想方法对数学学科的重要性”“数学思想与数学方法的区别与联系”“数学思想方法的来源”“数学思想方法的分类”“公理化思想方法的理解与认识”“掌握数学思想方法的困难之处及原因”“提高数学思想方法水平的经验”几方面的问题进行了调查。调查结果如表 6–2 至表 6–4 所示。

表 6–2　高中数学教师对数学思想方法知识的看法

| 问题 | 基本情况 | | | | | | | |
|---|---|---|---|---|---|---|---|---|
| | 非常赞成 | | 比较赞成 | | 不太赞成 | | 完全不赞成 | |
| | 人数 / 人 | 百分比 / % | 人数 / 人 | 百分比 / % | 人数 / 人 | 百分比 / % | 人数 / 人 | 百分比 / % |
| 掌握数学思想方法有助于对数学内容知识的深刻理解与宏观把握 | 146 | 27.1 | 298 | 55.4 | 65 | 12.1 | 29 | 5.4 |
| 数学思想方法是数学学科的精髓 | 167 | 31.0 | 205 | 38.1 | 81 | 15.1 | 85 | 15.8 |
| 数学思想方法蕴含在具体的数学基本知识里（处于潜形态），掌握数学基本知识的深度和广度决定着数学思想方法的理解和把握程度 | 134 | 24.9 | 260 | 48.3 | 96 | 17.9 | 48 | 8.9 |
| 数学思想与数学方法虽然联系紧密，但它们是有区别的：“思想”是相应方法的精神实质与理论根据，“方法”是实施有关思想的技术手段 | 141 | 26.2 | 245 | 45.5 | 91 | 16.9 | 61 | 11.3 |
| 掌握数学思想方法的目的主要是用于数学解题及证明的 | 81 | 15.1 | 213 | 39.6 | 165 | 30.7 | 79 | 14.7 |

（续表）

| 问题 | 基本情况 | | | | | | | |
| --- | --- | --- | --- | --- | --- | --- | --- | --- |
| | 非常赞成 | | 比较赞成 | | 不太赞成 | | 完全不赞成 | |
| | 人数 / 人 | 百分比 / % | 人数 / 人 | 百分比 / % | 人数 / 人 | 百分比 / % | 人数 / 人 | 百分比 / % |
| 在数学教学过程中渗透思想方法时，基本上以方法的分析为主，而对数学思想基本上是点到为止 | 20 | 3.7 | 276 | 51.3 | 218 | 40.5 | 24 | 4.5 |
| 函数与方程、数形结合、分类讨论、化归与转化是中学数学中最高层次的数学思想方法 | 21 | 3.9 | 284 | 52.8 | 161 | 29.9 | 72 | 13.4 |
| 实事求是地讲，高考考什么，自己就学习掌握什么样的思想方法，而对有意识地加强自身的数学思想方法修养，且能以数学审美的思想看待中学数学方面考虑得很少，也达不到那个层次 | 67 | 12.5 | 302 | 56.1 | 155 | 28.8 | 14 | 2.6 |

**表 6–3　高中数学教师对数学思想方法知识的理解情况**

| 问题 | 基本情况 | | | | | | | |
| --- | --- | --- | --- | --- | --- | --- | --- | --- |
| | 深刻理解 | | 基本理解 | | 不太理解 | | 根本不理解 | |
| | 人数 / 人 | 百分比 / % | 人数 / 人 | 百分比 / % | 人数 / 人 | 百分比 / % | 人数 / 人 | 百分比 / % |
| 对函数与方程思想方法的理解情况 | 78 | 14.5 | 282 | 52.4 | 157 | 29.2 | 21 | 3.9 |
| 对数形结合思想方法的理解情况 | 82 | 15.2 | 306 | 56.9 | 131 | 24.3 | 19 | 3.5 |
| 对分类讨论思想方法的理解情况 | 103 | 19.1 | 296 | 55.0 | 124 | 23.1 | 15 | 2.8 |
| 对化归与转化思想方法的理解情况 | 97 | 18.0 | 285 | 53.0 | 139 | 25.8 | 17 | 3.2 |
| 对数学公理化思想方法的理解情况 | 49 | 9.1 | 290 | 53.9 | 167 | 31.0 | 32 | 5.9 |
| 对算法思想方法的理解情况 | 56 | 10.4 | 268 | 49.8 | 174 | 32.3 | 40 | 7.4 |
| 对随机思想方法的理解情况 | 25 | 4.6 | 226 | 42.0 | 253 | 47.0 | 34 | 6.3 |
| 对试验设计方法、统筹法、统计决策方法等的理解情况 | 18 | 3.3 | 142 | 26.4 | 293 | 54.5 | 85 | 15.8 |

**表 6–4　高中数学教师对数学思想方法知识的了解情况**

| 问题 | 基本情况 | | | | | | | |
|---|---|---|---|---|---|---|---|---|
| | 非常了解 | | 基本了解 | | 不太了解 | | 根本不了解 | |
| | 人数 / 人 | 百分比 / % | 人数 / 人 | 百分比 / % | 人数 / 人 | 百分比 / % | 人数 / 人 | 百分比 / % |
| 对函数与方程思想方法形成的背景、发展过程及在数学史上的作用 | 40 | 7.4 | 137 | 25.5 | 286 | 53.2 | 75 | 13.9 |
| 对数形结合思想方法形成的背景、发展过程及在数学史上的作用 | 33 | 6.1 | 189 | 35.1 | 262 | 48.7 | 54 | 10.0 |
| 对公理化思想方法形成的背景、发展过程及在数学史上的作用 | 27 | 5.0 | 164 | 30.5 | 291 | 54.1 | 56 | 10.4 |
| 对算法思想方法形成的背景、发展过程及在数学史上的作用 | 38 | 7.0 | 181 | 33.6 | 270 | 50.2 | 49 | 9.1 |

表 6–2 至表 6–4 的统计结果显示，在关于数学思想方法的重要性认识方面，有 82.5% 的教师都赞同“掌握数学思想方法有助于对数学内容知识的深刻理解与宏观把握”的观点；有 69.1% 的教师对“数学思想方法是数学学科的精髓”这种观点持赞同态度，这说明绝大多数高中数学教师对数学思想方法的重要性有足够的认识。在关于数学思想方法内涵的辨析方面，有 73.2% 的教师赞同“数学思想方法蕴含在具体的数学基本知识里（处于潜形态），掌握数学基本知识的深度和广度决定着对数学思想方法的理解和把握程度”的观点；有 71.7% 的教师赞同“数学思想与数学方法既相互区别又相互联系”的观点。这说明绝大多数教师对数学思想方法与数学基本知识、数学思想与数学方法之间的关系都能够做到正确的辨析。在教师对数学思想方法认识的层次方面，有 54.7% 的教师对“掌握数学思想方法的目的主要是用于数学解题及证明的”的观点持赞同态度；有 56.7% 的教师赞同“函数与方程、数形结合、分类讨论、化归与转化是中学数学中最高层次的

数学思想方法”这种观点；有 68.6% 的教师赞同“实事求是地讲，高考考什么，自己就学习掌握什么样的思想方法，而对有意识地加强自身的数学思想方法修养，且能以数学审美的思想看待中学数学方面考虑得很少，也达不到那个层次”这种观点；有 55% 的教师对“在数学教学过程中渗透思想方法时，基本上以方法的分析为主，而对数学思想基本上是点到为止”这种观点持赞同态度。这些调查结果表明，多半以上的高中数学教师对数学思想方法的认识基本停留在数学解题及证明的层次，他们掌握数学思想方法很大程度上具有现实且功利主义的目的。在关于高中数学中几类重要数学思想方法的理解与认识方面，分别有 66.9%、72.1%、74.1%、71.0% 的教师对中学数学中常见的函数与方程、数形结合、分类讨论、化归与转化的思想方法都能够做到深刻理解及基本理解；分别有 63.0%、60.2%、46.6% 的教师对数学公理化、算法、随机等思想方法能够深刻理解及基本理解；但有 70.3% 的教师对试验设计法、统筹法、统计决策法等数学方法不太理解及根本不理解。这说明高中数学教师对概率统计、优选法与试验设计、统筹法与图论、风险与决策等一些近现代数学的思想方法非常欠缺。这可能与高中数学教师对这些新增加的内容本身比较陌生有很大的关系，虽然有些高等数学的内容当年在上大学的时候学过，但由于毕业后不常使用，好多知识都已忘得差不多了。另外，表 6-4 的统计结果还显示，尽管有很多数学教师对函数与方程、数形结合、数学公理化、算法等思想方法理解得比较好，但分别有 67.1%、58.7%、64.5%、59.3% 的教师对这几类数学思想方法的形成背景、发展过程及在数学史上的作用不甚了解，这说明高中数学教师对中学数学中几类重要而常见的数学思想方法的理解与认识还是不全面的，至少不懂得数学思想方法发展的历史过程。

### 2. 不同职称高中数学教师对数学思想方法的认识情况

为进一步考察不同类型的高中数学教师对数学思想方法的理解与认识是否存在着显著性差异，本研究仍然从职称的视角进行了分析。统计结果如表 6-5 所示。

表 6–5　不同职称高中数学教师对数学思想方法的认识情况

| 题目 | 二级教师 | | 一级教师 | | 高级教师 | | $F$ | *Sig.* |
|---|---|---|---|---|---|---|---|---|
| | 平均数 | 标准差 | 平均数 | 标准差 | 平均数 | 标准差 | | |
| （1）掌握数学思想方法有助于对数学内容知识的深刻理解与宏观把握 | 2.96 | 0.78 | 3.07 | 0.65 | 3.09 | 0.71 | 0.52 | 0.670 |
| （2）数学思想方法是数学学科的精髓 | 2.82 | 1.04 | 2.81 | 1.11 | 2.91 | 0.93 | 0.46 | 0.630 |
| （3）数学思想方法蕴含在具体的数学基本知识里，掌握数学基本知识的深度和广度决定着数学思想方法的理解和把握程度 | 2.84 | 0.89 | 2.88 | 0.96 | 2.95 | 0.62 | 4.89 | 0.107 |
| （4）数学思想与数学方法是有区别的:“思想”是相应方法的精神实质与理论根据,“方法”是实施有关思想的技术手段 | 2.79 | 0.65 | 2.85 | 0.73 | 2.94 | 0.78 | 1.10 | 0.261 |
| （5）掌握数学思想方法的主要目的是用于数学解题及证明 | 2.67 | 0.85 | 2.73 | 1.14 | 2.26 | 0.53 | 0.68 | 0.005 |
| （6）在数学教学过程中渗透思想方法时，基本上以方法的分析为主，而对数学思想基本上是点到为止 | 2.61 | 1.03 | 2.57 | 0.87 | 2.44 | 0.77 | 0.52 | 0.034 |
| （7）函数与方程、数形结合、分类讨论、化归与转化是中学数学中最高层次的数学思想方法 | 2.58 | 0.97 | 2.51 | 0.76 | 2.32 | 0.64 | 0.78 | 0.003 |
| （8）实事求是地讲，高考考什么，自己就学习掌握什么样的思想方法，而对有意识地加强自身的数学思想方法修养，且能以数学审美的思想看待中学数学方面考虑得很少，也达不到那个层次 | 2.82 | 0.42 | 2.79 | 0.67 | 2.76 | 0.56 | 0.57 | 0.061 |
| （9）对函数与方程思想方法的理解 | 2.75 | 1.04 | 2.78 | 1.11 | 2.80 | 0.93 | 0.46 | 0.632 |
| （10）对数形结合思想方法的理解 | 2.81 | 0.72 | 2.83 | 0.77 | 2.88 | 0.68 | 0.34 | 0.710 |
| （11）对分类讨论思想方法的理解 | 2.87 | 0.91 | 2.89 | 0.90 | 2.94 | 0.95 | 2.12 | 0.121 |
| （12）对化归与转化思想方法的理解 | 2.82 | 0.63 | 2.84 | 0.54 | 2.92 | 0.53 | 0.31 | 0.736 |
| （13）对数学公理化思想方法的理解 | 2.75 | 0.83 | 2.58 | 1.16 | 2.64 | 1.02 | 5.29 | 0.002 |
| （14）对算法思想方法的理解 | 2.67 | 0.74 | 2.59 | 0.68 | 2.63 | 0.59 | 0.54 | 0.138 |
| （15）对随机思想方法的理解 | 2.50 | 0.63 | 2.38 | 0.72 | 2.47 | 0.46 | 0.83 | 0.051 |

（续表）

| 题目 | 二级教师 | | 一级教师 | | 高级教师 | | F | Sig. |
|---|---|---|---|---|---|---|---|---|
| | 平均数 | 标准差 | 平均数 | 标准差 | 平均数 | 标准差 | | |
| （16）对试验设计方法、统筹法、统计决策方法的理解 | 2.20 | 0.85 | 2.17 | 0.51 | 2.14 | 0.48 | 0.86 | 0.761 |
| （17）对函数与方程思想方法形成的背景、发展过程及在数学史上的作用等的了解情况 | 2.37 | 1.02 | 2.25 | 1.15 | 2.17 | 0.98 | 0.49 | 0.684 |
| （18）对数形结合思想方法形成的背景、发展过程及在数学史上的作用等的了解情况 | 2.44 | 0.78 | 2.32 | 0.56 | 2.35 | 0.67 | 0.63 | 0.082 |
| （19）对公理化思想方法形成的背景、发展过程及在数学史上的作用 | 2.65 | 1.05 | 2.14 | 1.16 | 2.11 | 0.93 | 0.58 | 0.003 |
| （20）对算法思想方法形成的背景、发展过程及在数学史上的作用等的了解情况 | 2.41 | 0.54 | 2.35 | 0.67 | 2.38 | 0.59 | 0.71 | 0.363 |

注：$F$代表检验的统计量；*Sig.*表示显著性，即$P$值，标准为$P > 0.05$表示差异不显著，$0.01 < P < 0.05$表示差异显著，而$P < 0.01$则表示差异极显著。

通过表6–5可以看出，不同职称的高中数学教师在关于数学思想方法的意义［表6–5中的（1）、（2）题］、数学思想与数学方法的概念辨析［表6–5中的（3）、（4）题］的理解与认识方面，高级教师的均值整体要比一级、二级教师高一些，而一级教师的均值要略高于二级教师。这说明尽管不同职称的高中数学教师对掌握数学思想方法具有重要意义持肯定态度，也能对数学思想、数学方法等概念做出合理的辨析，但高级教师所持赞同的态度要比一级教师更强一些，而一级教师要比二级教师强一些。这也从一方面反映了高级教师对数学思想方法的理解与体悟比一级教师更深刻一些，而一级教师要比二级教师深刻一些。再者，三类教师在关于“数学思想方法的意义”、“数学思想与数学方法的概念辨析”的理解与认识方面不存在显著性差异。

在关于数学思想方法认识的层次性方面［表6–5中（5）~（8）题］，除了“掌握数学思想方法的主要目的是用于数学解题及证明”这个问题的均值显示出一级教师比二级教师高一些，其余问题的均值基本上呈现出二级教师高于一级教师、一级教师高于高级教师的现象。这反映出多数高级教师对数学思想方法的认识并没有完全局限在中学数学解题及证明的层次，而是比一级及二级教师在认识层次上要稍高一些，但一级教师相比较于高级、二级教师，其掌握数学思想方法用于解题、证明、考试等的目的性更强一些。这可能就是一级教师在应对各种考试的数学解题及证明方面比二级及高级教师更拿手的部分原因。另外，三类教师在关于数学思想方法认识的层次方面存在着显著性差异，如对于“掌握数学思想方法的主要目的是用于数学解题及证明”（$P=0.005<0.01$）、“函数与方程、数形结合、分类讨论、化归与转化是中学数学中最高层次的数学思想方法”（$P=0.003<0.01$）这两种观点存在极显著性差异，而对于“在数学教学过程中渗透思想方法时，基本上以方法的分析为主，而对数学思想基本上是点到为止”这种观点存在显著性差异（$P=0.034<0.05$）。进一步以“职称”作为交互比较的对象进行单因素方差分析，发现这种差异主要存在于高级教师与二级、一级教师之间，而二级与一级教师之间不存在显著性差异。统计结果也显示，三类教师在对表 6–5 中所列出的第（8）题的理解与认识方面不存在显著性差异。这说明尽管高级数学教师在对数学思想方法理解的层次上比二级及一级教师稍高一些，但还是未能摆脱服务于高考的现实目标之束缚，其所具有的数学思想方法知识还没有达到数学研究及数学审美的层次。

在关于高中数学中一些数学思想方法的理解方面［表 6–5 中的（9）~（20）题］，统计结果显示出如下结论：第一，三类数学教师对中学数学中的函数与方程、数形结合、分类讨论、化归与转化这几类重要且常见的数学思想方法理解水平都比较好，相比较而言，高级教师的理解水平整体上要高于一级教师，而一级教师的理解水平又要高于二级教师［表 6–5 中（9）~（12）题的均值比较］。第二，尽管三类教师对试验设计方法、统筹法、统计决策方法的理解水平普遍较低，但整体看来，对数学公理化思想方法、算法思想方法、随机思想方法及试验设计方法、统筹法、统计决策方法等思想方法的理解中，二级教师的理解水平要高于高级教师，高级教师的理解水平又高于一级教师［表 6-5 中（13）~（16）题的均值比较］。第三，对于“数学公理化思想方法”的理解，三类数学教师存在着极显著性差异（$P$=0.002<0.01）。第四，对函数与方程、数形结合、公理化、算法这四种数学思想方法的形成背景、发展过程及在数学史上的作用等的了解，三类教师的均值都比较低［表 6-5 中（17）~（20）题的均值比较］。这说明高中数学教师对于自己经常使用的数学思想方法并没有做到真正意义上的完整理解，比较而言，刚毕业的二级教师在这几题上的得分均值要高于其他两类教师，且在“对公理化思想方法形成的背景、发展过程及在数学史上的作用”这个问题的了解水平上，三类教师存在极显著性差异（$P$=0.003<0.01）。进一步通过单因素方差分析的职称交互比较发现，对数学公理化思想方法的理解或了解的极显著性差异主要存在于二级与一级教师之间及二级与高级教师之间，而一级与高级教师之间没有显著性差异。

可见，三类不同职称的教师在理解中学数学中诸如函数与方程、数形结合、分类讨论、化归与转化等几类经典性的数学思想方法方面，高级教师的理解水平要高于一级教师，一级教师又高于二级教师，三者之间没有显著性差异；而对于高中新课程中增加的一些近现代数学的内容中蕴含的思想方法，大学刚毕业的二级教师在理解或了解的水平上要高于高级教师，高级教师又高于一级教师，尤其在数学公理化思想方法方面，二级教师与一级教师存在显著性差异。

为什么会出现这种现象，本研究认为这种差异源于两方面的原因：一是不同数学教师的数学思想方法知识体现着其知识、经验、阅历及反思等方面的不同；二是高中数学新课程中增加的近现代数学的内容知识不同程度地影响着教师数学思想方法的理解水平。从第一个原因来看，由于不同数学教师的数学思想方法知识体现着其知识、经验、阅历及反思等方面的不同，而高级教师无论是在数学知识的储备上、丰富教学经验的积淀上，还是在反思意识的积极主动上都优于一级及二级教师。显然，在对数学思想方法的整体理解水平（包括深度、广度、联接度等方面）上，高级教师要明显高于一级教师、一级教师要优于二级教师。另外，对于中学数学中常见的函数与方程、数形结合、分类讨论、化归与转化这几类数学思想方法而言，尽管高级教师理解得要深刻一些，一级教师能运用它们进行游刃有余的解题，而二级教师虽然大学毕业时间不长，但像这些思想方法在他们上中小学、大学时就已经掌握得比较熟练，所以三种不同职称的数学教师在理解这几类思想方法时存在着差异，但差异不太明显。从第二个原因来看，本次高中数学新课程中增加了一些近现代数学的内容知识，而对这些内容知识的掌握程度直接影响着数学教师数学思想方法的顺利建构。显然，由于二级教师大学刚毕业，他们在大学期间学习了许多高等数学的课程，高等数学课程的知识体系基本上都是以公理化的思想方法组织演绎的，因此，二级教师对数学公理化思想方法的形成、发展及运用相对来说理解得比较深刻，运用得比较熟练；而一级及高级教师大学毕业已经很长时间了，他们对大学高等数学课程里学习过的一些数学知识已经有所淡忘，自然对高等数学里重要的公理化思想方法的形成、发展及运用不太熟悉，这样就造成了二级与一级教师之间、二级与高级教师之间在理解这一思想方法上的显著性差异。而高级教师与一级教师在对公理化思想方法的理解上差异不明显。

**3. 高中数学教师对函数及向量内容知识中蕴含的数学思想方法的理解情况**

为具体了解高中数学教师所具备的数学思想方法知识现状，本研究主要以函数及向量两个知识点作为例子对高中数学教师进行了测查。函数及向量两部分的数学思想方法均设计了函数与方程、分类讨论、数形结合、化归与转化这四种常见的类型。为便于讨论，本研究将函数知识点中反映函数与方程思想方法的 3 道题目用 HSB15、HSB19、HSB18 来标记；将反映分类讨论思想方法的 2 道题用 HSB13、HSB16 来标记；将反映数形结合思想方法的 4 道题用 HSB8、HSB14、HSB15、HSB16 来标记；将反映化归与转化思想方法的 2 道题用

HSB15、HSB17 来标记。将向量知识点中反映函数与方程思想方法的 2 道题用 XLB12、XLB16 来标记；将反映分类讨论思想方法的 2 道题用 XLB17、XLB20 来标记；将反映数形结合思想方法的 4 道题用 XLB17、XLB18、XLB19、XLB20 来标记；将反映化归与转化思想方法的 2 道题用 XLB18、XLB21 来标记。统计时主要从不同职称教师的平均得分来反映相关信息。统计结果如表 6–6、表 6–7 所示。

**表 6–6 高中数学教师关于函数知识点中几类数学思想方法的得分统计表**

| 数学思想方法 | 题目 | 各级教师平均分 | | | 平均分 |
|---|---|---|---|---|---|
| | | 二级教师 | 一级教师 | 高级教师 | |
| 函数与方程 | HSB15 | 0.55 | 0.42 | 0.48 | 0.49 |
| | HSB18 | 0.53 | 0.54 | 0.66 | 0.57 |
| | HSB19 | 0.35 | 0.43 | 0.46 | 0.41 |
| | 平均得分 | 0.48 | 0.46 | 0.53 | 0.49 |
| 分类讨论 | HSB13 | 0.73 | 0.80 | 0.83 | 0.78 |
| | HSB16 | 0.67 | 0.64 | 0.69 | 0.67 |
| | 平均得分 | 0.70 | 0.72 | 0.76 | 0.73 |
| 数形结合 | HSB8 | 0.83 | 0.81 | 0.80 | 0.82 |
| | HSB14 | 0.73 | 0.77 | 0.81 | 0.77 |
| | HSB15 | 0.55 | 0.58 | 0.52 | 0.55 |
| | HSB16 | 0.67 | 0.64 | 0.69 | 0.67 |
| | 平均得分 | 0.70 | 0.70 | 0.71 | 0.70 |
| 化归与转化 | HSB15 | 0.55 | 0.58 | 0.52 | 0.55 |
| | HSB17 | 0.52 | 0.50 | 0.64 | 0.55 |
| | 平均得分 | 0.54 | 0.54 | 0.58 | 0.55 |

关于函数知识点中几类思想方法的得分情况，表 6–6 的统计结果显示，在三类不同职称教师关于每一种数学思想方法的平均得分方面，高级教师比二级、一级教师要高一些，如函数与方程思想方法三道测试题的平均得分，高级教师（0.53）> 一级教师（0.46），高级教

师（0.53）> 二级教师（0.48）；一级教师与二级教师的平均得分互有高低之分，如函数与方程思想方法三道测试题的平均得分，一级教师（0.46）< 二级教师（0.48），而分类讨论思想方法两道题的平均得分，一级教师（0.72）> 二级教师（0.70）。整体看来，三种职称的教师在分类讨论思想方法（均分为 0.73）及数形结合思想方法（均分为 0.70）测试题上的平均得分要高于函数与方程思想方法（均分为 0.49）及化归与转化思想方法（均分为 0.55）的平均得分。从局部来看，多数教师在 HSB19 这道题上的平均得分是最低的，只有 0.41 分，而这道题恰好是一道体现函数思想的应用题。窥一斑而知全豹，可见，函数的思想方法还是中学数学思想方法中比较难掌握的知识。

**表 6–7　高中数学教师关于向量知识点中几类数学思想方法的得分统计表**

| 数学思想方法 | 题目 | 平均得分 | | | 平均分 |
|---|---|---|---|---|---|
| | | 二级教师 | 一级教师 | 高级教师 | |
| 函数与方程 | XLB12 | 0.62 | 0.60 | 0.65 | 0.62 |
| | XLB16 | 0.58 | 0.57 | 0.57 | 0.57 |
| | 平均得分 | 0.60 | 0.59 | 0.61 | 0.60 |
| 分类讨论 | XLB17 | 0.12 | 0.14 | 0.18 | 0.14 |
| | XLB20 | 0.74 | 0.78 | 0.78 | 0.77 |
| | 平均得分 | 0.43 | 0.46 | 0.48 | 0.46 |
| 数形结合 | XLB17 | 0.12 | 0.14 | 0.18 | 0.15 |
| | XLB18 | 0.66 | 0.62 | 0.67 | 0.65 |
| | XLB19 | 0.69 | 0.58 | 0.60 | 0.63 |
| | XLB20 | 0.74 | 0.78 | 0.78 | 0.77 |
| | 平均得分 | 0.55 | 0.53 | 0.56 | 0.55 |
| 化归与转化 | XLB18 | 0.66 | 0.62 | 0.67 | 0.65 |
| | XLB21 | 0.69 | 0.58 | 0.60 | 0.63 |
| | 平均得分 | 0.68 | 0.60 | 0.64 | 0.64 |

关于向量知识点中几类思想方法的得分情况，从表 6–7 的统计

结果可以看出，除了化归与转化思想方法测试题的平均得分二级教师高于一级教师、二级教师高于高级教师，在其他三类数学思想方法测试题的平均得分上，高级教师要略高于一级、二级教师。在关于四类数学思想方法测试题的平均得分方面，化归与转化思想方法的均分最高（0.64），接下来是函数与方程思想方法（均分是 0.60），第三是数形结合思想方法（均分是 0.55），第四是分类讨论思想方法（均分是 0.46）。在个别题目的得分上，关于分类讨论思想方法的测试题 XLB17 得分最低，均分只有 0.14，另外就是数形结合思想方法的 XLB17，均分只有 0.15。

综合高中数学教师关于函数及向量知识点中四类数学思想方法得分情况的简单分析，发现绝大多数高中数学教师对函数与方程、数形结合、分类讨论、化归与转化这四类数学思想方法的理解还是比较到位的。整体看来，高级教师对数学思想方法的理解比一级、二级教师要深刻一些；另外，利用函数思想去解决一些实际应用问题、利用分类讨论思想方法及数形结合思想方法解决一些较复杂的问题对多数教师还是一种挑战。

## 二、高中数学教师具有的数学思想方法知识现状（基于访谈的视角）

为比较真实地了解我国高中数学教师所具有的数学思想方法知识现状，本研究同时采用访谈法，从大学数学教师、高中正高级数学教师及高级、一级、二级数学教师等几个层面进行了比较深入的访谈。访谈提纲主要围绕高中数学教师数学思想方法知识的重要性、现状及影响因素几个问题展开。

### 1. 不同层次的教师对高中数学教师所具有的数学思想方法知识现状的认识

在对不同层次的数学教师所进行的访谈中，大家都不约而同地谈到了数学思想方法对培养高中学生的数学创新能力及教师自身的专业发展具有重要作用。

问：请根据您自己的教学及研究体会，谈谈您对高中数学教师具备数学思想方法修养重要性的认识，当前我国的普通高中数学新课程正在实施，从您理解的角度出发，您认为当前高中数学教师所具有的数学思想方法现状如何?

例如，W 教授（大学教师）在谈到高中数学教师所具有的数学思想方法知识现状时指出:“毫无疑问，数学思想方法是源于数学内容而又高于数学内容知识的，一个数学教师对数学思想方法的领悟程度很大程度上体现着该教师的数学修养水平。为什么这么说呢，首先，数学思想方法它不是天上掉下来的馅饼，不是无源之水、无本之木，数学思想方法的领悟必须基于教师对数学基础内容知识的理解与掌握，没有广博而精深的数学内容知识做基础，要想获得丰富的数学思想方法根本是不可能的；其次，教师对于数学思想方法的感悟必须要有积极主动的建构意识，它是教师主体在长期的教学实践与学习活动过程中不断获得的。从这两点来说，一个教师对数学思想方法的领悟程度体现着该教师的综合数学素养一点都不过分。”

L 教授（大学教师）则从高观点的视角提出了高等数学思想方法对中学数学指导的重要性:“近年来经常听到这样的声音，就是一些高中数学教师说在大学里学了那么多高等数学的课程，但是回到中学里教学时却发现用处不大。为什么会出现这种现象呢? 我认为根本原因在于这些高中数学教师并没有把大学里学习的高等数学知识真正吃透，没有学会知识间的融会贯通，尤其是没有从高等数学思想方法的角度居高临下地处理初等数学的相关问题。实际上，大学里学习的很多高等数学知识对教师进行高中数学教学是有很多帮助的，如在大学里学习的‘数学分析’‘实变函数’‘复变函数’‘泛函分析’等课程，主要是通过极限的思想方法研究不同函数的有关性质，通过这些课程内容的系统学习，使大学生对函数的概念、图象、性质、应用等的原理有全面的了解。这样他们当了高中数学教师以后在解决函数的单调性、最值等问题时，就可以从导数、极限等方面找到自己的思想方法依据。再比如，在学习‘高等代数’里的‘向量空间’时，大学生主要从公理化的思想方法角度对向量概念进行了理解，这样他们毕业后从事高中向量部分内容的教学时，便可对向量的概念、运算、性质、应用等知识内容有更为广泛的理解与把握，而不再局限于认为向量就是具有大小与方向的量这个狭小的视野。因此，从高等数学的思想方法对初等数学的指导作用看，学习高等数学并不是对中学数学没有作用，而是具有很重要的作用，只可惜好多高中数学教师没有自觉地意识到这一点，需要引起有关各方的高度重视。”

问：作为一名高中数学教师，您认为数学思想方法对自己开展数学教学及自身的专业发展有何影响？根据您在高中数学新课程教学中的切身体会，您认为自己在数学思想方法掌握过程中面临的主要问题是什么？影响的主要因素有哪些？请结合高中的“函数”及“向量”的思想方法具体谈谈您的看法。

T教师（正高级教师）谈道：“现在要说广大数学教师只讲数学内容而不讲数学思想方法当然是不现实的，因为数学思想方法是蕴含于数学内容知识之中的，两者之间是密不可分的，是血与肉的关系。注重数学思想方法的教学对高中数学教师提炼、抽象、概括、统摄数学内容知识具有重要作用，也有利于学生数学思维能力及创新能力的培养。现在的问题是，许多高中数学教师对数学思想方法的理解比较肤浅，基本上停留在表面及形式上，并没有从深层次上去挖掘。比如函数及向量这两部分内容在教学时都渗透着数形结合的思想方法，但是好多教师仅只是就题论题，但若要问及数形结合思想方法的渊源及发展过程，估计绝大多数教师都说不上来。实际上数形结合思想方法的形成及发展与古希腊时期毕达哥拉斯学派创立的毕达哥拉斯定理、17世纪初费马与笛卡尔创立的解析几何有着密切的联系。那为什么好多老师都不知道这些历史背景呢？我认为一方面是高考不考这些知识，当然没有几个人愿意花时间搞这些东西；另一方面是我们的高中数学教师数学史的知识太贫乏的缘故。虽然这次高中数学新课程中增加了‘数学史选讲’的选修内容，但由于高考不考，所以这部分内容的设置基本上形同虚设，那么提升教师数学史素养的目标自然也就落不到实处。"

J 教师（正高级教师）谈道："注重数学思想方法的教学除了能不断提升教师的数学素养，还能使学生从本质上理解数学的真正内涵。现在的问题是，更多的数学教师过分地注重了数学纯方法与技巧的解题训练，并没有从数学思想的高度进行概括与抽象。这样造成的问题是尽管大部分学生会用换元法、待定系数法、反证法等具体的方法进行做题，但是碰到一个实际问题时，到底该采用什么样的思想去考虑，许多学生无从下手。比如，比较典型的一道题是高中数学必修一（人教 A 版）'函数模型的应用实例'这节课中的例 6，给出某个地区未成年男性的身高及体重平均值之间的几组数值，要求学生试写出这个函数模型的解析式，最后书上提出可用指数型函数 $y=a \cdot b^x$ 来进行近似刻画。但有那么多的函数，为什么是用指数型函数进行刻画呢？如果教师不从思想的角度进行引导，估计许多学生对该题的理解就会遇到困难。"

H 教师（高级教师）谈道："尽管面对高考的教学压力，但自己还是比较注重数学思想方法的渗透，因为它对培养学生的数学思维及从根本上掌握数学内容的实质具有很大的帮助作用，我们不可能在人的有生之年把所有的内容知识都学完，但掌握了数学的思想方法就可以用数学的眼光去观察社会，用数学的模式去解决问题等。与正高级教师相比较，自己感觉在数学思想方法的深度、广度等方面把握得还不到位，与一级和二级教师比较，自己感觉还是有一定的优势。应该说，在中学数学范围内，函数的思想方法是最重要也是应用最广泛的一种思想方法，好多问题都可以化归为函数问题去解决。现在的问题是，很多教师都能想到用函数的思想方法把许多实际问题转化成数学问题，但是由于学生甚至许多数学教师对诸如投资问题、销售问题、人口增长问题等的相关背景不熟悉，所以在转化成数学问题时不知用哪一种函数去刻画比较好，并且定义域、值域的取值范围有时也表示不对。那么为什么会出现这种情况，我认为大环境是受到我国长期注重学生数学内容的掌握及数学技能的训练而忽视数学思想方法教学的影响，同时也反映了数学教师缺乏其他学科的相关知识，知识面比较狭窄。”

G 教师（高级教师）谈道：“数学思想方法的领悟程度实际上反映着数学教师对数学本质的理解与认识情况，注重思想方法的教学对学生未来的发展具有重要作用。因为学生毕业走向社会时，他们在学校里所学的数学知识内容可能忘记了，但他们习得的数学思想方法对其应对 21 世纪的社会挑战却受益无穷。我觉得，作为一名新课程教学的高中数学教师，除了掌握函数与方程、数形结合、分类讨论、化归与转化等中学里常见的几种思想方法，还应对高中新课程中提到的一些新的思想方法予以关注。比如说算法的思想方法、概率统计的思想方法、极限的思想方法等。但是，据我观察，许多教师讲高中新课时对刚才这些近现代数学的思想方法并没有引起足够的重视，或者说自己的数学素养还不足以对这些数学思想方法的理解到达一个深度。就函数及向量两部分内容来看，由于函数是中学数学中的一个核心概念，所以大部分教师在教学中还是比较重视函数思想方法的渗透；向量部分相对来说比较独立，大部分教师把向量的思想方法主要看作是解决几何问题尤其是立体几何问题的一种工具，忽视了向量思想方法本身的一些东西。”

Z 教师（一级教师）谈道：“注重数学思想方法的教学对教师深刻理解数学的本质及培养学生良好的数学思维能力很重要。但针对我自己的感受，在数学思想方法的教学中，许多教师渗透的方式方法有待改进。比如说，教师在讲数形结合思想方法时，一般是先讲内容最后总结思想方法，学生听完后印象不是很深刻，因为他们已经会做这道题了，所以教师再讲思想方法时他们就不会用心听啦。这时候，如果教师把华罗庚先生总结数形结合重要性的几句话讲给学生，这样既增加了数学的文化品位，又加深了学生对数形结合思想方法重要性的理解。就函数及向量这两部分内容中渗透的数学思想方法而言，函数主要体现它解决实际问题切入的思想性，而向量更侧重它在解决立体几何问题方面的方法性。”

S 教师（一级教师）谈道：“毫无疑问，注重数学思想方法的教学对师生数学素养的提升都有好处。一方面，不断从数学思想方法的角度考虑问题，无形当中使教师对所讲的数学知识内容理解得更细了、品味得更深了，有助于教师从整体上、本质上理解与把握数学知识；另一方面，教授数学思想方法，也对学生领悟数学的真谛、感知数学的价值、发展数学的思维、培养数学的睿智等方面具有重要作用。在函数思想方法教学中，许多教师对初中、高中、大学里函数的概念及相关的思想方法定位不准，初中是'变量说'、高中是'对应说'、大学是'关系说'。作为一名高中数学教师，要正确恰当地把握好高中数学所讲的函数思想方法，首先就必须搞清楚初中、高中、大学数学里是如何界定函数概念的，这是前提与基础。另外，由于受高考的影响，许多高中数学教师在讲向量思想方法时，过分强调了其解决几何问题的工具价值，从而使学生在解决立体几何问题时产生了机械套用的思想，这样就把向量思想方法本身的一些价值埋没了。"

L 教师（二级教师）谈道："说句实在话，不断领悟数学的思想方法进而提高自身的数学素养对高中数学教学非常重要。但现在的问题是，自己毕业时间不长，恰好又带的是高一年级的数学新课程，新课程里许多新的知识内容自己还不太熟悉，所以对思想方法的领悟确实存在着理解不到位的情况。即使给学生讲一些数学思想方法，但基本上停留在形式和表面上，有时候虽然会做一道数学题，但该题采用了什么样的思想方法，有时真还说不上。出现这种现象的原因，除了自己的教学经验比较欠缺外，主要还是对高中数学知识内容体系的理解与把握不够深刻。因此，为了弥补和我一样的许多新教师在数学思想方法方面的不足，就要不断学习，向经验丰富的老教师学习，向书本学习，在多思、多练中提高。"

Y 教师（二级教师）谈道："原来想着自己是研究生毕业，能够把读研究生期间经过专业训练的许多思想方法很自然地渗透到中学数学教学当中，但是实际情况与自己想象的并不一致。为什么呢？第一，研究生阶段所采用的主要是一些构造性的公理化思想方法，但中学数学中这种思想方法运用得不太多，也就是说给学生讲他们也未必能深刻理解；第二，中学数学中常见的一些思想方法自己理解得也不太深刻，基本上还停留在形式上。因此，如何将数学研究中常用的一些抽象思想方法与中学数学中常见的一些思想方法做到有机融合，让学生学完知识后对思想方法的理解更具体、直观，这是摆在自己面前的主要问题。通过这几年的教学实践，我的做法是注重数学思想方法教学的方式，即不是单独或集中讲思想方法，而是注重平时的渗透和引导学生自己去归纳总结，这样学生理解到的思想方法就是自己建构起来的，而不是教师强加给他们的。”

**2. 访谈资料小结及分析**

基于以上几位不同层次数学教师的访谈，可以发现当前高中数学教师所具有的数学思想方法知识现状及数学思想方法在教学过程中面临的若干问题。

- 几乎所有的访谈对象（包括大学数学教师及不同职称的高中数学教师）都认为，高中数学教师具备丰富的数学思想方法对其有效开展数学教学及提升师生的数学素养都有好处。就教师而言，对数学思想方法的不断领悟，有助于教师从整体上理解和把握数学的精髓及实质；有利于教师更深层次地理解数学高度的抽象性特点及深厚的文化价值；有利于教师概括、抽象、归纳、反思等数学思维品质的培养等。就学生而言，数学思想方法的学习，有助于学生领悟数学的真谛、感知数学的价值、发展数学的思维、培养数学的睿智等。

- 高中数学教师所具有的数学思想方法知识是教师主体对特定的数学内容不断建构的结果，即数学思想方法知识的形成不仅需要特定的数学内容知识作为其基础，而且需要教师在长期的学习及教学实践过程中积极主动地去建构，两者缺一不可。

- 大学数学教师主要从高观点的视角对高中数学教师所具有的数学思想方法现状进行了审视，其中一个突出的现象是，许多高中数学教师认为在大学里学习过的高等数学知识对中学数学教学的指导意义不大。造成这种片面认识的主要原因是这些高中数学教师把大学里学习的高等数学知识并没有真正吃透，没有学会高等数学知识与初等数学知识之间的融会贯通，尤其是没有学会从高等数学思想方法的角度处理初等数学的相关问题。

• 当前高中数学教师所具有的数学思想方法知识及进行数学思想方法教学的整体现状是：许多教师对数学思想方法的理解比较肤浅、比较狭隘；没有从高观点下及“高初结合”的视角系统考虑高等数学的思想方法对中学数学的指导作用；没有从数学思想方法的产生、发展等方面全面了解数学思想方法形成的历史渊源；过分注重了数学纯方法与技巧的解题训练，没有从数学思想的高度进行概括与抽象；部分数学教师尤其是刚毕业的二级教师由于对教材内容的不熟悉影响了其对数学思想方法的理解与掌握；许多教师在具体的数学教学过程中缺乏有效渗透数学思想方法的基本策略等。

• 不同职称的高中数学教师对数学思想方法认识的侧重点及程度不太一样。正高级与高级教师能够从数学发展的历史、数学解决实际问题时的切入点、教师对数学解决实际问题的熟悉程度、高中数学课程标准的要求等方面对高中数学教师所具有的数学思想方法现状进行比较全面的分析；而一级、二级教师主要从数学思想方法教学本身存在的问题进行了分析。显然，与部分一级教师及大多数二级教师相比较，正高级与高级教师对高中数学教师具有的数学思想方法现状的分析更全面、系统，能够抓住问题的根本。

• 几乎所有的受访者都认为函数的思想方法是贯穿于初等数学与高等数学的一种重要思想方法，而且大多数高中数学教师在平时的数学教学中都注重该思想方法的渗透。但由于许多教师对投资问题、销售问题、人口增长问题等的相关背景不太熟悉，造成了教师不能用准确的函数模型去刻画实际问题的数量关系；另外，许多高中数学教师对初中、高中、大学中所学习的函数知识在思想方法方面缺乏明晰的理解与认识。相比函数思想方法来说，向量在数学解题中所反映出来的思想方法比较独立，大多数教师认为向量的思想方法很大程度上仅仅是解决立体几何问题的有效工具，也有一些教师对向量思想方法的教学导向可能会削弱学生的空间想象能力表示了担忧。

## 三、高中数学教师具有的数学思想方法知识现状小结

几乎所有的数学教师（包括大学数学教师及不同职称的高中数学教师）都对数学思想方法的重要性有足够的认识。对数学思想方法的不断领悟，有助于教师从整体上理解和把握数学的精髓及实质；有利于教师更深层次地理解数学高度的抽象性特点及深厚的文化价值；有利于教师概括、抽象、归纳、反思等数学思维品质的培养等。

超半数的高中数学教师对数学思想方法的认识基本停留在数学解题及证明的微观或中观层次。他们掌握数学思想方法的主要目的是为了更好地解题，服务于高考的目的比较明显，还没有对数学思想方法产生宏观层面的认识。

许多教师对数学思想方法的理解比较肤浅、狭隘，没有“高初结合”方面系统考虑高等数学的思想方法对初等数学的指导作用。多数教师对概率统计、优选法与试验设计、统筹法与图论、风险与决策等一些近现代数学的思想方法理解不深；没有从数学思想方法的产生、发展等方面全面了解数学思想方法形成的历史渊源；过分注重了数学纯方法与技巧的解题训练，没有从数学思想的高度进行概括与抽象。部分数学教师尤其是二级教师由于对教材内容的不熟悉影响了对数学思想方法的理解与掌握。许多教师在数学教学过程中缺乏有效渗透数学思想方法的基本策略等。

三类不同职称的教师在理解函数与方程、数形结合、分类讨论、化归与转化等几类经典性的数学思想方法方面，高级教师的理解水平要高于一级教师、一级教师又高于二级教师，三者之间没有显著性差异。而对于高中新课程中增加的一些近现代数学的内容中蕴含的思想方法，二级教师在理解或了解的水平上要高于高级教师，高级教师又高于一级教师，尤其在数学公理化思想方法方面，一级教师与二级教师存在显著性差异。

几乎所有的受访者都认为函数的思想方法是贯穿于初等数学与高等数学的一种重要思想方法，而且大多数高中数学教师在平时的数学

教学中都注重该思想方法的渗透。但由于许多教师对投资问题、销售问题、人口增长问题等的相关背景不太熟悉，造成了很多教师不能用准确的函数模型去刻画实际问题的数量关系。另外，许多高中数学教师对初中、高中、大学中所学习的函数思想方法缺乏明晰的理解与认识。相比函数思想方法来说，向量在数学解题中所反映出来的思想方法比较独立，大多数教师认为向量的思想方法很大程度上仅仅是解决立体几何问题的有效工具，也有一些教师对向量思想方法的教学导向可能会削弱学生的空间想象能力表示了担忧。

## 第三节 高中数学教师数学思想方法知识发展的途径

关于高中数学教师数学思想方法知识发展的途径，本研究主要通过问卷调研及访谈的形式来进行探讨。在问卷调查部分，本研究同样列出了 12 种来源：中小学数学课程的学习、大学数学专业类课程的学习、数学教育理论类课程的学习、数学教育实践类课程的学习、在职培训、有组织的专业活动、和同事的日常交流、自身的教学经验和反思、和学生的交流、阅读专业书刊、通过网络资源的学习、撰写数学教研论文。在教师访谈部分，本研究就高中数学教师数学思想方法知识发展的经验、影响的因素等相关问题进行了探讨。

### 一、问卷调查数据的统计与分析

#### 1. 高中数学教师对数学思想方法知识各种来源整体的评价情况

为了从整体上了解这 12 种来源对高中数学教师数学思想方法知识的贡献情况，本研究从“没有影响”“影响很小”“有些影响”“影响很大”四个维度及对每一种来源的评价均值就高中数学教师对数学思想方法知识各种来源的评价情况进行了统计，具体情况见表 6–8。

**表 6–8　高中数学教师对数学思想方法知识各种来源贡献程度情况**

| 来源 | 贡献程度 | | | | | | | | 均值 |
|---|---|---|---|---|---|---|---|---|---|
| | 没有影响 | | 影响很小 | | 有些影响 | | 影响很大 | | |
| | 人数 / 人 | 占比 / % | 人数 / 人 | 占比 / % | 人数 / 人 | 占比 / % | 人数 / 人 | 占比 / % | |
| 中小学数学课程的学习 | 37 | 6.9 | 98 | 18.2 | 353 | 65.5 | 50 | 9.3 | 2.77 |
| 大学数学专业类课程的学习 | 18 | 3.3 | 107 | 19.9 | 140 | 26.0 | 273 | 50.7 | 3.24 |
| 数学教育理论类课程的学习 | 41 | 7.6 | 228 | 42.4 | 196 | 36.4 | 73 | 13.6 | 2.56 |
| 数学教育实践类课程的学习 | 107 | 19.9 | 262 | 48.6 | 133 | 24.7 | 36 | 6.7 | 2.18 |
| 在职培训 | 22 | 4.1 | 222 | 41.2 | 251 | 46.6 | 43 | 8.0 | 2.59 |
| 有组织的专业活动 | 34 | 6.3 | 147 | 27.3 | 291 | 54.0 | 66 | 12.2 | 2.72 |
| 和同事的日常交流 | 13 | 2.4 | 115 | 21.4 | 236 | 43.9 | 174 | 32.3 | 3.06 |
| 自身的教学经验和反思 | 17 | 3.2 | 72 | 13.4 | 111 | 20.6 | 338 | 62.7 | 3.43 |
| 和学生的交流 | 5 | 0.9 | 159 | 29.5 | 247 | 45.8 | 127 | 23.6 | 2.92 |
| 阅读专业书刊 | 20 | 3.7 | 208 | 38.6 | 258 | 47.9 | 52 | 9.6 | 2.64 |
| 通过网络资源的学习 | 45 | 8.4 | 190 | 35.3 | 252 | 46.8 | 51 | 9.5 | 2.57 |
| 撰写数学教研论文 | 43 | 8.0 | 219 | 40.6 | 237 | 44.0 | 39 | 7.2 | 2.51 |

注：表中贡献程度采用赋分制（没有影响 =1，影响很小 =2，有些影响 =3，影响很大 =4）。根据加权平均进行计算均值，设没有影响（贡献）人数为 $\alpha$，影响很小（贡献）人数为 $\beta$，有些影响（贡献）人数为 $\gamma$，影响很大（贡献）人数为 $\eta$，调查样本总数为 $N$，则均值计算公式为 $\frac{\alpha\times1+\beta\times2+\gamma\times3+\eta\times4}{N}$。

从表 6–8 可以清楚地看出，高中数学教师有各种不同的来源发展数学思想方法知识，且不同教师就各种来源对其数学思想方法知识发展的贡献程度在评价方面存在着差异。在以上各种途径中，如果将给予肯定性评价“影响很大”与“有些影响”的教师的百分比合起来看：①自身的教学经验与反思（83.3%）是教师数学思想方法知识最重要的来源；②大学数学专业类课程的学习（76.7%）、和同事的日常交流（76.2%）、中小学数学课程的学习（74.8%）、和学生的交流（69.4%）、有组织的专业活动（66.2%）也是高中数学教师数学思想方法知识比较重要的几种来源；③阅读专业书刊（57.5%）、通过网络资源的学习（56.3%）、在职培训（54.6%）、数学教育理论类课程的学习（50.0%）、撰写数学教研论文（51.2%）等来源对高中数学教师思想方法知识的发展有一定的贡献；④数学教育实践类课程的学习（31.4%）则是对数学教师思想方法知识发展贡献最小的来源。

2. 平均评价值的统计与分析

依据教师对各种来源所作评价的平均值，图 6–1 给出了不同来源对数学教师数学思想方法知识贡献的总体性比较。

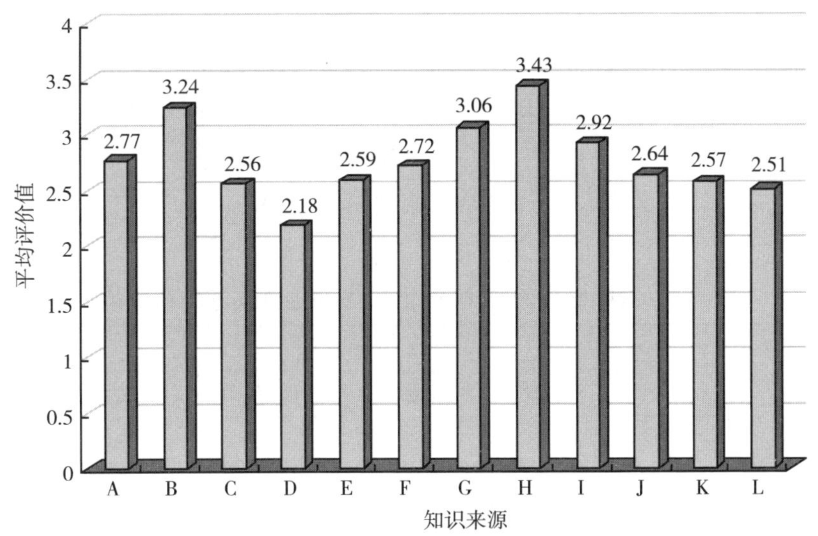


**图 6–1　高中数学教师对“数学思想方法知识”各种来源的平均评价值**

注：A= 中小学数学课程的学习，B= 大学数学专业类课程的学习，C= 数学教育理论类课程的学习，D= 数学教育实践类课程的学习，E= 在职培训，F= 有组织的专业活动，G= 和同事的日常交流，H= 自身的教学经验和反思，I= 和学生的交流，J= 阅读专业书刊，K= 通过网络资源的学习，L= 撰写数学教研论文。

根据图 6–1 所显示的平均评价值，可以看出各种来源对教师获取数学思想方法知识的重要性从大到小依次为自身的教学经验和反思（3.43）、大学数学专业类课程的学习（3.24）、和同事的日常交流（3.06）、和学生的交流（2.92）、中小学数学课程的学习（2.77）、有组织的专业活动（2.72）、阅读专业书刊（2.64）、在职培训（2.59）、通过网络资源的学习（2.57）、数学教育理论类课程的学习（2.56）、撰写数学教研论文（2.51）、数学教育实践类课程的学习（2.18）。可见，除了个别途径之间的顺序稍有变化，其他途径重要性的先后顺序与前面肯定性评价所得出的结果是一致的。

综合以上两种统计分析的结果可知，自身的教学经验和反思、大学数学专业类课程的学习、和同事的日常交流是数学教师发展其数学思想方法知识的重要来源，数学教育实践类课程的学习对发展教师数学思想方法知识的贡献最小，其他途径都有一定的贡献。

**3. $\chi^2$ 检验**

为更确切地了解高中数学教师的不同职称是否显著地影响他们对数学思想方法知识各种途径的评价，本研究将所有教师分为二级、一级、高级三个职称组，运用 $\chi^2$ 检验考察不同职称组的高中数学教师之间是否存在显著性差异。统计结果如表 6–9 所示。

**表 6–9　高中数学教师数学思想方法知识 12 种主要来源的职称组人数分布**

| 来源 | 职称组 | 评价 | | | | $\chi^2$ 检验 |
|---|---|---|---|---|---|---|
| | | 没有影响 | 影响很小 | 有些影响 | 影响很大 | |
| A. 中小学数学课程的学习 | 二级教师 | 12 | 46 | 124 | 17 | $\chi^2\approx7.92$<br>d$f$=6<br>$P\approx0.244$ |
| | 一级教师 | 15 | 23 | 125 | 20 | |
| | 高级教师 | 10 | 29 | 104 | 13 | |
| | 总数 | 37 | 98 | 353 | 50 | |
| B. 大学数学专业类课程的学习 | 二级教师 | 7 | 50 | 45 | 96 | $\chi^2\approx10.20$<br>d$f$=6<br>$P\approx0.117$ |
| | 一级教师 | 9 | 33 | 49 | 93 | |
| | 高级教师 | 2 | 24 | 46 | 84 | |
| | 总数 | 18 | 107 | 140 | 273 | |
| C. 数学教育理论类课程的学习 | 二级教师 | 11 | 74 | 81 | 33 | $\chi^2\approx9.71$<br>d$f$=6<br>$P\approx0.137$ |
| | 一级教师 | 14 | 79 | 67 | 23 | |
| | 高级教师 | 16 | 75 | 48 | 17 | |
| | 总数 | 41 | 228 | 196 | 73 | |

（续表）

| 来源 | 职称组 | 评价 | | | | $\chi^2$检验 |
|---|---|---|---|---|---|---|
| | | 没有影响 | 影响很小 | 有些影响 | 影响很大 | |
| D. 数学教育实践类课程的学习 | 二级教师 | 41 | 101 | 42 | 15 | $\chi^2\approx5.79$ d$f$=6 $P\approx0.447$ |
| | 一级教师 | 38 | 88 | 43 | 14 | |
| | 高级教师 | 28 | 73 | 48 | 7 | |
| | 总数 | 107 | 262 | 133 | 36 | |
| E. 在职培训 | 二级教师 | 8 | 92 | 90 | 10 | $\chi^2\approx12.12$ d$f$=6 $P\approx0.059$ |
| | 一级教师 | 9 | 62 | 89 | 23 | |
| | 高级教师 | 5 | 68 | 72 | 10 | |
| | 总数 | 22 | 222 | 251 | 43 | |
| F. 有组织的专业活动 | 二级教师 | 13 | 66 | 100 | 20 | $\chi^2\approx9.81$ d$f$=6 $P\approx0.133$ |
| | 一级教师 | 14 | 49 | 96 | 24 | |
| | 高级教师 | 7 | 32 | 95 | 22 | |
| | 总数 | 34 | 147 | 291 | 66 | |
| G. 和同事的日常交流 | 二级教师 | 6 | 34 | 85 | 74 | $\chi^2\approx11.44$ d$f$=6 $P\approx0.076$ |
| | 一级教师 | 5 | 36 | 81 | 61 | |
| | 高级教师 | 2 | 45 | 70 | 39 | |
| | 总数 | 13 | 115 | 236 | 174 | |
| H. 自身的教学经验和反思 | 二级教师 | 6 | 29 | 35 | 112 | $\chi^2\approx25.30$ d$f$=6 $P\approx0.000$ |
| | 一级教师 | 6 | 29 | 58 | 105 | |
| | 高级教师 | 5 | 14 | 18 | 121 | |
| | 总数 | 17 | 72 | 111 | 338 | |
| I. 和学生的交流 | 二级教师 | 1 | 73 | 82 | 43 | $\chi^2\approx15.83$ d$f$=6 $P\approx0.015$ |
| | 一级教师 | 2 | 57 | 78 | 46 | |
| | 高级教师 | 2 | 29 | 87 | 38 | |
| | 总数 | 5 | 159 | 247 | 127 | |
| J. 阅读专业书刊 | 二级教师 | 9 | 80 | 92 | 18 | $\chi^2\approx2.32$ d$f$=6 $P\approx0.888$ |
| | 一级教师 | 7 | 65 | 91 | 20 | |
| | 高级教师 | 4 | 63 | 75 | 14 | |
| | 总数 | 20 | 208 | 258 | 52 | |

（续表）

| 来源 | 职称组 | 评价 | | | | $\chi^2$ 检验 |
|---|---|---|---|---|---|---|
| | | 没有影响 | 影响很小 | 有些影响 | 影响很大 | |
| K. 通过网络资源学习 | 二级教师 | 15 | 81 | 87 | 16 | $\chi^2 \approx 10.37$<br>$df=6$<br>$P \approx 0.110$ |
| | 一级教师 | 17 | 68 | 78 | 20 | |
| | 高级教师 | 13 | 41 | 87 | 15 | |
| | 总数 | 45 | 190 | 252 | 51 | |
| L. 撰写数学教研论文 | 二级教师 | 22 | 84 | 83 | 10 | $\chi^2 \approx 10.18$<br>$df=6$<br>$P \approx 0.117$ |
| | 一级教师 | 13 | 80 | 75 | 15 | |
| | 高级教师 | 8 | 55 | 79 | 14 | |
| | 总数 | 43 | 219 | 237 | 39 | |

表 6–9 所报告的 $\chi^2$ 检验结果表明，在 0.05 的水平上，3 个职称组教师在“中小学数学课程的学习”“大学数学专业类课程的学习”“数学教育理论类课程的学习”“数学教育实践类课程的学习”“在职培训”“有组织的专业活动”“和同事的日常交流”“阅读专业书刊”“通过网络资源的学习”“撰写数学教研论文”10 种途径的人数分布上没有显著性差异，而在“自身的教学经验和反思”及“和学生的交流”2 种途径的人数分布上存在显著性差异（其中两个 $P$ 值分别为 $P_1=0.000<0.01$；$P_2=0.015<0.05$）。通过 3 种职称之间进一步两两配对进行的 $\chi^2$ 检验得出，对于“自身的教学经验和反思”这种途径，3 种职称的教师之间都存在着差异，而对于“和学生的交流”则是在二级教师与高级教师之间、一级教师与高级教师之间存在显著性差异，但一级教师与二级教师之间不存在显著性差异。

虽然 3 种职称的教师都认可“自身的教学经验和反思”这种途径对其数学思想方法知识发展的促进作用是最重要的，但为什么他们之间在“自身的教学经验和反思”这种途径上还存在显著性差异呢？这是因为这 3 类数学教师在教学过程中反思自己获得数学思想方法知识的视角不同及对数学思想方法理解的水平不同造成的。相比较而言，二级教师一般都是大学毕业时间不长的年轻教师，他们由于在职学习的机会及教学阅历还很有限，再加上日常教学任务比较繁重，因此，他们拥有的数学思想方法知识很大程度上还是在上大学期间通过学习高等数学而获得的，由于缺乏教学实践的检验，他们对思想方法的理解程度有限。相比较而言，高级教师的数学思想方法知识主要靠自己长期丰富的数学教学经验的积累及对各种信息的反思而逐渐建构的，对数学思想方法理解与认识的深度、广度都已达到了一个比较高的层次。再者，对于一级教师而言，他们具有较为丰富的教学经验，也能对自己的教学进行主动的反思，但一级教师反思的视角主要是看这些思想方法能否解决各种具体的数学问题，能否应对各种类型的考试。可见，正是由于三类教师对自己教学过程中获得数学思想方法知识的反思视角及对数学思想方法理解的水平不同，造成了 3 类教师之间认识上的显著差异。

对于“和学生的交流”这种途径，高级教师和二级教师之间存在显著性差异是有原因的。这是由于二级数学教师虽然教龄短，教学阅历也比较浅，但工作热情比较高，最能和学生打成一片，在学生的课堂问答、平时作业、各种考试及课后反馈等交流过程中，他们获得了意想不到的数学思想方法知识。这些数学思想方法知识往往更具有针对性及实效性，能帮助自己将大学数学课程中学到的较抽象的数学思想方法知识与中学教学的实际联系起来，因此，“和学生的交流”对二级教师数学思想方法知识的获得比较重要。如果说二级教师与学生的交流所获得的数学思想方法知识是将大学抽象而形式化的思想方法理论实践化的过程，那么一级教师通过与学生的交流所获得的数学思想方法知识更是一种问题的发现、解题技巧的验证、知识考点把握的洞察。虽然，一级与二级教师通过“和学生的交流”来获得数学思想方法知识的出发点与过程不尽一致，但对这种方式重要性的认识及与学生交流的频次和密切程度差异不大。而高级教师一般都具有长期的教学经验，他们往往不需要和学生进行密切的交流就能发现学生在数学学习中出现的问题，相比较而言，高级教师同学生交流的频次和密切程度都不及一级与二级教师，相应地，“和学生的交流”这种途径对发展其数学思想方法知识的贡献自然就不及一级与二级教师。因此，关于“和学生的交流”这种途径对数学教师数学思想方法知识发展贡献的认识上，高级教师和二级教师之间、高级教师与一级教师之间存在显著性差异，而二级教师与一级教师之间不存在显著性差异。

## 二、访谈资料的分析

### 1. 不同层次的高中数学教师数学思想方法知识发展途径的访谈

为更全面地了解高中数学教师数学思想方法知识发展的途径，本研究又采用访谈法，主要对正高级、高级、一级、二级几类不同职称的高中数学教师进行了比较深入的访谈。访谈的主要提纲是：请根据您自己的专业成长经历及教学经验，结合函数与向量两部分内容，谈谈你是如何发展自己的数学思想方法知识的？有哪些重要的途径可供借鉴？

T 教师（正高级教师）谈道：“数学思想方法知识对教师而言是一种隐性知识，这种隐形知识的获得需要教师在长期的理论思考与教学实践过程当中去不断领悟，它需要教师扎实而渊博的数学内容知识作为支撑的前提，而数学思想方法的顿悟又反过来会促使教师对数学内容知识的理解更全面、深刻。从自身成长为一名正高级教师的经验来看，我认为促进自己数学思想方法知识发展的途径主要可概括为这样几条：第一，深入钻研教材，打扎实自己的数学内容知识基础，在此基础上，挖掘数学教材内容中所蕴含的数学思想方法。第二，通过各种渠道的交流，弥补自己在数学思想方法理解方面的种种不足。如和学生的交流促使自己思考如何将数学内容知识中蕴含的思想方法恰当地传授给学生；和其他教师的交流促使自己考虑从思想方法上如何借鉴其他教师的宝贵经验。第三，持续总结与反思自己在学习、教学、交流中学到的经验和做法，不断提高自己对数学思想方法本质的理解与认识。比如，函数是贯穿于初等数学始终的一个核心概念，大学刚毕业教这块内容时，基本上是照本宣科，对函数本质的把握不是很深刻。但随着教学经验的积累与教学要求的变化，自己重新把大学、初中及高中所学习过的有关函数的知识进行了对比学习，尝试着用高等数学中所学习的函数思想方法指导中学数学教学，通过这种高初结合的动态学习，师生、师师之间的互动交流，自己现在对函数思想方法的理解就比较深刻了。第四，有选择性地阅读一些经典的数学名著来拓展自己的数学视野，提升自己的数学思想修养。如通过阅读乔治·波利亚的《数学的发现》第二卷，自己慢慢改善了解题教学的行为等。”

J 教师（正高级教师）根据自身专业发展的经验谈到了其数学思想方法知识发展的情况：“对数学思想方法的领悟实际上是一个不断积累的过程，又是教师在长期的数学教学实践过程中不断建构的过程。就我自己的经验而言，对自己的数学教学活动不断地进行自我反思及总结是发展自身数学思想方法知识的主要途径。例如，向量是高中数学中的一个重要概念，引入向量的主要目的是在代数与几何之间架构起一种问题解决的桥梁，从而使学生在解决问题时变得更容易一些。就高中的向量教学而言，刚开始的时候，我和其他教师一样把向量作为解决几何问题尤其是立体几何问题的简捷工具，虽然学生在高考中取得了好的成绩，但他们实际上对向量在解决问题时所蕴含的思想方法并没有从本质上进行理解。造成这种现象的原因除了与当前功利主义的应试教育导向密切相关，还有一个重要原因是自己对向量的本质并没有深刻理解，随着教学的积累与自己的反思，现在自己对向量思想方法的理解就不再局限于解决立体几何问题工具的范畴，而是将其作为联系几何、代数、三角的一种重要纽带去看待，并把这种思想观点渗透到教学中，使其起到良好的导向作用。除了通过不断地自我反思发展自身的数学思想方法知识，在上教育硕士的过程中，阅读专业书籍及撰写学术论文也是促使自己数学思想方法知识不断丰富的重要途径。”

H 教师（高级教师）谈到了其在数学思想方法知识方面发展的经验：“与自己在数学内容知识方面发展的途径相类似，根据多年来的经验，我认为在数学思想方法知识方面发展的主要途径仍然是大量做高考题，多参加一些有组织的教研活动，不断进行自我教学经验的总结与反思等。例如，通过做有关函数及向量方面的高考试题，自己便对其中渗透的数形结合、函数与方程、分类讨论、化归与转化等中学数学中常用的思想方法有了较深刻的理解。为什么我谈到高考题呢？因为高考题都是专家所出的典型题目，对数学思想方法的考查是典型而全面的，通过对高考试题的挖掘与品味，自己确实在思想方法方面的领悟收获不少。除了做高考题，自己还积极参加学校、教研组等开展的一些教研活动，如公开课的教学、集体备课等。和其他教师的交流和研讨，有利于促进自己对数学思想方法的理解与认识。再者，对自己的教学经验不断进行有意识的总结与反思也是发展自己数学思想方法知识的不竭动力。”

S 教师（一级教师）谈道：“就自身的经验和体会而言，我认为提高自己数学思想方法知识的主要途径就是在解题训练的过程中不断学会反思与总结。通过解题，自己刚开始领悟到的是具体某一道题所反映的思想方法，慢慢地，见的题型多了，就逐渐能对解决这一类问题应当采用什么样的思想方法做到心中有数。例如，在解决二次函数 $y=ax^2+bx+c$（$a \neq 0$）的最值问题时可利用数形结合的思想方法；在探讨 $y=\log_{a^2}(x-b)$（$a>0$ 且 $a \neq 1$）的有关性质时，可采用分类讨论的思想方法；在解决立体几何中有关线面之间的位置关系时可采用向量中的数量积等。除此之外，自己还积极参加一些如公开课、校本教研等有组织的专业活动，对自己思想方法的提升帮助很大。”

L 教师（二级教师）谈道：“由于自己刚从大学毕业，从事高中数学教学的时间不长，加上对高中数学新课程的教学中许多内容比较生疏，要搞懂新教材的知识内容本身就很费劲，所以在数学思想方法的领悟方面想得确实不多，也体会不到那么深刻。如必修 1 中的内容主要是函数，虽然函数的思想方法在教学中应该是贯穿始终且必须给予重视的，但是第一次教新课程的自己对里面的许多知识内容理解起来比较困难，从而也就不可能从思想方法方面给学生讲得很清楚。比如‘函数模型及其应用’这一章内容，自己对与函数应用有关的投资、销售、人口等背景知识不太熟悉，所以利用函数的思想方法把实际问题转化为数学模型时就比较费劲。如果要说自己在思想方法方面提高的一些经验，我认为就是不断向书本学习，在专业培训中向专家、同行学习，从网络资源中学习优秀案例，在学习的过程中反思与借鉴别人的经验，并通过教学实践的检验，最后逐渐形成自己的思想方法。”

Y教师（二级教师）谈道：“说实在的，自己在上硕士研究生阶段进行学术研究时主要采用的思想方法是公理化的思想方法、极限的思想方法等，但到中学以后，高中教学时主要用到的是函数与方程、数形结合、分类讨论、化归与转化等常用的几种思想方法，而如何从高等数学思想方法的视角处理中学数学问题是我这几年在数学思想方法的教学中感到困惑的问题。在自己的探索过程中，我认为除了学习借鉴别人的做法和经验，与学生的交流也是提高自身数学思想方法素养的一种重要渠道。一方面，通过有意识地渗透数学思想方法的教学，学生对一些知识的理解程度得到加深；另一方面，学生在学习过程中向自己提一些有待解决的问题，迫使自己从思想方法方面进行思考。这种互动式的交流往往可以促进自己对有些思想方法比以前有更深刻的理解与认识。但总的来说，自己对高中数学的内容尤其是高中新课程的内容还比较生疏，所以从思想方法的角度认识数学的本质还是非常肤浅。”

**2. 访谈资料小结及分析**

从上面的访谈可以看出，当前高中数学教师发展数学思想方法知识的途径是多样的，且不同职称的教师认为其中的若干途径对数学思想方法知识发展的重要程度是不同的，但几乎所有的受访者都肯定了自身教学的经验及反思是促进数学思想方法知识发展的最重要的途径。具体结论可归纳为以下几方面。

• 教师的数学内容知识是教师发展其数学思想方法知识的基本前提，渊博而扎实的数学内容知识有利于促进数学教师数学思想方法知识的提高，而丰富的数学思想方法知识反过来也会促进数学教师对数学内容知识的理解与认识，两者之间密不可分。

• 促进高中数学教师数学思想方法发展的途径是多样的，在教师专业发展的不同阶段，不同职称的教师发展其数学思想方法知识途径的侧重点不太一样。一般来说，二级教师发展其数学思想方法知识的途径主要是学习借鉴他人的经验、积极参加有组织的专业活动、注重和学生的互动交流、自我反思等；一级教师与高级教师发展其数学思想方法知识的途径主要是解题训练、积极参加有组织的专业活动、不断学会反思与总结；正高级教师发展其数学思想方法知识的途径主要是不断反思与总结、阅读专业书籍、撰写学术论文等。

• 虽然几乎所有的访谈教师都肯定了自身的教学经验和反思对促进自己数学思想方法知识发展的重要性，但不同职称的教师对其重要性的认识程度不太一样。正高级教师能够从自身的专业成长视角对这一途径的重要性进行理论阐释，分析得比较全面、系统，有前瞻性；而高级教师与一级教师主要从数学解题的视角对这一途径的重要性进行了教学实践经验方面的阐释，显然他们的认识具有应对高考的功利主义实用倾向，还没有从自身专业发展的视角认识该途径对其数学思想方法发展的重要性；二级教师主要从自己面对的数学教学内容的现实问题及解决策略方面谈到了自身的教学经验和反思这一途径对其思想方法发展的重要性，显然，他们关于该途径对其思想方法发展的重要性认识还比较肤浅，基本上停留在形式和表面上。

• 不同职称的教师都认为函数的思想方法是高中数学中贯穿始终的一种重要方法，正高级教师通过对自己专业成长及教学经验的回顾，能够清楚地阐述自己对该思想方法的认识经历了一个从表面理解到逐渐深入再到顿悟其思想本质的过程；高级与一级教师通过对自己教学经验的回顾与总结，虽然也能够说出自己对该思想方法的认识经历了一个从表面理解到逐渐深入的过程，但还没有达到正高级教师对该思想方法理解的深度，基本上停留在数学解题的范畴内；二级教师虽然能够结合自己的教学体会进行叙述，但对该思想方法的理解与认识基本停留在书本上，还没有从学术性的数学转化为教育性的数学。

• 不同职称的教师对向量思想方法的认识，意见不太统一。二级、一级教师更多倾向于认为向量仅仅是一种解题的方法，是一种相对独立的处理几何问题的有效工具，不能简单说是一种思想方法。而高级、正高级教师认为，因为数学思想就是人们在运用数学解决实际问题的过程中对数学本质的认识，数学方法是将实际问题转化为数学问题后具体解决的方法手段，具有可操作性，所以如果就数学思想方法的内涵而言，说向量思想方法也是可以的，并且，向量的思想方法是联结代数与几何的桥梁与纽带，不仅仅局限在解决几何问题的范围内。从这个角度来看，高级、正高级教师对向量的理解已经从单纯的解题工具真正上升到数学思想方法的高度。

# 第七章　数学史与数学文化知识的现状分析及发展途径

毋庸置疑，具备数学内容性知识与数学思想方法知识对高中数学教师的专业发展十分重要。然而，如果一个数学教师对相关的数学内容及其蕴含的思想方法产生、发展的历史背景完全不了解或不太了解，那么他所具备的学科知识至少是不全面的，也就不能对学生讲清楚数学知识及其思想方法形成的来龙去脉。正如数学家庞加莱所说："若想预见数学的将来，正确的方法是研究它的历史和现状"。① 数学史家李文林也指出："学一点数学史对数学教师的数学素养具有重要作用"。② 因此，作为一名高中数学教师，除了具有数学内容性知识与数学思想方法知识，还应具有数学史与数学文化方面的知识。数学史与数学文化知识主要指高中数学教师对新课程中涉及的一些重要数学概念、公式、定理、公理、思想方法等的产生及发展的史实，国内外一些著名数学家的历史事迹，数学名题，数学对人类文明和社会经济发展的作用等的了解、赏析及认识。虽然国内外学者对数学文化有多种描述③，但这里主要指高中数学教师对高中数学课程与教材中所涉及的数学文化素材的了解与掌握情况，并不涉及对数学文化广泛意义的理解。

---

① 克莱因．古今数学思想：第 1 册［M］．张里京，张锦炎，译．上海：上海科学技术出版社，1979.

② 李文林．学一点数学史：谈谈中学数学教师的数学史素养［J］．数学通报，2011，50（4）：1–5.

③ 张维忠．数学教育中的数学文化［M］．上海：上海教育出版社，2011.

## 第一节　高中数学教师应具备的数学史与数学文化知识

作为一名高中数学教师，到底应具备什么样的数学史与数学文化方面的知识才比较合适，这就需要给出一个科学而合理的定位及分析的视角。根据高中数学新课程教学的要求及为适应教师专业发展应提高数学文化品味的要求来看，高中数学教师应具有的数学史与数学文化方面的知识需满足如下几个条件。

### 一、高中数学教师应具备的数学史与数学文化知识的特征分析

（一）高中数学教师应具备的数学史与数学文化知识之定位

作为学者，数学史家应具备的是一种系统的、专业性的、用于学术研究的数学史知识。这种知识不苛求与教育教学的结合，是在专业领域与专业人士进行交流的重要载体。正如萨顿认为的，数学史家的主要任务同时又是他最钟爱的特权，就是诠释数学的人文成分，显示数学的伟大、优美和尊严，描述历代数学家如何以不断的努力和积累的才华去建立这座令我们自豪的壮丽纪念碑。学习数学史不一定产生更出色的数学家，但会产生更温雅的数学家，学习数学史能丰富他们的思想，抚慰他们的心灵，并且培植他们的高雅品质。这里所说的“温雅的数学家”就是数学史教育功效的具体体现。数学史所具备的文化氛围，直接熏陶了数学学习者的精神、思想和性格。

与数学史家所具有的专业知识不同，高中数学教师必须要将自己所理解的数学史知识与教育教学相结合，把学术形态的数学史知识转化为高中生能够理解的教育形态的数学史知识，以便学生更好地理解数学知识的本质，从整体上了解和把握数学概念、命题、思想、方法等发展的来龙去脉，养成鲜活而具有创新性的思维品质，享受数学史发展过程中数学带来的人文陶冶等数学乐趣。正如 M. 克莱因所说的：

"我绝对相信历史事实是一种出色的教育指南，微积分的入门不应包括 $\varepsilon\text{–}\delta$ 方法，这种严格性的要求属于高等微积分。一个人不需要原原本本地追寻历史，但数学家在某些知识的创造过程中曾遇到的某些困难，我们的学生也难免会遇到。中学和大学里的每一位数学教师都应了解数学史的理由很多，但最重要的大概是数学史乃是指导数学教育的指南。向年轻人讲授严格的数学的运动①，过去是，现在仍然是一个错误。学生们还没有做好准备去体会严格性的必要……对任何课题的介绍必须是直观的，即使教师们知道从严格性的观点来说这种讲法是错误的。大约两千年来最好的数学家们都认为欧几里得的《几何原本》是严格的，这就再次说明历史是教育的一个指南。"因此，高中数学教师应具备的数学史知识就不应该也没必要和数学史家所具有的用于学术研究的专业数学史知识相提并论。

### （二）高中数学教师应具有的数学史与数学文化知识的范围分析

对于高中数学教师的数学史与数学文化知识应包括哪些方面的内容，不同的学者有着不同的观点，但不管是哪种观点，核心都是高中数学教师的数学史与数学文化知识必须满足《课标》的教育教学要求。众所周知，2003 年的高中数学课程改革是 1949 年以来规模最大、最为彻底的一次课程改革，这次高中数学新课改并不是完全割裂中国的优秀传统而全盘模仿西方的做法，它是在继承我国课程改革优秀传统的基础上吸纳西方先进的课程改革理念所进行的一项巨大工程。这次高中数学新课程改革凸显的一个基本理念是要在具体的数学内容知识的教学中体现数学的文化价值。如《课标》中指出："数学是人类文化的重要组成部分。数学课程应适当反映数学的历史、应用和发展趋势，数学对推动社会发展的作用，数学的社会需求，社会发展对数学发展的推动作用，数学科学的思维体系，数学的美学价值，数学家的创新精神。高中数学课程提倡体现数学的文化价值，并在适当的内容中提

① 指美国在 20 世纪 60—70 年代数学教育改革中提倡把现代数学知识放在中学讲授，史称"新数学运动"或"新数运动"。

出对‘数学文化’的学习要求，设立‘数学史选讲’等专题。”①

《课标》中所涉及的数学史与数学文化方面的内容主要体现在数学史选讲、数学文化、具体数学教材中的阅读与思考几个部分，下面依次对这几部分内容进行梳理。

**1. 高中数学新课程中“数学史选讲”的内容**

高中数学新课程在选修 3–1 中设置了“数学史选讲”的专题内容，《课标》针对该内容指出，“本专题由若干个选题组成，内容应反映数学发展的不同时代的特点，要讲史实，更重要的是通过史实介绍数学的思想方法，选题的个数以不少于 6 个为宜”。②

以下是《课标》提供的可供选择的专题内容。

（1）早期算术与几何——计数与测量。①纸草书中记录的数学（古代埃及）；②泥板书中记录的数学（两河流域）；③中国《周髀算经》、勾股定理（赵爽弦图）；④十进位值制的发展。

（2）古希腊数学。①毕达哥拉斯多边形数，从勾股定理到勾股数，不可公度问题；②欧几里得与《几何原本》，演绎逻辑系统，第五公设问题，尺规作图，公理化思想对近代科学的深远影响；③阿基米德的工作——求积法。

（3）中国古代数学瑰宝。①《九章算术》中的数学（方程术、加减消元法、正负数）；②大衍求一术（孙子定理）；③中国古代数学家介绍。

（4）平面解析几何的产生——数与形的结合。①函数与曲线；②笛卡儿方法论的意义。

（5）微积分的产生——划时代的成就。

（6）近代数学两巨星——欧拉与高斯。①欧拉的数学直觉；②高斯时代的特点（数学严密化）。

（7）千古谜题——伽罗瓦的解答。①从阿贝尔到伽罗瓦（一个中

---

①② 中华人民共和国教育部. 普通高中数学课程标准（实验）[S]. 北京：人民教育出版社，2003.

学生数学家）；②几何作图三大难题；③近世代数的产生。

（8）康托的集合论——对无限的思考。①无限集合与势；②罗素悖论与数学基础（哥德尔不完备定理）。

（9）随机思想的发展。①概率论溯源；②近代统计学的缘起。

（10）算法思想的历程。①算法的历史背景；②计算机科学中的算法。

（11）中国现代数学的发展。现代中国数学家奋发拼搏，赶超世界数学先进水平的光辉历程。

**2. 高中数学新课程中“数学文化”涉及的内容**

除了“数学史选讲”方面的内容，课程标准还在数学文化的教学内容中给出的选题内容：①数的产生与发展；②欧几里得《几何原本》与公理化思想；③平面解析几何的产生与数形结合的思想；④微积分与极限思想；⑤非欧几何与相对论问题；⑥拓扑学的产生；⑦二进制与计算机；⑧计算的复杂性；⑨广告中的数据与可靠性；⑩ 商标设计与几何图形；⑪ 黄金分割引出的数学问题；⑫ 艺术中的数学；⑬ 无限与悖论；⑭ 电视与图像压缩；⑮CT 扫描中的数学——拉东变换；⑯ 军事与数学；⑰ 金融中的数学；⑱ 海岸线与分形；⑲ 系统的可靠性。

**3. 高中数学新教材中“阅读与思考”涉及的内容**

这里主要以人民教育出版社出版的《普通高中课程标准实验教科书》（人教 A 版）为例进行梳理，其中所涉及的数学史与数学文化内容如表 7–1 所示。

**表 7–1　高中数学教材（人教 A 版）所涉及的数学史与数学文化内容**

| 必修模块 / 选修系列专题 | 章的内容 | 阅读与思考 |
|---|---|---|
| 必修一 | 第一章　集合与函数概念 | 函数概念的发展历程 |
| | 第二章　基本初等函数（Ⅰ） | 对数的发明 |
| | 第三章　函数的应用 | 中外历史上的方程求解 |

（续表）

| 必修模块 / 选修系列专题 | 章的内容 | 阅读与思考 |
| --- | --- | --- |
| 必修二 | 第一章　空间几何体 | 画法几何与蒙日 |
| | 第二章　点、直线、平面之间的位置关系 | 欧几里得《几何原本》与公理化方法 |
| | 第三章　直线与方程 | 笛卡儿与解析几何 |
| | 第四章　圆与方程 | 坐标法与机器证明 |
| 必修三 | 第一章　算法初步 | 割圆术 |
| | 第二章　统计 | 一个著名的案例（抽样中的泰坦尼克事件） |
| | 第三章　概率 | 天气变化的认识过程、概率与密码 |
| 必修四 | 第一章　三角函数 | 三角学与天文学 |
| | 第二章　平面向量 | 向量及向量符号的由来 |
| 必修五 | 第一章　解三角形 | 海伦和秦九韶 |
| | 第二章　数列 | 斐波那契数列、九连环 |
| 选修 1–1 | 第三章　导数及其应用 | 牛顿法——用导数方法求方程的近似解、走进微积分 |
| 选修 1–2 | 第二章　推理与证明 | 科学发现中的推理 |
| 选修 2–1 | | |
| 选修 3–1 | 数学史选讲 | 早期算术与几何——计数与测量；古希腊数学；中国古代数学瑰宝；平面解析几何的产生——数与形的结合；微积分的产生——划时代的成就；近代数学两巨星——欧拉与高斯；千古谜题——伽罗瓦的解答；康托的集合论——对无限的思考；随机思想的发展；算法思想的历程；中国现代数学的发展 |
| 选修 3–2 | 信息安全与密码 | 通信技术发展的历史与背景 |
| 选修 3–3 | 球面上的几何 | 非欧几何简史 |
| 选修 3–4 | 对称与群 | 阿贝尔关于五次及五次以上的代数方程根式解的讨论及伽罗瓦的群论思想 |
| 选修 3–5 | 欧拉公式与闭曲面分类 | 欧拉公式的拓扑证明、拓扑思想的应用 |
| 选修 3–6 | 三等分角与数域扩充 | 古希腊三大几何作图不能实现问题 |
| 选修 4–1 | 几何证明选讲 | |

（续表）

| 必修模块 / 选修系列专题 | 章的内容 | 阅读与思考 |
|---|---|---|
| 选修 4-2 | 矩阵与变换 | |
| 选修 4-5 | 不等式选讲 | 法国数学家柯西 |
| 选修 4-6 | 初等数论初步 | 中国剩余定理、费马小定理和欧拉定理、拉格朗日插值法和孙子定理 |
| 选修 4-7 | 优选法与试验设计初步 | 黄金分割研究简史、斐波那契数列和黄金分割 |
| 选修 4-8 | 统筹法与图论初步 | 统筹方法简介 |
| 选修 4-9 | 风险与决策 | 马尔可夫型决策简介 |
| 选修 4-10 | 开关电路与布尔代数 | 布尔代数产生的背景及应用 |

## 二、高中数学教师应具备的数学史与数学文化知识

考虑到中学数学知识的限制，结合课程标准的要求、现行教科书的分析，本研究认为，高中数学教师应掌握的数学史与数学文化知识应包括如下内容。

### 1. 关于数学各分支的相关概念、结论等的产生背景、发展过程及影响的知识

**代数方面** ①几个文明古国（如埃及、中国、印度、巴比伦）的早期数学（包括计数与算术）。②毕达哥拉斯学派“万物皆数”的理论及评价、对整数的研究、毕达哥拉斯定理的证明及其代数意义（勾股数的发现、数形结合思想方法的体现）、第一次数学危机产生的背景（由单位边长正方形的对角线不可公度所引起）及意义。③古希腊代数鼻祖丢番图的《算术》及其主要贡献（他是古希腊数学家中为数不多的擅长代数的人，主要的贡献是对不定方程的研究），中世纪花拉子米的《代数学》主要内容及其贡献，16 世纪的费罗、塔塔利亚、卡丹及费拉里对三次、四次方程根式解的讨论，18 世纪的拉格朗日、19 世纪的阿贝尔及伽罗瓦对五次及五次以上代数方程根式解的探讨过程及“群论”创立的意义。④我国古代数学的杰出代表《九章算术》和《数

书九章》的重要内容、思想、方法及其意义，刘徽、祖冲之、秦九韶等著名数学家的主要贡献。⑤从算术到代数学的发展、数系的发展历史。⑥英国数学家纳皮尔创立的对数理论及意义。⑦三角学的起源与定义，三角函数的名称。⑧函数概念的产生以及七次扩张。⑨哈密顿与四元数。⑩布尔代数的产生、发展及应用等。

**几何方面**　①古希腊论证几何的创始人泰勒斯及其贡献，毕达哥拉斯定理的内容、证明及其几何价值，柏拉图学派对几何学的贡献，古希腊几何的杰出代表欧几里得《几何原本》产生的背景、内容、思想方法及深远的历史意义，阿基米德对几何学的贡献，阿波罗尼奥斯所著的《圆锥曲线论》及其对后世几何学的影响。②古希腊几何三大难题产生的背景、内容及原因分析。③中国古代数学家赵爽对《周髀算经》的注释与勾股定理的证明。④刘徽对《九章算术》的注解与勾股定理的证明、割圆术的思想方法简介。⑤祖冲之对圆周率的近似计算、祖暅原理的内容及直观解释。⑥徐光启与利玛窦、李善兰对欧几里得《几何原本》的翻译及教育价值分析。⑦射影几何产生的背景及阿尔贝蒂、达·芬奇、丢勒、德沙格、帕斯卡、蒙日等人的贡献。⑧平面解析几何的产生与发展过程中，笛卡尔和费马所做的开创性的贡献，数形结合思想方法产生的背景、内容及重要意义，恩格斯对“解析几何”的评价。⑨非欧几何的产生、发展、应用及重要历史意义，高斯、波约及罗巴切夫斯基对非欧几何的贡献，爱因斯坦的相对论与非欧几何。⑩希尔伯特的《几何基础》产生的背景、思想方法及重要影响等。

**分析方面**　①微积分产生的背景及思想渊源（瞬时速度问题，切线问题，函数的最值问题，面积、体积、曲线长、重心和引力的计算；阿基米德的穷竭法与微分三角形，17 世纪初费马与笛卡尔创立的解析几何把变量与对应的思想引进数学）；牛顿、莱布尼兹创立微积分的划时代贡献；微积分的缺陷及第二次数学危机；柯西、魏尔斯特拉斯等数学家对微积分严密化的贡献。②康托尔创立集合论的背景及重要影响；罗素悖论与第三次数学危机。

**数论方面** ①欧几里得《几何原本》中“算术基本定理”的内容及历史价值。②秦九韶在《数书九章》中给出的大衍求一术（西方称为中国剩余定理）的内容、应用及历史价值。③拉格朗日插值法和孙子定理。④费马小定理提出的背景、内容及应用，欧拉定理的内容及应用。⑤公开密钥——RSA 体制的基本原理。⑥哥德巴赫猜想的提出背景、证明进展及国内外主要数学家所做的贡献。

**概率论与数理统计方面** ①概率论的产生背景、发展过程及应用（如天气变化的认识过程、概率与密码）。②现代统计学产生的缘起、发展及应用。③抽样中的泰坦尼克事件的内容。④马尔可夫型决策简介。

**算法方面** ①以《九章算术》及《数书九章》等为代表的中国古代数学注重算法思想的梳理及分析。②欧几里得算法（辗转相除法）、秦九韶算法、割圆术算法的基本思想及应用。③吴文俊创立数学机械化证明的重要意义（是对中国古代数学注重算法化思想的继承与发扬光大，几何定理机器证明在国际上处于领先地位，影响很大）。④计算机科学中的算法原理。

**运筹学方面** 黄金分割研究简史、斐波那契数列和黄金分割简介。

**2. 关于国内外一些著名数学家历史事迹的知识**

这次高中数学课程改革的一个重要举措是在数学模块或专题的教学中渗透数学文化方面的内容。为培养高中生的数学文化修养,《课标》提出相应的教学要求:“数学文化应尽可能有机地结合高中数学课程的内容，选择介绍一些对数学发展起重大作用的历史事件和人物，反映数学在人类社会进步、人类文明发展中的作用，同时也反映社会发展对数学发展的促进作用”。[①] 基于新课程的教学要求，作为向高中生进行数学史与数学文化教育教学的主要传授者——高中数学教师，自然应先具备数学史与数学文化方面的知识。结合高中数学新课程中涉及的数学史与数学文化方面的内容，下面列出高中数学教师应熟悉

---

① 中华人民共和国教育部. 普通高中数学课程标准（实验）[S]. 北京：人民教育出版社，2003.

的一些重要数学家，他们的贡献及治学精神是向学生进行数学文化教育教学的优质素材。

（1）外国一些著名数学家的历史事迹。数学鼻祖——泰勒斯、“万物皆数”的创导者——毕达哥拉斯、几何学之父——欧几里得、痴迷钻研以致对死也毫无察觉的阿基米德、圆锥曲线理论的奠基人——阿波罗尼奥斯、古代代数学之父——丢番图、隐含大自然秘密数列的发现者——斐波那契、近代代数学之父——韦达、对数的发明者——纳皮尔、勇于探索的数学家——笛卡尔、善于猜想的业余数学家之王——费马、近代概率论的奠基人——帕斯卡、站在巨人肩上的巨人——牛顿、数学符号大师——莱布尼兹、征服黑暗的数学家——欧拉、数学王子——高斯、近代分析的奠基者——柯西、身贫志坚的数学家楷模——阿贝尔、英年早逝的数学天才——伽罗瓦、灵感往往属于有准备的头脑——哈密顿、几何学的“哥白尼”——罗巴切夫斯基、没有“学位”的教授——布尔、探索无穷世界奥秘的人——康托尔、获得诺贝尔文学奖的数学家——罗素、20世纪数学发展的设计师——希尔伯特、费马大定理证明的完成者——威尔斯等。

（2）我国一些著名数学家的历史事迹。布衣数学家——刘徽、最早证明勾股定理的数学家——赵爽、博学多才的数学家——祖冲之、开方作法本源图的发现者——贾宪、文史兼备的数学家——李冶、“大衍求一术”的创立者——秦九韶、研究幻方的第一人——杨辉、一生未入仕途的数学家——朱世杰、一代珠算大师——程大位、第一个翻译《几何原本》的学者——徐光启、译介西方数学的杰出代表——李善兰、自学成才的数学大师——华罗庚、当代几何大师——陈省身（美籍华人）、获得首届国家最高科学技术奖的数学家——吴文俊、废寝忘食钻研哥德巴赫猜想的痴迷数学家——陈景润、首位获得“菲尔兹奖”的华人数学家——丘成桐等。

数学教师通过对这些国内外伟大数学家历史事迹的介绍，不仅可以使学生了解到这些大数学家在世界数学发展史上所做出的重要贡献，体会到正是这些古今中外的数学家前赴后继的努力，才促进了世界数学文化的发展。而且，这些数学家有着对数学研究孜孜不倦的追求精神及克服困难的意志，是青少年学生学习的榜样。他们的事迹是数学文化教育的很好素材。因此，作为高中数学教师，在新课程的教学过程中，应了解国内外一些著名数学家的历史事迹。

**3. 关于数学名题赏析的知识**

一方面，社会的进步、科技的发展及其他学科的发展等不断地向数学提出各种各样的问题，在解决这些问题的过程中，数学在不断地前进和发展。另一方面，在数学的发展过程中，数学本身也不断地产生一些新的问题，这些问题也促进着数学的发展。数学就是在不断地提出问题和解决问题的过程中获得发展。问题作为数学的心脏，是数学发展的不竭动力。纵观数学发展的整个历史，从古到今，涌现出了许多有名的数学问题，其中有些问题提出及解决的过程对数学的发展起着非常重要的作用。高中数学教师除了在平时的数学教学过程中引导学生进行常规数学问题解题技能的训练，还应结合相关的内容对数学史上的一些名题进行鉴赏分析，追溯问题提出的历史背景和人物，挖掘其中蕴含的思想方法，评价该问题的解决对数学发展的影响等。这样不仅能帮助学生了解数学名题产生、发展及解决的来龙去脉，而且能提升高中生数学文化素养。因此，为了顺利实施数学新课程的教学，学会赏析数学史上的一些名题也是高中数学教师应具备的数学史与数学文化知识的必要补充。结合高中数学新课程的教学内容，高中数学教师应具有的赏析数学名题的知识可包括：①著名的古希腊三大几何作图不能实现问题提出的背景、解决的过程及影响；②中国剩余定理的来源、解法及重要影响；③中国百鸡问题的来源、解法及重要影响；④费马大定理提出的背景、解决过程及历史价值；⑤哥尼斯堡七桥问题的来源、解法及重要影响；⑥高次方程求根问题的提出、讨论及深远影响；⑦哥德巴赫猜想的提出、解决的历史足迹及启示等。

**4. 关于数学对人类文明和社会经济发展作用的知识**

数学作为人类文明的重要组成部分，积淀着博大精深的文化底蕴。

每一个数学成果的诞生是一代又一代数学家怀着锲而不舍追求科学与真理的信念完成的，数学的思想方法闪烁着不同历史时期不同文化背景下人们共同的聪慧与才智。学习数学可以培养人们缜密的思维习惯与实事求是的处世意识；数学中的简单、对称、和谐、统一等特性给人以数学美的体验及享受等。同时，源于社会、经济、科技、文化等发展需要的数学一旦产生，便以极大的力量反过来又促动社会、技术、经济及其他科学等的发展。这主要体现在两方面：一方面，数学在计算机、广告设计、艺术、信息技术、军事、金融、地质勘探等领域的应用空前广泛；另一方面，数学在与社会、科技及其他科学等相互作用的过程中，产生了大量的交叉学科，如生物数学、计量经济学、计量地理学、数理化学等。可见，数学作为一门科学，其广泛的应用性已遍及现代社会的各个领域，体现着自身独特的科学价值与应用价值；其蕴含的博大精深的数学文化是对学生进行人文教育的绝好材料，对培养学生的人文素养具有重要作用。正如《课标》所指出的："数学是人类文化的重要组成部分。数学是人类社会进步的产物，也是推动社会发展的动力。通过在高中阶段数学文化的学习，学生将初步了解数学科学与人类社会发展之间的相互作用，体会数学的科学价值、应用价值、人文价值，开阔视野，寻求数学进步的历史轨迹，激发对于数学创新原动力的认识，受到优秀文化的熏陶，领会数学的美学价值，从而提高自身的文化素养和创新意识"。[①] 要向学生进行数学文化方面的教育，高中数学教师首先要具备关于数学对人类文明和社会经济发展作用的知识。结合高中数学课程标准的基本要求，高中数学教师应该具有分析、阐释以下若干选题的相关知识。

（1）数学在其他科学领域应用的知识。①二进制与计算机；②计算的复杂性（所谓"计算复杂性"，通俗来说，就是用计算机求解问题的难易程度，是现代理论计算机科学中的重要分支之一，它研究各种问题类别在计算时所需要耗费的时间、空间等资源的多少，是可计

---

① 中华人民共和国教育部. 普通高中数学课程标准（实验）[S]. 北京：人民教育出版社，2003.

算性理论的新发展）；③广告中的数据与可靠性；④商标设计与几何图形；⑤黄金分割引出的数学问题；⑥艺术中的数学；⑦无限与悖论；⑧电视与图像压缩；⑨CT扫描中的数学——拉东变换；⑩军事与数学；⑪金融中的数学；⑫海岸线与分形；⑬系统的可靠性。

（2）关于现代数学中的一些重要组织和奖项的常识性知识。国际数学团体、竞赛和奖项，包括国际数学联合会（IMU）、世界奥林匹克数学竞赛协会、国际数学奥林匹克（IMO）、中国数学奥林匹克、沃尔夫奖、菲尔兹奖、第三世界科学院科学奖、克雷福德奖、国家最高科学技术奖等。

至此，我们已经对高中数学教师所需数学史知识做出了界定，而这个界定也将作为调查问卷问题编制的主要依据。

## 第二节　高中数学教师所具有的数学史与数学文化知识现状

为了解高中数学教师所具备的数学史与数学文化知识现状，本研究主要以问卷调研及访谈的形式展开研究。问卷调研部分的问卷题目主要设计了两块内容，第一块主要调查高中数学教师对数学史与数学文化的整体了解情况，第二块主要以函数、向量两个知识点为例，调查高中数学教师在数学教学过程中对相关数学史知识的了解情况。

### 一、基于问卷调研视角的高中数学教师所具有的数学史与数学文化知识现状

#### 1. 高中数学教师对数学史与数学文化的整体认识及了解情况

为比较全面地测查高中数学教师的数学史与数学文化知识的整体认识与了解情况，本研究主要以第一节文献梳理中关于高中数学新课程中涉及的数学史与数学文化知识为依据，主要从“教师具有数学史与数学文化知识的重要性”“新课程中有关数学史实等的产生、发展及影响”“国内外一些著名数学家的历史事迹”“数学史上一些名题的来

源、解法及重要影响”“数学对人类文明和社会经济发展的作用”几方面设计问题进行调查。调查结果如表 7–2 所示。

**表 7–2　高中数学教师对数学史与数学文化知识的认识及了解情况**

| 题目 | 基本情况 | | |
|---|---|---|---|
| | 选项 | 人数 / 人 | 占比 /% |
| 高中数学教师具备数学史与数学文化的知识对其开展数学教学的重要程度 | 非常重要 | 152 | 28.3 |
| | 比较重要 | 221 | 41.1 |
| | 不太重要 | 90 | 16.7 |
| | 完全不重要 | 75 | 13.9 |
| 对高中数学课程标准里有关数学史与数学文化知识的目标理念及教学要求 | 仔细阅读过 | 4 | 0.7 |
| | 较仔细阅读过 | 37 | 6.9 |
| | 粗略阅读过 | 152 | 28.3 |
| | 根本没阅读过 | 345 | 64.1 |
| 在平时的数学教学中渗透数史与数学文化知识的频次 | 非常重要 | 15 | 2.8 |
| | 比较重要 | 164 | 30.5 |
| | 不太重要 | 285 | 53.0 |
| | 完全不重要 | 74 | 13.8 |
| 数学史实际上就是一部数学文化发展史 | 仔细阅读过 | 85 | 15.8 |
| | 较仔细阅读过 | 276 | 51.3 |
| | 粗略阅读过 | 125 | 23.2 |
| | 根本没阅读过 | 52 | 9.7 |
| 数学具有巨大的科学价值、广泛的应用价值、深厚的文化价值 | 非常重要 | 243 | 45.2 |
| | 比较重要 | 212 | 39.4 |
| | 不太重要 | 43 | 8.0 |
| | 完全不重要 | 40 | 7.4 |
| 以《九章算术》为代表的中国古代数学的产生背景、主要内容、基本思想 | 仔细阅读过 | 20 | 3.7 |
| | 较仔细阅读过 | 198 | 36.8 |
| | 粗略阅读过 | 288 | 53.5 |
| | 根本没阅读过 | 32 | 5.9 |
| 以《几何原本》为代表的古代西方数学的产生背景、主要内容、基本思想 | 仔细阅读过 | 18 | 3.4 |
| | 较仔细阅读过 | 179 | 33.3 |
| | 粗略阅读过 | 317 | 58.9 |
| | 根本没阅读过 | 24 | 4.5 |

（续表）

| 题目 | 基本情况 | | |
|---|---|---|---|
| | 选项 | 人数 / 人 | 占比 /% |
| 微积分创立的历史背景及不断严格化的过程 | 仔细阅读过 | 31 | 5.8 |
| | 较仔细阅读过 | 228 | 42.4 |
| | 粗略阅读过 | 234 | 43.5 |
| | 根本没阅读过 | 45 | 8.4 |
| 明朝的徐光启和西方的传教士利玛窦首先合译了欧几里得的《原本》，并取名为《几何原本》 | 仔细阅读过 | 13 | 2.4 |
| | 较仔细阅读过 | 61 | 11.3 |
| | 粗略阅读过 | 346 | 64.3 |
| | 根本没阅读过 | 118 | 21.9 |
| 获得首届国家最高科学技术奖的数学家是著名数学家吴文俊 | 仔细阅读过 | 37 | 6.9 |
| | 较仔细阅读过 | 156 | 29.0 |
| | 粗略阅读过 | 275 | 51.1 |
| | 根本没阅读过 | 70 | 13.0 |
| 中国剩余定理的来源、解法及重要影响 | 仔细阅读过 | 54 | 10.0 |
| | 较仔细阅读过 | 234 | 43.4 |
| | 粗略阅读过 | 219 | 40.7 |
| | 根本没阅读过 | 31 | 5.8 |
| 古希腊三大几何作图不能实现问题提出的背景、解决过程及影响 | 仔细阅读过 | 46 | 1.1 |
| | 较仔细阅读过 | 263 | 48.9 |
| | 粗略阅读过 | 172 | 31.9 |
| | 根本没阅读过 | 57 | 10.6 |
| 音乐、美术等艺术中应用数学的相关知识 | 仔细阅读过 | 25 | 4.6 |
| | 较仔细阅读过 | 148 | 27.5 |
| | 粗略阅读过 | 259 | 48.2 |
| | 根本没阅读过 | 106 | 19.7 |
| 数学里的拉东变换应用到 CT 扫描中的思想方法 | 仔细阅读过 | 12 | 2.2 |
| | 较仔细阅读过 | 77 | 14.3 |
| | 粗略阅读过 | 346 | 64.3 |
| | 根本没阅读过 | 103 | 19.1 |
| 国际数学家大会（ICM） | 仔细阅读过 | 24 | 4.5 |
| | 较仔细阅读过 | 98 | 18.2 |
| | 粗略阅读过 | 275 | 51.1 |
| | 根本没阅读过 | 141 | 26.2 |

（续表）

| 题目 | 基本情况 | | |
|---|---|---|---|
| | 选项 | 人数 / 人 | 占比 /% |
| 全国高中数学联赛 | 仔细阅读过 | 47 | 8.7 |
| | 较仔细阅读过 | 263 | 48.9 |
| | 粗略阅读过 | 189 | 35.1 |
| | 根本没阅读过 | 39 | 7.2 |

表 7–2 的结果显示，随着高中新课程标准的实施及基于培养未来全面数学人才发展的时代要求，绝大多数高中数学教师认为具备数学史与数学文化知识对开展数学教学是重要的（将持“非常重要”及“比较重要”观点的教师合在一起占调查教师总数的 69.4%），也对数学具有“巨大的科学价值、广泛的应用价值、深厚的文化价值”持赞成态度（将持“完全赞同”及“基本赞同”观点的教师合在一起占调查教师总数的 84.6%）。同时，调研结果也显示，有 64.1% 的高中数学教师根本没阅读过“高中数学课程标准里有关数学史与数学文化的目标理念及教学要求”。另外，在平时数学教学中，“很少渗透”及“纯粹不渗透”数学史与数学文化内容的教师共计有 66.8%。看来，高中数学教师对数学史与数学文化的整体理解与认识情况存在着课标要求与教学实践严重脱节的现象，这不能不引起有关方面的高度重视。

另外，绝大多数高中数学教师对新课程中有关数学史实等的产生、发展及影响，国内外一些著名数学家的历史事迹，数学史上一些名题的来源、解法及重要影响，数学对人类文明和社会经济发展的作用等数学史与数学文化知识的了解情况整体不容乐观。相比较而言，在数学名题赏析的知识方面，有 53.4% 的教师能够对“中国剩余定理的来源、解法及重要影响”做到“非常了解”与“比较了解”；在新课程中有关数学史实等的产生、发展及影响知识方面，有 48.2% 的数学教师对“微积分创立的历史背景及不断严格化的过程”能够做到“非常了解”与“比较了解”；在数学对人类文明和社会经济发展的作用知识方面，有 57.6% 的教师对全国高中数学联赛能够做到“非常了解”与“比较了解”。这说明高中数学教师对新课程中涉及的中国数学名题及与中学数学竞赛有关的国内重要数学组织的常识性知识比较关心，而与自己的切身教学关系不大的其他数学史与数学文化知识不太关心。

为进一步了解不同职称的数学教师在数学史与数学文化知识的认识方面是否存在显著性差异，本研究选取了表 7–2 中的部分内容从教师的职称视角又做了单因素方差分析，分析结果如表 7–3 所示。

**表 7–3　不同职称高中数学教师对数学史与数学文化知识的了解情况**

| 题目 | 二级教师 | | 一级教师 | | 高级教师 | | *F* | *Sig.* |
|---|---|---|---|---|---|---|---|---|
| | 平均数 | 标准差 | 平均数 | 标准差 | 平均数 | 标准差 | | |
| 以刘徽《九章算术注》为代表的中国古代数学的产生背景、主要内容、基本思想 | 2.43 | 0.68 | 2.39 | 0.67 | 2.31 | 0.61 | 1.61 | 0.200 |
| 以欧几里得《几何原本》为代表的古代西方数学的产生背景、主要内容、基本思想 | 2.34 | 0.69 | 2.42 | 0.60 | 2.32 | 0.57 | 1.24 | 0.289 |
| 微积分创立的历史背景及不断严格化的过程 | 2.40 | 0.91 | 2.24 | 0.75 | 2.12 | 0.83 | 4.85 | 0.008 |
| 明朝的徐光启和西方的传教士利玛窦首先合译了欧几里得的《原本》，并取名为《几何原本》 | 2.45 | 0.67 | 2.06 | 0.53 | 1.98 | 0.65 | 3.14 | 0.258 |
| 获得首届国家最高科学技术奖的数学家是著名数学家吴文俊 | 2.23 | 0.58 | 2.15 | 0.67 | 2.18 | 0.79 | 4.79 | 0.325 |
| 中国剩余定理的来源、解法及重要影响 | 2.81 | 0.93 | 2.74 | 0.92 | 2.78 | 0.86 | 0.29 | 0.747 |
| 古希腊三大几何作图不能实现问题提出的背景、解决过程及影响 | 2.96 | 0.84 | 2.45 | 0.62 | 2.13 | 0.82 | 5.76 | 0.002 |
| 音乐、美术等艺术中应用数学的相关知识 | 2.25 | 0.61 | 2.14 | 0.65 | 2.07 | 0.68 | 2.86 | 0.205 |
| 数学里的拉东变换应用到 CT 扫描中的思想方法 | 2.36 | 0.71 | 2.02 | 0.51 | 2.15 | 0.83 | 1.64 | 0.150 |

（续表）

| 题目 | 二级教师 | | 一级教师 | | 高级教师 | | $F$ | *Sig.* |
|---|---|---|---|---|---|---|---|---|
| | 平均数 | 标准差 | 平均数 | 标准差 | 平均数 | 标准差 | | |
| 国际数学家大会（ICM） | 2.56 | 0.74 | 2.52 | 0.72 | 2.67 | 0.75 | 2.36 | 0.213 |
| 全国高中数学联赛 | 2.58 | 0.89 | 2.72 | 0.73 | 2.87 | 0.83 | 4.85 | 0.007 |

注：$F$代表检验的统计量；*Sig.*表示显著性，即$P$值，标准为$P > 0.05$表示差异不显著，$0.01 < P < 0.05$表示差异显著，而$P < 0.01$则表示差异极显著。

通过表 7–3 中的统计结果可以看出，不同职称的高中数学教师在“微积分创立的历史背景及不断严格化的过程”“古希腊三大几何作图实现问题及提出的背景、解决过程及影响”及“全国高中数学联赛”的了解方面存在极显著性差异（三个 $P$ 值均小于 0.01）。再通过三种不同职称的交互比较可以发现，以上差异主要存在于二级与一级教师之间、二级与高级教师之间，而一级与高级教师之间不存在显著性差异。究其原因，二级教师由于刚从大学毕业，他们通过高等数学专业课及数学史等选修课的学习，对“微积分创立的历史背景及不断严格化的过程”及“古希腊三大几何作图实现问题及提出的背景、解决过程及影响”了解得比一级及高级教师要多一些，他们现有的数学史及数学文化方面的知识主要来自大学数学课程的学习。而一级及高级数学教师由于毕业时间长，再加上平时的教学负担比较重，高考又不考这方面的知识，所以对一些具体的数学史知识点的掌握比较欠缺。这就是二级与一级教师、二级与高级教师之间在这两个问题了解程度上存在显著性差异的主要原因。另外，一级与高级教师中有些是数学竞赛的指导教师，而二级教师基本上都是新教师，他们主要从事普通的数学教学，这就是三种职称的数学教师在了解“全国高中数学联赛”方面存在显著性差异的主要原因。

### 2. 高中数学教师对函数及向量中的数学史知识的了解情况

为进一步了解高中数学教师的数学史与数学文化知识情况，本研究仍然选函数及向量两个知识点作为调查的内容，调查结果如表 7–4 至表 7–7 所示。

表 7–4 高中数学教师对函数史知识的了解情况

| 题目 | 非常了解 | | 比较了解 | | 不太了解 | | 完全不了解 | |
|---|---|---|---|---|---|---|---|---|
| | 人数 / 人 | 百分比 / % | 人数 / 人 | 百分比 / % | 人数 / 人 | 百分比 / % | 人数 / 人 | 百分比 / % |
| 对数学史上函数概念演变的过程了解程度 | 15 | 2.8 | 153 | 28.4 | 331 | 61.5 | 39 | 7.2 |

表 7–5 不同职称高中数学教师函数史知识的平均得分情况

| 题目 | 二级教师 | 一级教师 | 高级教师 |
|---|---|---|---|
| 把“函数”一词最早用作数学术语且最初仅用函数表示 $x$，$x^2$，$x^3$ 等的数学家 | 0.52 | 0.43 | 0.40 |
| 最初使用函数一词的我国数学家 | 0.69 | 0.68 | 0.69 |

表 7–6 高中数学教师对向量史知识的了解情况

| 题目 | 非常赞同 | | 比较赞同 | | 不太赞同 | | 完全不赞同 | | 说不清 | |
|---|---|---|---|---|---|---|---|---|---|---|
| | 人数 / 人 | 百分比 / % | 人数 / 人 | 百分比 / % | 人数 / 人 | 百分比 / % | 人数 / 人 | 百分比 / % | 人数 / 人 | 百分比 / % |
| 从历史上看，向量是纯数学发展到一定阶段的产物，没有其他的背景推动 | 11 | 2.0 | 107 | 19.9 | 277 | 51.5 | 131 | 24.3 | 12 | 2.2 |
| 亚里士多德最早就知道了力可以表示成向量，两个力的合成可用平行四边形法则来得到 | 54 | 10.0 | 214 | 39.8 | 228 | 42.4 | 26 | 4.8 | 16 | 2.9 |
| 向量首先是由英国数学家牛顿使用的，他是第一个用“向量”表示有向线段的数学家。 | 60 | 11.2 | 237 | 44.1 | 197 | 36.6 | 16 | 3.0 | 28 | 5.2 |

表 7–7 不同职称高中数学教师对函数史知识的平均得分情况

| 题目 | 二级教师 | 一级教师 | 高级教师 |
|---|---|---|---|
| 首次利用坐标平面上的点来表示复数 $a+bi$ 的学者 | 0.22 | 0.30 | 0.22 |

从表7–4、表7–5可以看出，共有68.7%的教师对函数概念演变的过程不太了解及完全不了解，在“把‘函数’一词最早用作数学术语且最初仅用函数表示$x$，$x^2$，$x^3$等的数学家”的调查中，三种职称的数学教师的平均得分都不理想。相较而言，二级教师的平均得分（0.52）稍好于一级（0.43）与高级（0.40）教师；而在“最初使用函数一词的我国数学家”的调查中，三种职称的数学教师平均得分均较好（二级、一级、高级三种教师的平均得分分别是0.69、0.68、0.69）。虽然绝大多数教师不太了解函数概念的发展历史，但相较而言，比起国外数学家在函数方面的贡献，多数教师更加了解中国数学家在函数方面的贡献。从表7–6、表7–7可以看出，绝大多数教师对向量产生的历史背景、最早把力可以表示成向量及力的合成的数学家、首先使用向量表示有向线段的数学家、首次利用坐标平面上的点来表示复数$a+b\mathrm{i}$的数学家等历史人物都不甚了解。

综上所述，当前绝大多数高中数学教师的数学史与数学文化知识整体看来都非常欠缺。究其原因，一是绝大多数高中数学教师的教学任务繁重，没有时间与精力再去学习这方面的知识；二是数学史与数学文化知识高考不考，高中数学教师不重视。于是许多教师宁愿把有限的时间用到数学解题训练上也不愿用到数学史与数学文化知识的学习方面。相比较而言，二级教师在数学史与数学文化方面的知识整体上要比一级与高级教师稍好一些，这与他们刚从大学毕业，学习过的数学史与数学文化方面的内容尚留存在记忆中有关。另外，大部分数学教师对数学史与数学文化知识中的数学名题，如“中国剩余定理”的相关知识了解得较多，高级及一级教师对“高中数学联赛”等国内重要竞赛的相关知识了解得较多。这在某种程度上反映了我国高中数学教学长期重视解题训练及重视奥数竞赛的现实。

## 二、基于访谈调研视角的高中数学教师所具有的数学史与数学文化知识现状

为比较真实地了解我国高中数学教师所具有的数学史与数学文化

知识现状，本研究主要采用访谈法，从大学数学教师及高中正高级、高级、一级、二级数学教师等几个层面进行了比较深入的访谈。访谈提纲主要围绕高中数学教师数学史与数学文化知识的重要性、现状及影响因素几个核心问题去展开。

**1. 关于高中数学教师具有数学史与数学文化知识重要性的认识**

众所周知，我国的高中数学教育长期受应试教育的影响，解题训练、题海战术是广大师生应对高考的有效策略。那么，作为一名高中数学教师，具备数学史与数学文化方面的知识到底有什么价值或意义呢？在对不同层次的数学教师所进行的访谈中，我们可以看到虽然每一位受访者谈论的出发点不同，但大家都不约而同地谈到了高中数学教师具备数学史与数学文化知识对当前新课程的教学具有重要作用。

如 W 教授（大学教师）主要从新旧课程比较及培养学生数学文化素养的视角指出了高中数学教师具备数学史与数学文化知识的重要性：“本次高中数学课程强调要在数学教学中渗透数学史与数学文化方面的知识内容，这跟我国传统的高中数学课程过分强调双基的教学相比较有了很大的进步。通过渗透数学史与数学文化方面的教育，让学生不仅懂得数学是什么，而且懂得数学是怎么来的；不仅懂得数学中的重要概念、定理、思想、方法等结论的来龙去脉，而且应懂得数学的相关知识在其产生、发展及成熟的过程中数学家所付出的辛勤努力；体会到中国古代数学所采用的归纳和算法思想方法对世界数学所做的贡献等。因此，要对学生进行数学史与数学文化方面的教育，高中数学教师应先自身具有渊博的数学史与数学文化方面的知识，这是前提和基础。但是，根据我对高中数学教师了解的情况看，大多数教师并没有对此引起高度的重视，这不能不说是我们高中新课改的一大缺憾，是广大教师当下亟须解决的一个重要问题。”

在对 12 名中学数学教师的访谈中，笔者尽量让他们结合高中数学中函数及向量两部分内容的教学体会谈谈自己的看法。访谈过程中发现，12 名高中教师几乎都对中学教师具有数学史与数学文化知识的重要性给予了肯定，其中 2 名正高级教师及 1 名高级教师能够从自己的专业成长及教学研究的视角提到了该知识的重要性，而 1 名高级教师、2 名一级教师主要从具体的教学内容谈到了该知识的重要性，2 名二级教师在大学期间选修了《数学史》课程，具备这方面的部分知识，但由于毕业时间不长，对其重要性的认识基本上停留在理论认识阶段，对教学的重要性还体会得不是很深刻。下面列出 4 位教师的访谈语录。

J 教师（正高级教师）指出："数学史本身就是数学科学的重要组成部分，我们现在学习到的数学概念、公式、命题、法则及数学思想方法等知识，并不是从天上掉下来的现成品，而是古今中外的数学家前赴后继、不断钻研的系列成果，凝结着人类的聪明才智与创造的火花。因此，数学史传承着人类的文化文明成果，通过对数学史的梳理与学习，我们不仅可懂得数学知识产生、发展及最后形成的过程，而且还可让学习者体会到数学知识发展过程中蕴含的文化价值，这一点，随着教师专业的成长我深有体会。在二级教师阶段，自己主要是熟悉教材内容，根本体会不到数学史与数学文化的教育价值是什么；在一级教师阶段，自己在数学教学中主要是搞解题训练，在解题训练中掌握各种不同题型的解法；在高级教师阶段，自己基本上能从思想方法的角度驾驭中学数学教学，基本上能从整体结构上把握中学数学的知识内容体系；到了正高级教师阶段，自己开始反思相关数学知识内容本源性的一些东西。如函数的概念、思想、符号产生及发展的过程是否是一帆风顺的？向量难道在数学史上仅仅是一种解决问题的手段和工具吗？我带着这种想法，自学了 M. 克莱因的《古今数学思想》，才明白了其中的道理。现在，我把这种对数学史的领悟渗透到数学教学中，尽量从知识还原点的视角和学生一起探究知识的生成过程，让学生不仅懂得数学是什么，还要懂得数学是怎么来的，取得了很好的效果。因此，我认为，这次高中数学新课程强调在数学教学中渗透数学史与数学文化方面的教育，非常及时。"

G 教师（高级教师）谈道："现在社会上很多人对高中教育质量的评价就是看考上大学的人数有多少、考上重点或名牌大学的人数有多少，在这种社会评判指标的压力下，绝大多数高中数学教师就在高考指挥棒的指挥下忙于解题训练，说得不好听一点也就是搞题海大战。实际上，这是对高中数学教育的一种误解，原因很简单，那就是高中生需要一种完整的教育，即'知识+精神'的教育。除了让高中生掌握扎实的数学知识及培养基本的数学技能和能力，还需要通过数学文化的熏陶，培养他们良好的情感、积极的态度及健康的价值观等。在这方面，我做了有益的尝试，效果不错。比如，在讲函数这部分内容时，我通过讲述数学史上数学家对函数符号 $f(x)$ 精益求精的使用过程，一方面使学生体会到函数符号 $f(x)$ 产生的来龙去脉，使学生感受到这个普通的符号来之不易的历史过程，从而对数学现成知识结果产生重视；另一方面，在讲函数符号 $f(x)$ 时，不能不提到勤奋多产的数学家欧拉，欧拉严谨的治学态度及一生对学术研究孜孜不倦的追求精神对学生的震撼很大。在讲向量这部分内容时，我向学生讲述了向量产生的历史背景，进而从数学史的角度总结出'数学源于现实、高于现实、最终又将回归于现实'的辩证道理，使学生切实体会到数学与现实的有机联系，有助于增强其学习数学的动力。"

S 教师（一级教师）谈道："虽然数学史与数学文化的价值自己说得不是很深刻，但在高中数学教学中渗透数学史与数学文化方面的教育对培养学生的数学学习兴趣、提升学生的数学文化修养应该是有好处的。比如，原来讲函数的概念及性质时，基本上都是开门见山地写出函数的概念或性质，然后引导学生反复理解，结果效果不佳，学生即使当时理解了，过后也容易忘记。后来从网上看到有人写的一篇短文，介绍了数学史上函数概念的几次扩张，深受启发。于是现在讲函数概念时，就改原来的直接介绍为先引导学生复习初中函数概念的'变量说'定义，再引入高中函数概念的'对应说'定义的教学方法。这种承上启下、由简单到复杂的教学引入的转变，对学生更好地理解函数概念起到了比较好的效果。"

A 教师（二级教师）谈道："说句实在话，高中数学教师具备数学史与数学文化方面的知识素养对高中数学教学非常重要。在大学里，自己曾选修过《数学史》这门课程，对其中一些内容大概有所了解，但对数学史的教育价值当时还真想得不多，直到后来当了高中数学教师从事新课程的教学时，才感觉到掌握数学史与数学文化的知识对教学还是有所帮助的。比如，在讲函数这块内容时，有些学生对函数概念的重要性了解不够，甚至个别学生上课不注意听讲时，我就给他们讲牛顿、莱布尼兹创立微积分的故事，讲第二次数学危机产生的背景及数学家解决的过程等。这些有趣故事的讲述，吸引了学生的注意力，也有助于学生数学学习兴趣的培养。然而，现实的问题是自己对高中新课程的内容还不太熟悉，根本无暇给学生讲一些数学史与数学文化的知识，即使讲也是非常少，否则，自己的教学任务根本完不成。所以，从自己教学的实情来看，数学史与数学文化方面的知识重要性是不言而喻的，但在实际教学中我们在这方面很少。”

**2. 关于高中数学教师所具有的数学史与数学文化知识现状的认识**

虽然，几乎所有受访者都肯定了高中数学教师具有数学史与数学文化知识对其专业的发展及高中新课程的教学有重要意义及作用，但大部分受访者对高中数学教师所具有的数学史与数学文化知识现状不太乐观。大学教师及正高级教师更多的是表现出对高中数学教师欠缺数学史与数学文化知识的一种担忧；而高级、一级及二级教师的主要想法是，在平时教学中不是不想渗透数学史与数学文化方面的教育，实在是平时的教学任务本身就很重，所以根本就没有时间讲这些东西。以下是一些受访者的话语摘录。

L 教授谈道：“虽然具备数学史与数学文化方面的知识无论对教师的专业发展还是对当前新课程的教学都很重要，但通过我在新课程培训期间与多数高中数学教师的交流发现，绝大多数教师的数学史与数学文化知识还是非常欠缺的。为什么会出现这种情况？许多教师反映，不是他们不想渗透数学史与数学文化方面的教育，实在是平时的教学任务太重了，根本没有时间来讲这些东西，其中他们讨论最多的就是高考不考，所以也没必要给学生专门讲数学史与数学文化的知识，有些做得比较好的教师就是让学生自己去看。我认为，第一，这是一个认识问题，数学史与数学文化方面的渗透并不是要把书本上正课的知识内容讲完以后再专门抽时间讲给学生听，这是一个润物细无声的长期过程。现在高中数学教学内容本身就很多，如果像很多教师说的那样要把正课内容讲完了再抽出时间讲数学史方面的知识，时间当然就所剩无几。鲁迅先生曾说过，'时间就像海绵里的水，只要愿挤，总还是有的'，所以我认为时间紧不是根本问题，说白了还是不够重视，认为高考不考没必要给学生讲。第二，数学史与数学文化方面的知识欠缺也是导致绝大多数教师不重视数学史教育的原因。数学不仅是数学概念及结论的汇集，还是一种文化的积淀。给学生讲某一个数学知识，除了要解释它是什么，更重要的是让学生知道它是怎么来的，否则学生学到的就是不完全的知识，是知其然不知其所以然的知识。例如，函数概念是高中数学中最核心的概念，那么，函数概念在数学史上的七次扩张是什么，第一个提出函数概念的数学家是谁，第一个使用函数符号 $f(x)$ 的数学家又是谁，等等，这都是高中教师必须懂得的知识，也是高中生需要了解的知识，但估计绝大多数教师都不知道。现在高中数学课程标准中设置了'数学史选讲'的选修内容，设置了'数学文化'的专题领域，这些都对高中数学教师的学科知识提出了新的挑战，所以社会各界及教师本人必须要对自己数学史与数学文化知识的欠缺引起足够的重视，不然我们这次课程改革的理念就落不到实处，对培养学生全面的数学素养起不到有效的促进作用。"

J 教师（正高级教师）根据自己的观察与交流提出了对于高中数学教师所具有的数学史与数学文化知识现状的看法："尽管我是一个中学数学教师，但是通过长期的教学体会可知，具备广博的数学史与数学文化知识对自己的教学及学生数学文化素养的培养都具有非常重要的意义。正是这样，我尽量通过各种渠道不断提升自己的数学史与数学文化方面的知识，也就是说，我通过自己的教学感受已切身体会到加强数学史与数学文化知识的重要性及紧迫性。但是，从我与高中其他数学教师的交流来看，绝大多数教师虽然口头上说加强自身的数学史与数学文化知识是重要的，但并没有真正意识到它的作用与价值。有关数学史与数学文化方面的内容很多老师几乎都没有讲，个别教师将其布置成课外作业让学生课下阅读，后面不再过问。有时我很是纳闷，自己已经是个正高级教师了，至今还想办法学一些数学史与数学文化方面的知识来提高自己，就这样自己还深感紧迫。不知其他那么多的数学教师根本就不讲这些知识，那学生的数学文化修养要怎么去培养？国家组织那么多专家制定的课程标准怎么样落到实处？难道高考考的就讲，高考不考的就不讲吗？这是我们广大教师需要思考的一个紧迫问题。”

H 教师（高级教师）：“渗透数学史与数学文化的教育是本次高中数学课程改革倡导的一个重要理念，这本来对学生搞清楚数学知识形成的来龙去脉、培养学生的数学文化修养及创新思维能力等是很有好处的。但是，理想归理想，现实归现实。我现在带的是高三年级的数学课，面临着高考的巨大压力，根本没有心思给学生讲这方面的知识。如果我挤出时间给学生讲了这些知识，那正常的教学任务什么时候才能完成。所以，可能有些人质疑我们为什么给学生很少讲甚至不讲数学史与数学文化方面的知识，这实际上是不了解我们高中数学教师尤其是高三数学教师面临繁重教学任务的苦衷。从另一个角度讲，我即使给学生讲了，高考又不考，又能起什么作用呢？”

Z 教师（一级教师）：“坦率地讲，给高中学生讲数学史与数学文化方面的知识确实很有必要，也很有价值。但是，我在这方面讲得很少，这主要有三方面的原因：一是高考不考，教学起来当然就缺乏现实的动力；二是教学时间不够，没机会再讲这些额外的东西；三是自己的数学史与数学文化方面的知识欠缺。通过我个人的观察，高中像我一样的数学教师还有很多，现在大家的主要任务是在学生掌握基础知识的基础上进行解题训练，目标只有一个，那就是高考。高考考的，我们就给学生讲，高考不考，即使在未来对学生再有价值，我们也不讲或讲得很少，这就是高中数学教学的实情。我们有时感到很矛盾，但也无可奈何。”

L 教师（二级教师）：“我今年带的是高一年级，高一恰好实施的是新课程，采用的是人教 A 版教材，教材中涉及的数学史与数学文化方面的内容主要以‘阅读与思考’的形式出现，如函数概念的发展历程、对数的发明、中外历史上的方程求解、画法几何与蒙日、欧几里得《几何原本》与公理化方法、笛卡尔与解析几何、坐标法与机器证明等。从新课程的教学理念及教学要求来讲，这些数学史与数学文化的内容对拓展学生的知识视野、培养学生的学习兴趣等无疑具有重要的作用。但是，就我们现在面临的教学实情而言，教学任务很重，高一第一学期要上必修一、必修二，高一第二学期要上完必修三、必修四，新课程中很多内容对自己而言挑战性很大，仅完成书本上该讲的正课内容都很费劲，根本没有时间再讲那些数学史与数学文化方面的知识。从当学生与当教师的经历来看，我现在掌握的数学史与数学文化方面的知识还是上大学时选修《数学史选讲》这门课后获得的，但那时候只是抱着拿学分的目的学习这门课，根本没想着今后还有什么应用价值，所以现在想起来有点后悔。同时自己在数学史及数学文化知识方面的欠缺也是造成有些数学课教学效果不佳的一个重要因素。”

## 三、高中数学教师所具有的数学史与数学文化知识现状结论及分析

由上述问卷调研及访谈结果可以看出，虽然很多数学教师都对本次高中数学课程中设置数学史与数学文化内容的必要性及重要性给予了肯定性的评价，而且都认为高中数学教师具备数学史与数学文化知识无论对教师的专业发展还是新课程的数学教学都有较大的帮助。但是，问卷调查结果显示，绝大多数高中数学教师对高中新课程中有关数学各分支的重要结论及史实等产生、发展、影响的情况不甚了解；对国内外一些著名数学家的事迹不太熟悉，也很少在数学教学中进行渗透；对数学史上一些名题的来源、解法及重要影响不甚了解；对数学在人类文明和社会经济发展中所起的作用认识比较浅薄等。同时，从访谈结果来看，大学数学教师及高中正高级教师对高中数学教师在数学史与数学文化知识方面的现状甚为忧虑，但很多二级、一级、高级教师却还没有清醒地意识到自己数学史与数学文化知识的欠缺可能

产生的影响及后果，他们更多的是把“阅读与思考”中呈现的数学史与数学文化相关的内容与教材中其他内容割裂开来看待的，并没有真正认识到这两者是一个有机统一的整体。绝大多数高中教师把在平时教学中很少给学生讲数学史与数学文化内容的原因归因为繁重的高中数学教学任务，但通过访谈可以看出，高考不考才是高中教师不重视渗透数学史与数学文化教育教学最根本的原因。

## 第三节　高中数学教师数学史与数学文化知识发展的途径

关于高中数学教师数学史与数学文化知识发展的途径，本研究主要通过问卷调研及访谈的形式来进行探讨。在问卷调查部分，本研究同样列出了 12 种途径，分别为：中小学数学课程的学习、大学数学专业类课程的学习、数学教育实践类课程的学习、数学教育理论类课程的学习、在职培训、有组织的专业活动、和同事的日常交流、自身的教学经验和反思、和学生的交流阅读专业书刊、通过网络资源的学习、撰写数学教研论文。

### 一、问卷调查数据的分析

#### 1. 高中数学教师对数学史与数学文化知识各种来源评价的统计情况

高中数学教师对数学史与数学文化知识各种来源贡献程度情况如表 7–8 所示。从表 7–8 可以清楚地看出，高中数学教师发展其数学史与数学文化知识有多种不同的来源，且不同的教师对其数学史与数学文化知识发展途径的认同程度存在着差异。在以上各种途径中，如果将给予肯定性评价“影响很大”与“有些影响”的教师的占比加起来看，自身的教学经验和反思（83.3%）及大学数学专业类课程的学习（79.4%）是教师发展其数学史与数学文化知识的最重要的两种途径；和同事的日常交流（74.9%）及通过网络资源的学习（70.3%）也是比较重要的两种途径；数学教育理论类课程的学习（61.7%）、有组织的专业活动（59.6%）、阅读专业书刊（57.3%）、中小学数学课程的学习（55.7%）、和学生的交流（55.2%）及数学教育实践类课程的学习（50.6%）等途径对教师数学史与数学文化知识的发展有一定的贡献；而撰写数学教研论文（31.2%）及在职培训（45.9%）则是数学教师认同程度最低的发展其数学史与文化知识的途径。

**表 7–8 高中数学教师对数学史与数学文化知识各种来源评价的统计情况**

| 来源 | 贡献程度 | | | | | | | | 均值 |
|---|---|---|---|---|---|---|---|---|---|
| | 没有影响 | | 影响很小 | | 一些影响 | | 影响很大 | | |
| | 人数 / 人 | 占比 / % | 人数 / 人 | 占比 / % | 人数 / 人 | 占比 / % | 人数 / 人 | 占比 / % | |
| 中小学数学课程的学习 | 70 | 13.0 | 168 | 31.2 | 225 | 41.8 | 75 | 13.9 | 2.57 |
| 大学数学专业类课程的学习 | 30 | 5.6 | 81 | 15.1 | 173 | 32.2 | 254 | 47.2 | 3.21 |
| 数学教育实践类课程的学习 | 43 | 8.0 | 223 | 41.4 | 234 | 43.5 | 38 | 7.1 | 2.50 |
| 数学教育理论类课程的学习 | 49 | 9.1 | 157 | 29.2 | 289 | 53.7 | 43 | 8.0 | 2.61 |
| 在职培训 | 54 | 10 | 237 | 44.1 | 241 | 44.8 | 6 | 1.1 | 2.37 |
| 有组织的专业活动 | 83 | 15.4 | 134 | 24.9 | 245 | 45.5 | 76 | 14.1 | 2.58 |
| 和同事的日常交流 | 37 | 6.9 | 98 | 18.2 | 356 | 66.2 | 47 | 8.7 | 2.77 |
| 自身的教学经验和反思 | 22 | 4.1 | 68 | 12.6 | 122 | 22.7 | 326 | 60.6 | 3.40 |
| 和学生的交流 | 29 | 5.4 | 212 | 39.4 | 287 | 53.3 | 10 | 1.9 | 2.52 |
| 阅读专业书刊 | 19 | 3.5 | 211 | 39.2 | 258 | 48.0 | 50 | 9.3 | 2.63 |
| 通过网络资源的学习 | 40 | 7.4 | 120 | 22.3 | 100 | 18.6 | 278 | 51.7 | 3.15 |
| 撰写数学教研论文 | 107 | 19.9 | 263 | 48.9 | 136 | 25.3 | 32 | 5.9 | 2.17 |

注：表中贡献程度采用赋分制（没有影响 =1，影响很小 =2，一些影响 =3，影响很大 =4）。根据加权平均进行计算均值，设没有影响（贡献）人数为 $\alpha$，影响很小（贡献）人数为 $\beta$，一些影响（贡献）人数为 $\gamma$，影响很大（贡献）人数为 $\eta$，调查样本总数为 $N$，则均值计算公式为 $\frac{\alpha\times 1+\beta\times 2+\gamma\times 3+\eta\times 4}{N}$。

### 2. 平均评价值的统计与分析

依据教师对各种来源所作评价的平均值，图 7–1 给出了不同来源对数学史与文化知识贡献的总体性比较。

根据图 7–1 所显示的平均评价值可以看出，各种来源对教师形成数学史与文化知识的重要性从大到小依次为自身的教学经验和反思（3.40）、大学数学专业类课程的学习（3.21）、通过网络资源的学习（3.15）、和同事的日常交流（2.77）、阅读专业书刊（2.63）、数学教育理论类课程的学习（2.61）、有组织的专业活动（2.58）、中小学数学课程的学习（2.57）、和学生的交流（2.52）、数学教育实践类课程的学习（2.50）、在职培训（2.37）、撰写数学教研论文（2.17）。可见，除了个别一些来源之间的顺序稍有变化，其他来源重要性的先后顺序与前面肯定性评价所得出的结果是一致的。

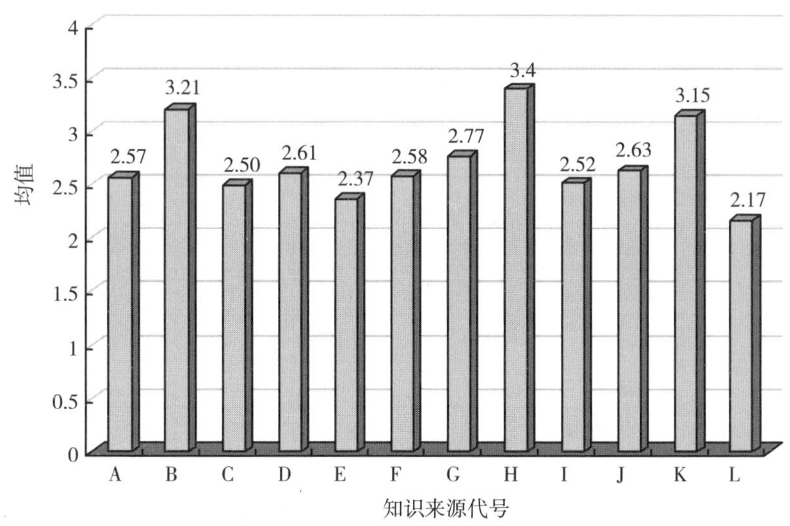


**图 7–1　高中数学教师对“数学史与数学文化知识”各种来源的平均评价值**

注：（1）各种知识来源的代号是，A= 中小学数学课程的学习，B= 大学数学专业类课程的学习，C= 数学教育实践类课程的学习，D= 数学教育理论类课程的学习，E= 在职培训，F= 有组织的专业活动，G= 和同事的日常交流，H= 自身的教学经验和反思，I= 和学生的交流，J= 阅读专业书刊，K= 通过网络资源的学习，L= 撰写数学教研论文；（2）图中使用的序数量值为：4= 影响很大，3= 有些影响，2= 影响很小，1= 没有影响

综合以上两种统计分析的结果可知，自身的教学经验和反思大学数学专业类课程的学习、通过网络资源的学习是数学教师发展其数学史与数学文化知识的重要来源，而在职培训及撰写数学教研论文对发

展教师的数学史与数学文化知识的贡献较小，其他来源都有一定的作用。

3. $\chi^2$ 检验

为了更确切地了解高中数学教师的不同职称是否显著地影响他们对各种来源的评价，为此，本研究将所有教师分为二级、一级、高级三个职称组，运用 $\chi^2$ 检验对其进行差异性分析。统计结果如表 7–9 所示。

**表 7–9　高中数学教师数学史与数学文化知识 12 种主要来源的职称组人数分布**

| 来源 | 职称组 | 评价 | | | | $\chi^2$ 检验 |
|---|---|---|---|---|---|---|
| | | 没有影响 | 影响很小 | 有些影响 | 影响很大 | |
| A. 中小学数学课程的学习 | 二级教师 | 33 | 51 | 91 | 24 | $\chi^2 \approx 11.19$<br>d$f$=6<br>$P \approx 0.083$ |
| | 一级教师 | 19 | 58 | 80 | 26 | |
| | 高级教师 | 18 | 59 | 54 | 25 | |
| | 总数 | 70 | 168 | 225 | 75 | |
| B. 大学数学专业类课程的学习 | 二级教师 | 13 | 31 | 58 | 97 | $\chi^2 \approx 17.83$<br>d$f$=6<br>$P \approx 0.007$ |
| | 一级教师 | 9 | 34 | 73 | 67 | |
| | 高级教师 | 8 | 16 | 42 | 90 | |
| | 总数 | 30 | 81 | 173 | 254 | |
| C. 数学教育实践类课程的学习 | 二级教师 | 22 | 86 | 81 | 10 | $\chi^2 \approx 10.22$<br>d$f$=6<br>$P \approx 0.115$ |
| | 一级教师 | 13 | 81 | 74 | 15 | |
| | 高级教师 | 8 | 56 | 79 | 13 | |
| | 总数 | 43 | 223 | 234 | 38 | |
| D. 数学教育理论类课程的学习 | 二级教师 | 20 | 65 | 98 | 16 | $\chi^2 \approx 8.89$<br>d$f$=6<br>$P \approx 0.180$ |
| | 一级教师 | 17 | 59 | 93 | 14 | |
| | 高级教师 | 12 | 33 | 98 | 13 | |
| | 总数 | 49 | 157 | 289 | 43 | |
| E. 在职培训 | 二级教师 | 18 | 99 | 80 | 2 | $\chi^2 \approx 9.50$<br>d$f$=6<br>$P \approx 0.147$ |
| | 一级教师 | 20 | 83 | 77 | 3 | |
| | 高级教师 | 16 | 55 | 84 | 1 | |
| | 总数 | 54 | 237 | 241 | 6 | |

（续表）

| 来源 | 职称组 | 评价 | | | | $\chi^2$ 检验 |
|---|---|---|---|---|---|---|
| | | 没有影响 | 影响很小 | 有些影响 | 影响很大 | |
| F. 有组织的专业活动 | 二级教师 | 26 | 59 | 87 | 27 | $\chi^2 \approx 6.31$<br>$df=6$<br>$P \approx 0.389$ |
| | 一级教师 | 30 | 45 | 85 | 23 | |
| | 高级教师 | 27 | 30 | 73 | 26 | |
| | 总数 | 83 | 134 | 245 | 76 | |
| G. 和同事的日常交流 | 二级教师 | 12 | 45 | 126 | 16 | $\chi^2 \approx 7.45$<br>$df=6$<br>$P \approx 0.281$ |
| | 一级教师 | 15 | 23 | 126 | 19 | |
| | 高级教师 | 10 | 30 | 104 | 12 | |
| | 总数 | 37 | 98 | 356 | 47 | |
| H. 自身的教学经验和反思 | 二级教师 | 6 | 29 | 52 | 112 | $\chi^2 \approx 23.45$<br>$df=6$<br>$P \approx 0.001$ |
| | 一级教师 | 11 | 27 | 49 | 96 | |
| | 高级教师 | 5 | 12 | 21 | 118 | |
| | 总数 | 22 | 68 | 122 | 326 | |
| I. 和学生的交流 | 二级教师 | 11 | 86 | 98 | 4 | $\chi^2 \approx 8.09$<br>$df=6$<br>$P \approx 0.232$ |
| | 一级教师 | 8 | 65 | 104 | 6 | |
| | 高级教师 | 10 | 61 | 85 | 0 | |
| | 总数 | 29 | 212 | 287 | 10 | |
| J. 阅读专业书刊 | 二级教师 | 8 | 81 | 92 | 18 | $\chi^2 \approx 1.68$<br>$df=6$<br>$P \approx 0.947$ |
| | 一级教师 | 7 | 67 | 90 | 19 | |
| | 高级教师 | 4 | 63 | 76 | 13 | |
| | 总数 | 19 | 211 | 258 | 50 | |
| K. 通过网络资源学习 | 二级教师 | 16 | 62 | 41 | 80 | $\chi^2 \approx 24.16$<br>$df=6$<br>$P \approx 0.000$ |
| | 一级教师 | 9 | 34 | 36 | 104 | |
| | 高级教师 | 15 | 24 | 23 | 94 | |
| | 总数 | 40 | 120 | 100 | 278 | |
| L. 撰写数学教研论文 | 二级教师 | 41 | 102 | 42 | 14 | $\chi^2 \approx 7.90$<br>$df=6$<br>$P \approx 0.246$ |
| | 一级教师 | 38 | 88 | 44 | 13 | |
| | 高级教师 | 28 | 73 | 50 | 5 | |
| | 总数 | 107 | 263 | 136 | 32 | |

表 7–9 所报告的 $\chi^2$ 检验结果表明，在 0.05 的水平上，三个职称组教师在中小学数学课程的学习、数学教育实践类课程的学习、数学教育理论类课程的学习、在职培训、有组织的专业活动、和同事的日常交流、和学生的交流、阅读专业书刊、撰写数学教研论文 9 种途径的人数分布上没有显著性差异，而在自身的教学经验和反思（$P=0.001<0.01$）、通过网络资源的学习（$P=0.000<0.01$）、大学数学专业类课程的学习（$P=0.007<0.01$）这 3 种来源的人数分布上存在极显著性差异。通过 3 种职称之间进一步两两配对所进行的 $\chi^2$ 检验得出，3 种职称教师的显著性差异主要表现在二级教师与高级教师之间，二级教师与一级教师之间、一级教师与高级教师之间差异不太显著。

前面的研究已经表明，自身的教学经验和反思、大学数学专业类课程的学习及通过网络资源的学习这 3 种途径对不同职称高中数学教师的数学史与数学文化知识的贡献应当都是最大的，为什么二级教师与高级教师之间还有极显著的差异呢？我们说中学教师的知识、经验、教龄、水平等的差别在很大程度上体现在其职称的区别上，这两类教师虽然都认可 3 种途径对其数学史与数学文化知识的促进作用，但是，相比较而言，二级教师一般都是毕业不到 5 年的年轻教师，他们拥有的数学史与数学文化知识很大程度上是在大学期间通过学习数学专业类课程的必修课及数学史方面的选修课积淀下来的，而毕业后他们在职学习的机会及教学阅历还很有限，教学任务比较繁重。因此，他们获取数学史与数学文化知识的主要渠道就是教学闲暇通过网络资源的学习，且二级教师一般都思维活跃，接受新鲜事物的意识比较强，遇到问题喜欢上网查找一些资料。高级教师虽然也偶尔上网去获得数学史与数学文化知识，但相较而言，高级教师在长期教学过程中通过对各种信息的反思与积淀是其获取数学史与数学文化知识的主要方式。而二级教师的教学阅历还比较浅，对自身的教学经验和反思这种途径在促进数学史与数学文化知识的理解、感悟上不如高级教师深刻。所以，高级教师与二级教师同样认可自身的教学经验和反思对数学史与数学文化知识的重要促进作用，但高级教师与二级教师对其重要性的认识是有差异的。

另外，高级教师虽然也使用网络去学习一些知识，但和二级教师相比，高级教师使用网络学习的频次，通过网络获取的内容等还是有限的，而且他们对大学期间通过数学专业课程的学习而获取的数学史及数学文化知识远不及二级教师，这就是高级教师与二级教师在通过网络资源的学习、大学数学专业类课程的学习这两种途径的认识上存在显著差异的原因。至于一级教师与其他两类教师在这 3 种知识来源上差异不明显，主要是因为一级教师在通过这 3 种来源发展自己数学史与数学文化知识方面兼具有二级教师及高级教师各自的一些特点，所以二级教师与高级、一级教师之间在通过这 3 种途径发展自己数学史与数学文化知识方面差异不明显。

## 二、访谈资料的小结与分析

为更全面地了解高中数学教师数学史与数学文化知识发展的途径，本研究又采用访谈法，主要对大学数学教师及高中正高级、高级、一级、二级数学教师等几个层面进行了比较深入的访谈。访谈是在一种平和真实的气氛中进行的，尽量要求访谈者按照自己的真实想法进行叙述。本研究针对受访者提出的问题是：“从您的教学经历及现实感受来看，您认为促进自己数学史与数学文化知识发展的有效途径是什么？有哪些因素影响了该知识的发展？其中最主要的影响因素是什么？”。从访谈的结果来看，由于高中数学教师本身比较缺乏数学史与数学文化知识，所以有些受访者对自己获取数学史与数学文化知识的途径体会也并不深刻。

### 1. 高中数学教师缺乏获得数学史与数学文化知识的自觉意识

虽然，有许多教师谈到了高中数学教师具备数学史与数学文化知识具有重要意义，但由于高考现实的导向及繁重的教学任务的客观影响，多数高中数学教师缺乏获得数学史与数学文化知识的自觉意识。

例如，W 教授（大学教授）在谈到高中数学教师数学史与数学文化知识发展现状时指出：“数学史与数学文化知识是高中数学教师学科知识的重要组成部分，是社会发展与课标理念对现代高中数学教师学科知识的基本要求。整体来看，绝大多数高中数学教师所具有的数学史与数学文化知识是比较欠缺的，有些甚至是非常薄弱的。固然，高考现实的导向及繁重高中数学教育教学任务的影响是造成高中数学教师数学史与数学文化知识欠缺的重要客观因素，但深层次分析就会发现，高中数学教师对自身应具有数学史与数学文化知识没有引起真正的重视及缺乏自觉的学习意识是造成其数学史与数学文化知识欠缺的重要主观因素。虽然有些高中数学教师在上大学时选修了《数学史》这门课程，了解了数学史的一些基本史实，但由于当时缺乏服务于中学数学教学目标的针对性，许多教师在上大学时没有认真去学，以至于到中学后经常不教就忘了。相比较而言，二级教师在大学里选修过《数学史》这门课程且刚毕业，正高级教师因为经常写点文章而需要查阅数学史与数学文化方面的资料，他们的数学史与数学文化知识可能会好点，其余层次的教师由于很少教这方面的内容其数学史与数学文化知识可能会更差点。面对这种现状，我认为应从两方面提出解决的策略：一是在职前培养期间，高等师范学校数学系应重视‘数学史与数学文化’类课程的设置，在课程目标、课程内容、课程实施及评价等方面进行改革与创新，尤其要渗透高中数学新课程中涉及的有关数学史与数学文化方面的内容，培养大学生查资料自学、小组讨论、专题演讲等学习能力；二是在职期间，社会、学校要不断创设条件，通过专家引领、校本研修、数学史与数学文化专题辅导等途径提升高中数学教师的数学史与数学文化知识水平。当然归根到底还是教师自身要真正认识到数学史与数学文化知识对自己专业发展与数学教学的重要性，这是提升高中数学教师数学史与数学文化知识的基本前提。”

T 教师（正高级教授）谈道：“回顾自己专业成长的经历，我认为阅读专业书籍是提高自己数学史与数学文化知识的一条有效途径。说实话，自己对网络操作不太熟悉，不像许多年轻人可以熟练地从网上下载、浏览一些东西，而大学里学习过的一些数学史与数学文化方面的内容又忘得差不多了，所以自己现在掌握的一些数学史与数学文化的知识主要是通过看书学习得到的。当然，看书时我不是随便阅读，而是选几本比较经典的权威著作去看，如 M. 克莱因的《古今数学思想》、A.D. 亚历山大洛夫的《数学——它的内容、方法和意义》等，当然看的时候也不是一字一句地仔细去揣摩，而是大概了解数学发展的历史过程，尤其关注那些与中学数学教学有关的数学史与数学文化方面的知识。通过阅读这些数学史经典著作，我懂得了中国古代数学与古代西方数学的思想方法的区别与联系；了解到数学史上几次数学危机产生的背景及解决的大概过程；感受到欧几里得、牛顿、欧拉、高斯、杨辉、秦九韶、祖冲之、华罗庚、陈景润、吴文俊等中外数学家孜孜不倦钻研数学的精神，等等。在看了这些内容之后，我把它有机地渗透到平时的数学教育教学当中，很好地改变了我的教学效果。”

H 教师（高级教师）谈道：“就自己对其他高中数学教师的了解情况看，我认为大多数教师的数学史与数学文化知识欠缺的根本原因还不在于繁重的教学压力，主要是觉着这些知识高考不考，有没有这方面的知识对自己所教学生高考成绩的影响不大，所以也就缺乏学习数学史与数学文化知识的自觉性与动力。基本上与其他高中数学教师一样，我自己现有的数学史与数学文化知识主要源于边教边学，现教现卖，因为对高中数学教材上许多数学史与数学文化的内容不太熟悉，再加上时间紧张，所以这些内容还是布置成课外作业让学生去阅读，至于他们阅读的情况咋样，我也没时间去督促检查。所以，由于自己的数学史与数学文化知识本身比较欠缺，所以也谈不上发展的经验，不仅是我，其他高中数学教师的情况应该和我差不多。”

Z 教师（一级教师）谈道：“虽然数学史的知识对自己的专业修养及数学教学而言很重要，但由于高考不考，再加上平时的教学任务很重，正常的课都讲不完，我实在是没有那么多的时间及精力再专门去学习这方面的内容，所以，自己现有的数学史与数学文化知识主要还是从阅读高中数学教材上的‘阅读材料’等获得的。实际上，即使教材上涉及有关‘数学史与数学文化’方面的内容，好多老师都不讲，只是提一提，让学生利用课外时间去阅读。因此，我认为把高中数学教材上的数学史与数学文化的相关内容大概了解一下就足够了，没时间也没必要花额外的时间去专门学习这方面的知识。”

**2. 高中数学教师获得数学史与数学文化知识的途径相对比较单一**

据接受访谈的高中数学教师反映，由于受种种条件的制约，当前大多数高中数学教师获得数学史与数学文化知识的渠道主要停留在“阅读教材”的范围，而且是边学边教，照本宣科，对教材上涉及的数学史与数学文化方面的内容基本上没有进行二次加工或拓展。而只有一部分高中数学教师是通过网络资源的学习和阅读专业书刊等渠道获得数学史与数学文化知识的。

如针对高中数学教师数学史知识欠缺、数学文化视野狭窄的现状，L 教授指出，“诚然，承担繁重的数学教学任务而无暇学习数学史与数学文化的材料是造成高中数学教师数学史知识欠缺、数学文化视野狭窄的一个重要客观因素，大多数教师缺乏自觉的课外学习与反思意识则是影响其数学史与数学文化知识发展的重要主观因素。在教师培训、数学教育实践类课程的学习、新课程实施现状调研过程中我和许多高中数学教师交流时发现，绝大多数教师仅以教材上‘阅读材料’涉及的相关内容作为让学生了解数学史与数学文化知识的主要素材，基本上不再进行课外知识的拓展，部分教师对高中数学教材上的数学史与数学文化内容只是大概提一提甚至不讲。这就导致教师照本宣科，学生学习的数学史与数学文化知识没有进一步的拓展，教学效果没有达到高中数学新课程改革的目标。当然，也有部分刚毕业的大学生主要是通过网络搜集一些数学史与数学文化方面的资料，还有部分高级教师及正高级教师主要是通过看一些专业书籍来提升自己的数学史与数学文化知识。整体而言，通过这几种方式发展自己数学史与数学文化知识的教师并不多。”

再如 L 教师（二级教师）谈道：“时至今日，大学里学过的一些数学史与数学文化方面的知识早就忘了，我们学校资料室里订阅的数学类刊物少之又少，所以也很少到资料室去翻阅资料。那么，平时在数学教学过程中遇到一些数学史与数学文化方面的内容怎么办呢，我的做法就是大部分内容布置成课外作业让学生自己去阅读，只有与正课内容相关的数学史知识我提前做一下准备，比如上网查一些资料，或者翻阅一些数学史方面的资料看看。但整体上来说，我现有的数学史与数学文化知识大部分还是从高中数学新教材中学习到的，说实话，那就是现学现卖，除了教材，自己很少看一些数学史方面的课外书。所以，从我自身的体会来说，我觉得绝大多数高中数学教师的数学史与数学文化知识发展的途径还是比较狭窄。”

**3. 现有的考试评价导向在客观上阻碍了高中数学教师数学史与数学文化知识的发展**

在与高中数学教师的访谈过程中听得最多的一句话是，“高考考什么，我们就教什么，若高考不考，我们也就基本上不教。”虽然，我国高中数学新课程改革实施已经多年了，但综观近年来全国高考的数学试题就会发现，涉及数学史与数学文化方面的考题几乎没有。因此，高考作为我国高中最主要的评价形式，在绝大多数数学教师眼里已成为左右高中数学教学导向的决定性因素，高考数学出题的导向客观上阻碍了高中数学教师数学史与数学文化知识的发展，这在访谈中不同程度地得到了验证。

如 J 教师（正高级教师）谈道：“我国的高中教育承担着为高校输送后备人才及向社会培养合格公民的双重任务。虽然我国已经实施的高中新课程改革倡导素质教育，但由于受传统应试教育的长期影响，我国的高中教学在很大程度上仍然是为高考服务的，这就是我国高中教育面临的现实。我们这些一线数学教师自然也脱离不开这个现实环境。绝大多数高中数学教师在高考的导向下引领学生主要搞解题训练，在数学教学中过多地侧重了‘数学如何去做’，忽视了‘数学是怎么来的’‘数学的文化价值是什么？’，导致学生学习到的基本上是结论性的现成知识，并没有真正理解数学知识的来龙去脉。这就不利于学生创新能力的培养及数学素养的提升。本次高中数学课程改革提出在数学教学中渗透数学史与数学文化的教育正是要改变这一现状，应该来说是非常及时的，但是，我国绝大多数高中数学教师并没有真正认识到这一点。我认为，传统的考试评价是有一定的影响，但真正有影响的应该是教师非常欠缺数学史与数学文化知识，也正是由于这块知识欠缺，教师体会不到其教育价值。只有在长期的教学过程中不断反思某一数学概念、公式、定理等数学知识来源的重要性，教师才能够重视数学史与数学文化知识的学习，这需要一个过程。”

如 G 教师（高级教师）谈道：“如果从教师的专业成长及学生的全面发展角度看，本次高中数学新课程倡导数学史与数学文化方面的渗透是有积极意义的，但高中数学教师却面对着现实的高考压力，高考整体的升学率及重点本科院校的上线率已成为社会评价高中教学质量的主要指标。在这种情况下，高考的出题导向在很大程度上左右着高中数学教学的动向，近年来，全国的高考数学试题中涉及数学史与数学文化方面的考题几乎没有，若我们在数学史与数学文化内容的教学方面花过多的时间与精力，势必会影响正课教学的进度，也对学生的高考成绩帮助不大甚至还有影响。因此，高考的出题导向在客观上阻碍了高中数学教师数学史与数学文化知识的发展。”

**4. 促进高中数学教师数学史与数学文化知识的发展需要多渠道的努力**

在如何促进高中数学教师数学史与数学文化知识发展的调查方面，接受访谈的教师表达了不同的意见。大学教师主要从高等师范学校数学系“数学史选讲”课程的设置、高中校本课程的开发、教师自觉的专业学习等方面发表了自己的看法，高中数学教师则主要从高考出题的导向、教师进修等方面提出了发展其数学史与数学文化知识的愿望。

L 教授（大学教授）谈道：“教师数学史与数学文化知识的发展既需要理论学习，又需要实践；既需要本人主观的努力，又需要外界条件的支持。整体来说，关于促进高中数学教师数学史与数学文化知识发展的途径问题，我认为应从职前培养与职后继续教育两方面着手。从职前培养方面来看，高等师范学校数学系除了设置‘数学分析’‘高等代数’‘解析几何’‘概率统计’等提升大学生基本数学素养的基础课程，还应根据高中数学新课程中数学史与数学文化的内容要求重新设置‘数学史选讲’这门课程的内容体系，改革传统的教学方法，变原来大学教师的单纯讲授为教师讲授与学生的课外阅读、专题汇报等自学方式相结合，增加学生学习的积极性及趣味性。而在课程类型上，现在许多高等师范学校数学系把‘数学史选讲’作为选修课开设，这往往不能引起学生足够的重视。因此，为增加学生对这门课的重视程度，有必要将该门课由原来的选修课变为限选课。从职后继续教育方面来看，主要有 3 种途径可促使高中数学教师数学史与数学文化知识的发展：一是高考题要适当增加数学史与数学文化方面的考试内容，以扭转高中数学教学中不重视数学史与数学文化内容的倾向；二是要创造各种机会，通过专家引领和校本研修等方式，加强对高中数学教师数学史与数学文化知识的培训，不断增强教师对学习掌握数学史与数学文化知识的重要性及必要性的认识，使教师自觉养成学习数学史与数学文化知识的意识；三是积极鼓励高中数学教师开设‘数学史与数学文化专题选讲’等校本课程，通过现场观摩与交流研讨，拓展教师的数学史与数学文化知识范围及视野。”

J 教师（正高级教师）谈道：“从自身的经验来看，我认为要提高高中数学教师的数学史与数学文化知识水平，一是外界要提供有利于教师学习的环境与条件，完善考试评价的良性导向作用；二是要通过各种途径让教师切身体会到具备数学史与数学文化知识的教育教学价值从而产生自我学习及提高的迫切愿望，只有具备这种实实在在的内驱力，广大高中数学教师才会把数学史与数学文化知识的发展变成一种自觉的行动。现在的问题是，由于受主客观种种因素的限制，这两者都没有得到很好的落实，绝大多数高中数学教师的专业发展处于一种半自然的状态，缺乏有利的支持环境、科学的评价体系、专业的长期规划。”

H 教师（高级教师）谈道：“就当前高中数学教育教学的现状而言，要提高高中数学教师的数学史与数学文化知识储备，比较现实的做法如下。第一，高考在出题导向方面要做适当的调整，增加一些数学史与数学文化方面的内容，比如‘请比较中国古代数学与西方古代数学在数学思想方法上的异同及其对后世影响的异同’‘请叙述函数概念在数学史上的几次发展过程’等。只有高考考查，才会无形当中逼着教师去学习这方面的内容。在此基础上，长期的教学实践及不断的教学反思会促使教师发现自己学习到的数学史与数学文化知识反过来又能促进数学教学的提高，从而使教师增强自己学习的自觉性与主动性。第二，结合本次高中数学新课程的教学要求，出版社、教育科学研究所或培训机构等可组织相关专家编写一些适合高中数学教师阅读的数学史与数学文化方面的普及读物，学校在组织教研活动时要定期让教师汇报课外阅读情况，以形成数学教师课外阅读的督促、检查及激励机制。第三，有条件的学校可在校园网上设置数学史与数学文化的知识专题，以方便广大师生进行学习与相互交流。这些途径都有助于高中数学教师数学史与数学文化知识的发展。”

S 教师（一级教师）谈道：“要提升高中数学教师的数学史与数学文化知识水平，最关键的一点是要让教师切实感受到掌握数学史及数学文化知识对拓展学生的知识视野、提升学生的学习兴趣、加深学生对数学本质的理解等教学效果带来的帮助作用。现在为什么许多教师不重视数学史及数学文化内容的教学？除了高考不考这一现实的客观原因，多数教师认为教数学史及数学文化内容对平时正课所讲的数学知识几乎没有什么帮助才是根本原因。因此，要改变这种现状，首先，高考出题导向应做相应的调整，适当增加数学史及数学文化知识的考查；其次，有关部门及高中学校要不断创设教师继续教育的有利条件，在教师培训、考察观摩、校本研修等学习过程中，可结合典型案例，通过专家引领、伙伴协助及自我反思等方式，研讨数学史及数学文化的教学效果及价值，增强教师对学习掌握数学史与数学文化知识重要性及主动性的认识。最后，学校要鼓励教师开设‘数学史及数学文化’方面的校本课程，以带动高中数学教师学习数学史及数学文化知识的积极性，从而形成广大师生都重视学习数学史及数学文化知识的校园氛围。”

L 教师（二级教师）谈道：“要提高数学教师的数学史与数学文化

知识素养，虽然教师自身的学习动机是最重要的前提，但良好的外界支持也必不可少。我们学校是一所县城普通高中，教学资源赶不上重点学校，虽然学校建立了校园网络，但缺乏维护与更新，若要在校园网上查自己需要的资料几乎没有。另外，学校资料室条件也差，数学方面的报刊资料很少，利用率很低，慢慢地许多教师也就懒得去了，大家整天只是机械而忙碌地为高考挥洒着自己的青春与汗水，很少有充电的机会。在这种教学氛围下，我们哪有心思去提高自己的数学史与数学文化知识呢？因此，我认为，相关部门在重视省级、市级示范性高中建设的同时，也应关注一下我们县级普通高中校园的文化建设，从硬件、软件两方面加强校园网络、多媒体教室及学校资料室等的建设，使这些文化设施尽量发挥出自身的服务功效。”

# 第八章　数学观的现状分析及发展途径

数学内容性知识奠定了高中数学教师学科知识的根基，是从识记、解释、运用等方面反映教师对数学概念、公式、公理、定理、法则、应用等的掌握和理解情况，是数学教师学科知识中的一种外显性知识；数学思想方法知识则是教师对数学具体内容主动建构的结果，反映着教师对数学知识本质的理解情况，属于教师学科知识中的内隐性知识；数学史与数学文化知识是教师对数学科学本身的发展、数学各分支的形成过程、具体的数学内容及思想方法产生与发展的过程等所进行的纵向的理解与认识，有助于教师从历史的、发展的、唯物的角度加深对数学内容性知识及数学思想方法知识的理解与认识，是形成高中数学教师学科知识的重要支持条件。显然，高中数学教师具备了这些学科知识，必然会对其如何看待数学的对象、特点、地位及作用等产生重要影响，这也就不能不涉及数学教师的数学观问题，它不仅是在数学教师对数学内容性知识、数学思想方法知识、数学史与数学文化知识长期领悟的基础上逐渐形成的，也反过来指导着数学教师对这几种知识辩证的理解与把握。这里，我们不妨把它称为高中数学教师的数学观。在本章，我们主要回答3个基本问题：一是通过对数学观研究的文献梳理，看高中数学教师应该具有的数学观是什么；二是通过问卷调研及教师访谈，看高中数学教师数学观的现状如何；三是高中教师是如何发展自己的数学观的，有什么有益的结论及启示。

# 第一节 高中数学教师应具备的数学观

## 一、高中数学教师应具备的数学观之多维度分析

### （一）从数学观的演变及发展历史来看

作为人们对数学的总的看法，数学观是伴随着社会的发展及数学科学本身的发展而不断演变的。在不同的历史时期，由于所处的社会文化环境及受不同哲学认识论的影响，同一时期不同的学者所持有的数学观也是不同的。整体来看，人们对数学的看法主要围绕着三方面的问题去展开：数学知识是怎么来的？数学的本质是什么？数学到底有什么价值？人们的数学观正是在对这几个基本问题的探讨中不断得到了发展。纵观数学观的发展历程，从时间上来看，大概可划分为古代的数学观、近代的数学观、现代的数学观等几个发展阶段。

#### 1. 古代的数学观

古代数学主要以中国古代数学及古希腊数学为代表。古希腊数学注重逻辑演绎的公理化体系，几何成就突出，而中国古代数学强调实用与算法精神，取得令人瞩目的算术成就。显然，两种数学文化在内容及思想方法等方面差异显著，而造成这种差异的原因是多样的，其中主要原因是受当时不同主流数学观的长期影响。

与古希腊数学相比，中世纪的东方数学表现出强烈的算法精神，特别是中国数学与印度数学，着重算法的概括，不讲究命题的形式推导。所谓“算法”，不只是单纯的计算，而是为了解决一类实际问题或科学问题而概括出来的、带有一般性的计算方法。[①] 在古代中国，人们掌握数学知识的主要目的是应对当时的社会生产。因此，人们的数学观以经验主义和实用主义为主。在这种主流数学观的支配下，中国古

① 李文林. 数学史教程［M］. 北京：高等教育出版社，2000.

代数学家基于解决实际问题的需要而创造出诸多解题术。这些极富价值的解题术形成了以解决问题为特色的数学体系，例如:《周髀算经》中讨论了如何测算“日高”的方法，其中运用了三角形的形似和比例线段;《九章算术》采用问题集的形式，依次解决了“方田、粟米、衰分、少广、商功、均输、盈不足、方程、勾股”九章共246个与生产和生活有着密切联系的实际问题。刘徽的割圆术、体积理论，祖冲之的圆周率，贾宪三角，秦九韶的“正负开方术”，中国剩余定理，内插法等，都是中国古代数学算法的辉煌成就。而在证明方面，中国古代数学认可数学规律和结论，以符合经验论证为标准，不强调逻辑演绎论证，保持着数学起源时所表现的经验主义数学观。这种经验主义和实用主义的数学观，贯穿于整个中国古代数学史，直至近代才发生变化。

古代中国的这种实用主义和经验主义的数学观，在本质上，把数学看成是解决实际问题的工具与技能；在内容上，强调问题解决和模型的机械构建，重计算、轻演绎；在数学价值上，过分关注数学的工具性价值、忽视数学的人文价值和思想价值。①

古希腊的数学建立在古代埃及和巴比伦数学成就的基础上。古埃及和古巴比伦人也是从经验和实用的角度出发，在解决测量等问题中积累了大量的计算和几何知识。这些知识在古希腊被归纳整理，并被唯理的古希腊人建成了相对完善的、注重逻辑演绎的严格知识体系，这时，古埃及和古巴比伦人的数学观在古希腊便转变为“绝对主义”和“人文主义”。

在对数学本身的认识上，古希腊人持有的是绝对主义的数学观。这种数学观始于毕达哥拉斯（Pythagoras），后经柏拉图（Plato）和亚里士多德（Aristotle）的发展，由欧几里得使之达到巅峰。欧几里得几何学的公理化体系是绝对主义数学观在历史上的第一次完美体现。在欧几里得几何学中，几何体系主要是从若干原始概念、公理、公设出

① 张雷. 高中文科学生数学观的调查研究［D］. 长春：东北师范大学，2007.

发，经过纯逻辑的推理论证建立的，这时的数学很大程度上成为纯思维推理的理智产品而不必苛求从实践中来。这种绝对主义的数学观使得数学研究更加依赖逻辑思维和演绎，使得数学进入精神领域；高度推崇数学结论的唯真性，使其成为科学思维的最高追求目标。同时，由于古希腊人把推理、理性和逻辑视为人认识的核心，因此数学被认为是人类的最高成就、文化的核心、科学的皇后、绝对真理的完美结晶，是培养人智力的最好素材。所以，古希腊人还把数学看成是人的文化素质中的重要成分，是衡量一个人文化素养的重要指标，对数学文化价值的强调也远远高于其实际应用的价值。在古希腊有智慧的人都要具有很高的数学修养，很多哲学家和自然科学家同时也是数学家。这种人文主义数学观，形成了古希腊丰富的数学文化，对数学的发展起到了很大的推进作用。①

**2. 近代的数学观**

（1）15—17 世纪：数学是科学的本质。

漫长的中世纪给人们带来的种种精神桎梏，在 15 世纪开始时便重新接受人们的审视。随着欧洲经济的增长以及新文化思潮的发展，从经院哲学家开始出现的反叛思想逐渐扩展成一种有意识的革命行动。"文艺复兴通过复活希腊时代的知识，创造出一种精神气氛：在这种气氛里可以再度有可能媲美希腊人的成就，而且个人之才也能在自从亚历山大时代以来就绝迹的自由状况下蓬勃生长"②。

于是，中世纪树立的亚里士多德的权威受到了批判，而以毕达哥拉斯和柏拉图为代表的理性主义思想成为欧洲学者的思想准则，即强调数量关系是现实的本质。毕达哥拉斯和柏拉图的理论使文艺复兴时期的欧洲人相信自然界是按照数学方式设计的，并且这个设计是非常和谐、优美及统一的真理。自然界是合理的、简单而且有序的，它是按照万古不易的规律行动的。换句话说，上帝按照数学方式设计了大自然，而数学家的工作就是寻找大自然的数学规律。当然，上帝按数

---

① 斯科特．数学史［M］．侯德润，张兰，译．桂林：广西师范大学出版社，2008.

② 罗素．西方哲学史：下卷［M］．马元德，译．北京：商务印书馆，2004.

学方式设计大自然，只是一种信念，绝不是事实。但这种信念以及由此而表现的数学观念，却十分有利于人们对数学的重视和研究，也有利于人们对数学真理的确认。这样，毕达哥拉斯—柏拉图强调数量关系作为现实精髓的思想逐渐占据了统治地位。哥白尼（Copernicus）、开普勒（Kepler）、伽利略（Galileo）、笛卡尔（Descartes）、惠更斯（Huygens）及牛顿（Newton）实质上都是毕达哥拉斯主义者，并且都在他们的著作中确立了这样的原则：科学工作的最终目标是确立定量的数学上的规律①。

可见，15—17 世纪的数学观是比较鲜明和一致的，即数学被看成现实世界的本质，科学的实质是数学，而几何学则是现实世界的表现形式。

（2）17—19 世纪：数学是科学的工具。

自 17 世纪，科学由实验精神与数学精神结合而开始发展之后，很快就从数学王国中脱颖而出，人们开始从自然的角度来看待数学。数学也开始发生转变，渐渐地，数学直接受到物理问题的激励，人们研究数学的目的开始转向于求解物理问题。

像伽利略、牛顿那样以数学家的身份去研究自然界，认为世界是按照数学的规律设计的时代已成过去。当时的数学观是：数学是自然科学的一个分支，是科学的工具；数学只有为科学服务时才是普遍有用的。例如拉普拉斯认为：数学只是物理的一个工具。百科全书派的领袖人物之一、数学家达朗贝尔（D’Alembert）明确地把数学划归在自然科学之内，从理论上确立了数学是自然科学的一个门类。这种科学分类法的影响至今仍存在。

牛顿时期，数学家的观点是去揭示大自然的数学规律。但在 17—19 世纪，科学家是利用数学的方法去揭示自然界的力学设计、机械设计。最能表明这一时期数学是科学工具的莫过于这样的事实：判断数学可靠性的标准是在物理上是否正确。但在古希腊，数学是不受实际

① 克莱因. 古今数学思想：第 1 册［M］. 张里京，张锦炎，译. 上海：上海科学技术出版社，1979.

问题检验的；牛顿时代人们用数学标准去决定科学理论的取舍，如哥白尼和开普勒因为日心说更富有数学上的简明性而毅然提出并拥护日心说。在这一时期，物理标准才开始作为数学的评判标准。

数学作为工具纯粹为科学服务固然对科学的发展有一定好处，但对数学的发展却不尽然，因为处于这种背景下的数学发展比较被动，长期下去对科学的发展也不利。

（3）19 世纪：数学是独立于自然科学的分支。

数学这种人类智慧的最高形式，在 19 世纪发生了巨大的变化。非欧几何与抽象代数的建立、分析的严密化运动及集合论的创立等不仅代表着现代数学的产生，而且标志着人们数学观的巨大变革。非欧几何的确立，实际上意味着从古希腊以来的、以欧式几何为代表的绝对数学真理的终结。它告诉人们，空间形式远非只有欧氏几何形式，固定不变的公理系统是可以改变的。正如 M. 克莱因所指出的："在 19 世纪所有复杂的技术创造中间，最深刻的一个，非欧几何，在技术上是最简单的。这个创造引起数学的一些重要新分支，但它的重要影响迫使数学家们从根本上改变对数学的性质的理解，以及对它和物质世界的关系的理解。"[①] 而抽象代数则表明，数绝不仅仅用于计算，代数学更主要的应该是研究各种结构问题。此外，四元数的出现，高位空间的引进，数学再也不拘泥于物质世界而作为科学的一个分支了。

在 19 世纪 20 年代以后，一系列数学革命的冲击使数学从自然界和科学界中解脱出来，继续它自己的历程[②]。于是，数学逐渐成为一个独立于自然科学的分支。

**3. 现代的数学观**

（1）绝对主义数学观。

数学观的现代演变与数学哲学的发展过程息息相关。1890—1940

---

① 克莱因．古今数学思想：第 3 册［M］．张里京，张锦炎，译．上海：上海科学技术出版社，1979.

② 克莱因．古今数学思想：第 4 册［M］．张里京，张锦炎，译．上海：上海科学技术出版社，1979.

年的这50年被称为是“数学哲学的黄金时代”，其主要特征是基础研究各个学派的数学观占据主导地位。在此期间，弗雷格、罗素、布劳维尔以及希尔伯特等人围绕数学基础问题进行了系统和深入的研究，并发展起了逻辑主义（把数学看作是逻辑学派生出来的一个分支）、直觉主义（把数学看作是一种直觉的构造）及形式主义（把数学看作是形式化的公理系统）等具有广泛和深远影响的数学哲学流派。这三大学派的最终目标都是希望能为数学奠定一个“永恒、确定的基础”，从而彻底解决数学的可靠性问题。

尽管各个学派围绕数学基础问题提出了不同的哲学观点，但三大学派所提出的哲学观点主要体现为一种静态的、绝对主义的数学观，即都将注意力集中在对数学知识内在逻辑无矛盾的分析上，把数学的发展看成是确定性真理在数量上的简单积累。

由于各个学派的基础研究规划均未能获得成功，并且随着悖论和矛盾的出现，人们对数学知识的绝对主义观提出了质疑，对“数学是否需要基础？”开始了反思。正如数学哲学家赫斯（Hersh）所描述的：“我们不必去继续寻找基础而徒劳无功，我们也不必因缺乏基础而迷惑徘徊或感到不合逻辑，我们应当把数学看成是一般的人类知识的一部分。我们能够试着分析数学究竟是什么，也即真实地反映当我们使用、讲授、发现或发明数学时所做的事。”① 可见，这种基于反思所形成的对数学哲学研究的新思考，也促使人们的数学观发生了转变。

（2）可误主义数学观。

20世纪40年代以后数学基础研究进入了一个停滞时期。人们对数学哲学研究产生的新思考主要来自两方面：一方面来自对数学哲学研究工作整体上的内在反思，表现在对“数学是否需要基础》？”的追问，从而使数学哲学的研究脱离了基础研究的传统框架，发生了研究立场的转移；另一方面则来自外部的启示；这主要是指在数学哲学研究相对停滞的时期，科学哲学的研究却进入了一个异常活跃的时期，

① HERSH R. Some proposals for reviving the philosophy of mathematics [J]. Advances in mathematics, 1979, 31 (1): 31-50.

其研究的范式由对科学知识的逻辑分析过渡到了对实际科学活动的动态研究，这为数学哲学的研究提供了直接的借鉴。在此背景下，数学哲学的研究开始由关注知识本身转向关注实际的数学活动，或者说由静态的分析转向了动态的研究。

基于反思所形成的对数学哲学研究的新思考，突出表现在数学基本观念的转变，即由静态的、绝对主义的数学观转变为动态的、辩证的数学观。前者把数学看作静态的、有终极界限的客观知识体系，认识数学意味着要掌握一些被奉为经典真理的集合体；后者则把数学看成是人类的一种创造性活动，认识数学问题或获得数学知识要经过猜测、探究、讨论、反驳以及修正等动态的实践活动过程。

由于这种观点与传统的数学观直接相对立，从而为深刻认识数学的本质提供了新的视角。具体地说，如果说静态的、绝对主义的数学观曾在基础主义的数学哲学研究中占据了主导的地位，那么，现今人们已不再把数学简单地等同于数学知识（特别是“事实性结论”）的汇集，而将其看成是人类的一种创造性活动。另外，数学的发展也不再被看成无可怀疑的真理在数量上的简单积累，而被认为是一个包含有猜测与尝试、证明与反驳、检验与改进的复杂过程，是依赖于个体与群体共同努力的社会性创造活动过程。

综合上述数学观演变的历程可以得出几点结论。①人们的数学观是受一定社会的历史文化背景、哲学认识论的发展及数学科学本身的发展等诸多因素所影响的，生活在不同历史时期的人们由于对数学的看法不太一样，因而持有不太一致的数学观。②整体来看，不同历史时期的人们所持有的数学观主要聚焦在对数学的本质、数学的知识及数学的价值这三个问题的认识方面，正是由于人们对这三方面的不同看法导致了不同的数学观。③纵观数学观的演变历程可以看到，在对数学本质的理解与认识方面，人们的看法可以分为三种：数学是绝对的真理、数学是科学的工具、数学是发明而不是发现的；在对数学知识的理解与认识方面，人们的看法可以分为三种：数学知识是经过严格逻辑推演出来的、数学知识主要是解决现实及科学中的问题的、数学知识是不断修正改进的；在关于数学价值的认识方面，人们的看法也可以分为三种：数学是思维的体操、数学是一种实用的技术工具、数学是一种文化。④从数学观发展的趋势看，整体表现为一种由绝对主义向可误主义演变的趋势。

（二）从数学观的相关研究来看

**1. 关于数学教师数学观的内涵研究**

虽然要对“数学教师的数学观”给出一个明确的定义是十分困难的事，但学者们还是从不同的角度对其含义进行了刻画。目前，国内外研究中具有代表性的界定有如下几种。

第一，认为数学教师的数学观除了对数学本质的看法，还包括对数学学习、数学教学的看法。例如舍费尔德（Schoenfeld，1983）认为，“数学观是人们对数学的本质、数学思想以及数学与周围世界联系的根本看法和认识，是数学行为的先导，它决定学生学习数学的态度，从事数学活动的意识和方式，用数学处理实际问题的能力，影响学生进一步数学成就的取得。”[①] 郑毓信（1995）指出，“问题解决、建构主义的学习观、数学的文化研究，可以看成是一种新的数学观的反映”；后来他进一步提出，“数学是关于模式的科学”。[②] 黄毅英等人（2002，2003）在对香港及内地数学教师数学观的研究中将教师的数学观界定为：教师对“数学是什么”（本质）、“数学是如何习得的”（学）、“数学应该怎么教授”（教）的看法[③④]；又如郜舒竹（2004）认为：数学教育中的数学观包括“数学”和“教育”两方面，二者在数学教育中缺一不可[⑤]。

---

① SCHOENFELD A H. Epsodes and executive decisions in mathematics problems-solving［M］//LESH R.，LANDAN M.Acquisition of mathematics concepts and process．NewYork：Academic Press，1983.

② 郑毓信．数学教育哲学［M］．成都：四川教育出版社，2001.

③ 黄毅英，林智中，黄家鸣，等．中国内地中学教师的数学观［J］．课程·教材·教法，2002（1）：68-73.

④ 黄毅英，林智中，黄家鸣，等．香港教师数学观的研究［J］．数学教育学报，2003（2）：2-8.

⑤ 郜舒竹．数学的观念、思想和方法［M］．北京：首都师范大学出版社，2004.

第二，认为数学教师的数学观是“数学教育中的数学观”，数学教师是从数学教学的角度去看数学，同时也受到数学自身发展的影响。例如黄秦安认为，数学教师的数学观就是对数学的基本看法的总和，包括对数学的哲学认识，关于数学的事实、内容、方法，对数学的科学价值、社会价值和教育价值的认识与定位，以及对数学全方位的、多角度的透视。[①] 在黄秦安的界定中，数学教师的数学观除了包括在教学中“数学是什么”的知识观、本质观，还包括了数学价值观、数学的教育意义和教育价值。

第三，认为数学教师的数学观是教师这一特定主体对数学的哲学认识，不包含数学教学的成分。如汤普森（1992）认为教师的数学观即教师意识或者潜意识的信念、观念、含义、规则、精神印象及对数学学科的偏爱[②]。又如赫斯（1979）所指出的：“人们关于‘数学是什么’的观念影响到数学应当如何被教的观念，而教数学的方式又往往表明了人们对‘什么在数学中最重要’的信念……因而，问题并不在于教学的最好方式是什么，而在于数学到底是什么。”[③] 我国学者秦健（2001）从数学史的角度认为，数学观念是包括教师在内的人们对数学本身及其相关内容的看法，包括以下几个贯穿数学发展史的基本点：①从内容上看，数学是代数的还是几何的，或者是二者的综合；②从构成体系的风格上看，数学是演绎的逻辑体系，还是算法的集合；③从发展的态势上看，数学是不断变化的，多样的，还是单一固定的；从功能上看，数学是实用的，还是审美的。[④]

**2. 关于数学教师数学观的类型研究**

教师对数学本质的认识深刻影响着教师的数学表达、数学教学方式、数学教学观念等。因此，对“好的”数学教育的追求必然要涉及

① 黄秦安. 数学教师的数学观和数学教育观［J］. 数学教育学报，2004（4）：24-27.

② THOMPSON A G. Teachers’ beliefs and conceptions：a synthesis of the research［M］. // Grouws A D. Handbook of research on mathematics teaching and learning. New York：Macmillan，1992.

③ HERSH R. Some proposals for reviving the philosophy of mathematics［J］. Advances in mathematics，1979，31（1）：31-50.

④ 秦健. 论数学观念对数学发展的作用［J］. 自然辩证法研究，2001（1）：3-5，23.

“教师应该具备怎样的数学观”这样一个问题。

纵观国内外学者关于教师数学观的划分，最有影响的当属欧内斯特（1991）的观点。他在综合分析前人工作的基础上，将数学教师的数学观分为三类：①动态的易谬主义数学观，即把数学看作一种处于探索发展过程中的知识，它一定包含有错误、尝试改正与改进的过程；②静态的绝对主义的数学观，把数学看成是一种静态的永恒不变的科学，认为数学是一个精心组织起来的高度统一且十分严谨的逻辑体系；③工具主义的数学观，把数学看作由事实、法则、技巧等构成的处理和求解各类数学问题的一套工具，由于这些事实、法则及技巧等彼此无关因而使数学并不成为高度统一的整体。[①]欧内斯特提出的模型充分地考虑了不同类型的数学观在数学教学中出现的频率和它们在数学哲学学术研究中的价值，因而被大多数学者认可和采用。我国现有的研究中基本上也采用了他的观点：莱曼（Lerman，1992）将教师的数学观分为绝对主义的观点和谬误主义的观点：“一个绝对主义者认为，所有的数学知识都是基于统一的、绝对的基础，数学知识具有确定性、绝对性、价值中立性和抽象性，数学与现实世界之间是柏拉图式的联系。而谬误主义者认为，数学是通过猜想、证明、反驳发展起来的，数学的本质属性是不确定性。”[②]显然，此二元观点与欧内斯特所提出的柏拉图主义观念和问题解决观念相对应。

国内学者关于数学教师数学观的研究多是从应然的视角进行探讨的，但研究成果非常少。如黄秦安（2004）从哲学的角度认为，数学教师的数学观主要包括数学知识观、数学本质观和数学价值观。其中，数学知识观包括必备的、一定质量与数量的数学知识、技能、能力、思想方法和对数学知识的总体看法两部分；数学本质观是指对数学的本质的认识，包括数学的科学观和数学的社会—历史—文化观；数学价值观是在一定数学本质观念的基础上，对数学的科学价值、文

① ERNEST P. On teacher’s mathematics education [M]. Hamsphire: The Falmer Press, 1991.

② THOMPSON A G. Teachers’ beliefs and conceptions: a synthesis of the research [M]// Grouws, A D. Handbook of research on mathematics teaching and learning. New York: Macmillan, 1992.

化价值、社会价值、历史价值和其他价值的判断和认识。在长期的数学实践中，我国数学教师大多持有的是一种“自然主义 + 实用主义 + 功利主义 + 科学主义”的数学观。虽然在中国当前特定的社会结构和经济模式条件下，这四种数学观的存在有其必然性和合理性，但为了适应 21 世纪教育发展对高素质教师的要求，数学教师必须更新数学观念，从静态的、形而上学的、绝对主义的、功利主义的和科学主义的数学观向动态的、辩证的、发展的、建构的、人文主义与科学主义相结合的数学观转变。[①] 王继端（2004）指出数学教师应具备的 4 种数学观念：动态的、易谬主义数学观；静态的、绝对主义数学观；工具主义的数学观；文化主义的数学观。这 4 种观念各有其见地，各有所侧重，教师应针对不同的教学材料，选取不同的观念组织教学。[②] 王华奇（2003）提出适应时代发展要求的较为全面的教师数学观应包括建构主义数学观、柏拉图主义数学观、工具主义数学观和文化主义数学观。[③] 还有部分学者认为数学教师所具有的数学观不能说有正误之分。如鲍建生（2003）认为“正确的数学观”是一种分析和理解的偏好、一种理解结构和结构关系的偏好、一种观察事物和相适应的偏好。[④] 刘凯峰等认为，数学教师的数学观没有正误之分，只有合理与否。[⑤]

可见，在关于数学教师数学观的内涵理解方面，多数学者较赞同数学教师的数学观即“数学教育中的数学观”，应从数学教学的角度去看数学，除了教师对数学的本质、思想、价值等的理解，还应包括对数学学习、数学教学等的看法。在关于数学教师数学观的内容构成方面，国内外学者基本上都赞同欧内斯特的观点，即数学教师的数学

① 黄秦安．数学教师的数学观和数学教育观［J］．数学教育学报，2004（4）：24–27.

② 王继端．数学教师应具备的数学观念［J］．数学教育学报，2001，10（1）：23–24.

③ 王华奇．教师现代数学观的构建［J］．桂林航天工业高等专科学校学报，2004（3）：79–81.

④ 鲍建生．数学问题解决的理论与实证研究［M］// 顾泠沅．寻找中间地带：国际数学教育改革大趋势．上海：上海教育出版社，2003.

⑤ 刘凯峰，吉海兵．有正确的数学观吗［J］．数学教育学报，2007，16（1）：48–50.

观包括柏拉图主义数学观（静态的、绝对主义数学观）、工具主义数学观、问题解决数学观（动态的、可试误的数学观）三种类型。

（三）从高中数学新课程标准的理念要求来看

加强数学教师的数学观教育并将之作为数学教育的目的，这在当今国际数学教育界已成共识。英国 1995 年对数学课程标准修改后，明确将“培养学生欣赏数学本质及过程，欣赏怎样用数学观点来解释现实世界”列为十个课程目标之一。美国则力求让学生懂得数学的价值，（美国）全国数学教师理事会 2000 年颁布的数学课程标准中，作为六条指导原则之一的技术原则强调利用技术来理解和应用数学。在荷兰，目前 80% 的小学课本和 100% 的中学课本是基于现实数学教育的理念编写的，而现实数学教育正是实践“数学本质是一项人类活动”这一数学观的数学教育理念。另外，法国、日本、新加坡等数学教育比较发达的国家也都相应地在数学观方面有一定的要求。

我国 2003 年颁布的《课标》在序言中开宗明义地指出：“数学是研究空间形式和数量关系的科学，是刻画自然规律和社会规律的科学语言和有效工具。数学科学是自然科学、技术科学等科学的基础，并在经济科学、社会科学、人文科学的发展中发挥越来越大的作用。数学的应用越来越广泛，正在不断地渗透到社会生活的方方面面，它与计算机技术的结合在许多方面直接为社会创造价值，推动着社会生产力的发展。数学在形成人类理性思维和促进个人智力发展的过程中发挥着独特的、不可替代的作用。数学是人类文化的重要组成部分，数学素质是公民所必须具备的一种基本素质。”另外，《课标》还指出，“高中数学课程应力求通过各种不同形式的自主学习、探究活动，让学生体验数学发现和创造的历程，发展他们的创新意识”“数学探究即数学探究性课题学习，是指学生围绕某个数学问题，自主探究、学习的过程。这个过程包括：观察分析数学事实，提出有意义的数学问题，猜测、探求适当的数学结论或规律，给出解释或证明”。

通过对《课标》中相关理念要求陈述的分析可以看出，高中数学教师应具有的数学观基本上都涵盖在欧内斯特的数学观类型之中，如

“数学是研究空间形式和数量关系的科学”“数学在形成人类理性思维和促进个人智力发展的过程中发挥着独特的、不可替代的作用”等陈述体现了一种柏拉图主义的数学观；“数学科学是自然科学、技术科学等科学的基础，并在经济科学、社会科学、人文科学的发展中发挥越来越大的作用。数学的应用越来越广泛，正在不断地渗透到社会生活的方方面面，它与计算机技术的结合在许多方面直接为社会创造价值，推动着社会生产力的发展”则体现了一种工具主义的数学观；“数学是人类文化的重要组成部分，数学素质是公民所必须具备的一种基本素质”体现了一种文化主义的数学观；“数学探究的过程包括：观察分析数学事实，提出有意义的数学问题，猜测、探求适当的数学结论或规律，给出解释或证明”等则体现了一种问题解决的数学观。

## 二、结论

通过“从数学观的演变及发展历史来看”“从数学观的相关研究来看”“从高中数学新课程标准的理念要求来看”这三大视角进行分析，本研究认为高中数学教师应具有的数学观具有如下特点。

（1）高中数学教师应具有一种立足于现实数学教学与加强自身数学修养相结合的数学观。

通过对上述文献的梳理，本研究认为，高中数学教师应具有的数学观需满足两方面的目的。一是对现实的数学教学起着科学的指导作用，尤其是对学生建构自己合理的数学观起着引领作用。为此，教师要通过各种做数学的活动（包括教师的学、教、研等专业活动），引领、规范、指导学生数学观的健康发展。二是要有助于加强教师自身的数学修养。教师的数学观除了塑造学生合理的数学观，还要有助于自身数学修养的提高，以便能促进教师长期的专业发展。这两方面是相互影响、相互促进的，前者为后者奠定了基础，后者为前者提供了动力。它们应在高中数学教师长期的专业发展中整合为完整的数学观。

（2）高中数学教师应具备一种全面的数学观。

根据欧内斯特对教师数学观的分类，参照黄秦安对教师数学观的理论层面分析，结合高中数学课程标准的理念要求，为了便于研究的可操作性，本研究认为高中数学教师完整的数学观应包括柏拉图主义、工具主义、问题解决的数学观三方面，而每一方面的数学观又可以从知识观、本质观及价值观三个具体的维度去理解。高中数学教师应具有的 3 种数学观的结构如表 8–1 所示。

**表 8–1　高中数学教师应具有的三种数学观的结构**

| 类型 | 知识观 | 本质观 | 价值观 |
| --- | --- | --- | --- |
| 工具主义观 | 数学知识是由不变的事实、法则、技巧构成；重视知识结果 | 学好数学需要大量训练达到熟练运用；数学是一些彼此无关的事实和法则 | 注重数学外在目的——工具应用价值 |
| 柏拉图主义观 | 知识是永恒不变的；知识是静止的；重视单一静态的知识形式 | 数学是通过逻辑将知识组织成体系；数学是发现的而不是发明的；数学知识内部是彼此联系的，但数学与其他知识无联系 | 数学是客观存在的；数学内部逻辑性提高人的思维能力；数学本身无所谓价值 |
| 问题解决观 | 知识是可变的；知识是动态发展的；数学结果是开放的；重视知识的发生创造过程 | 数学是由问题推动发展的；数学是人类发明创造的；数学与人类整体知识相联系 | 数学是人类文化的组成部分；注重数学的人性价值 |

这里，知识观是指教师对数学知识的本质、产生及判定的认识与看法，工具主义和柏拉图主义都仅仅注重单一静态的知识形式，其中，工具主义注重可供运用的知识的现成结果，柏拉图主义注重知识的形式。而问题解决数学观却认为知识是动态发展的，因此注重知识的发生发展过程。本质观是指教师对数学本质和根源的看法。这里有两种观点的对立，工具主义和柏拉图主义都认为数学是发现得来的，问题解决数学观却认为数学是发明创造的结果。工具主义和柏拉图主义把数学看作是与其他知识领域严格分开的单独学科，否认数学与历史、知识发生以及人类环境条件相关的内在联系，而问题解决数学观通过数学历史和社会的渊源，把数学与其他人类知识联系在一起。价值观是指教师对数学价值的认识。这里，三种类型的数学观有三种截然不

同的价值追求。柏拉图主义者认为数学是客观存在的，无所谓价值，是绝对超脱道德和人性价值的知识；工具主义者注重数学的功利价值，认为数学就是一套应用的工具，因此各种“工具”之间几乎彼此无关；问题解决主义者认为数学是发明创造的，因此把数学看成是人类文化的组成部分，认为数学充满着像其他知识领域或人类奋斗一样的人性价值。

（3）高中数学教师应具有一种动态发展的数学观。

尽管高中数学教师应针对不同的教学情境选择自己不同的数学观，比如，教师在讲严格的几何证明时可采用柏拉图主义的数学观作指导，这里要求的是通过严格的逻辑推理以培养学生良好的逻辑思维能力；在讲函数内容时，教师应以工具主义的数学观作指导，注重抽象的函数概念源于现实、高于现实并最终服务于现实的数学建模思想的渗透，通过这种教学，使学生体会函数是刻画现实模型的本质，体会数学与现实生活的联系；在讲算法初步的内容时，教师应以问题解决观作指导，通过对中国古代数学倡导算法优秀传统的介绍，使学生感受到数学文化教育的价值。但是，从发展的角度来看，高中数学教师应紧密结合数学课程改革的进程及教师专业发展的愿景，从静止的、绝对的、狭隘的数学观向动态的、辩证的、全面的数学观转变。当然，这种转变是随着数学教师知识的积累、经验的丰富、反思意识的增强而有的一个渐变过程。

## 第二节　高中数学教师所具有的数学观现状

为了解高中数学教师所具备的数学观现状，本研究主要从问卷调研及访谈的形式展开研究。问卷调研部分的问卷题目主要设计了两块内容，第一块测查高中数学教师对数学的知识、本质、价值等的整体理解情况，第二块内容主要以函数、向量两个知识点为例，测查高中数学教师数学观的情况。由于高中数学教师所具有的数学观是一种隐性知识，所以测查函数、向量两部分时尽量让他们在做完题以后写出该题所反映出的数学观是什么？为了使答案具有相对的针对性与整合性，笔者事先将有些能反映出数学观的题目做了标记。访谈部分主要选取大学数学教师及中学正高级、高级、一级、二级等不同层次的高中数学教师为访谈对象，访谈内容主要从数学观对高中数学教师学科知识发展的重要性、高中数学教师所具备的数学观现状、提高高中数学教师数学观的有效策略几方面展开讨论。

## 一、高中数学教师所具有的数学观念现状（基于问卷调研的视角）

### 1. 高中数学教师对数学的知识、本质、价值等整体理解与认识情况

根据第一节的文献梳理，本研究认为高中数学教师应具有的数学观是全面发展的。数学观是全面的，指数学教师应根据不同的对象、科目、题材和各种目标适当选取不同的观念及观点去组织、选编教材和设计讲解方法[①]，要让柏拉图主义数学观、工具主义数学观、问题解决的数学观在教师的教学、学习及研究过程中占有合理的地位，并通过它们之间的密切配合、相互作用发挥出整体的效果。数学观是发展的是指教师应根据数学课程改革的发展及数学科学本身的发展不断赋予 3 种数学观以新的内涵、动态调适 3 种数学观的角色分配及作用价值、逐渐突出问题解决数学观的指导地位及作用等。鉴于此，本研究主要考虑从柏拉图主义数学观、工具主义数学观、问题解决的数学观 3 个维度设计问卷，每一个维度又从知识观、本质观及价值观 3 方面各设计了 2 道具体的问题，这样每一个大维度的问题各有 6 道题，总共设计了 18 道题。我们通过高中数学教师对这 18 道陈述性题目的判断，测查数学观的现状。调查的结果如表 8–2 所示。

① 王继端．数学教师应具备的数学观念［J］．数学教育学报，2001，10（1）：23–24.

表 8–2　高中数学教师对数学的知识、本质、价值等整体理解与认识情况

| 题目 | 基本情况 | | |
|---|---|---|---|
| | 选项 | 人数 / 人 | 占比 /% |
| 数学是适用于不同场合的事实性结论、方法和技巧的汇集 | 非常赞同 | 89 | 16.5 |
| | 比较赞同 | 278 | 51.1 |
| | 不太赞同 | 141 | 26.2 |
| | 完全不赞同 | 30 | 5.6 |
| 数学知识是方法和规则的集合，正是这些方法和规则决定了问题的解决 | 非常赞同 | 65 | 12.1 |
| | 比较赞同 | 213 | 39.6 |
| | 不太赞同 | 249 | 46.3 |
| | 完全不赞同 | 11 | 2.0 |
| 要在数学上取得成功，主要在于很好地掌握尽可能多的规则、术语和方法等实用知识 | 非常赞同 | 48 | 8.9 |
| | 比较赞同 | 236 | 43.9 |
| | 不太赞同 | 180 | 33.5 |
| | 完全不赞同 | 74 | 13.7 |
| 做数学需要大量应用运算规律和模仿解题方案的练习 | 非常赞同 | 54 | 10.0 |
| | 比较赞同 | 185 | 34.4 |
| | 不太赞同 | 262 | 48.7 |
| | 完全不赞同 | 37 | 6.9 |
| 定理、公式、规则、方法是数学中最重要的部分，因为我们必须用它解数学题 | 非常赞同 | 36 | 6.7 |
| | 比较赞同 | 291 | 54.1 |
| | 不太赞同 | 172 | 32.0 |
| | 完全不赞同 | 39 | 7.2 |
| 数学的价值就像一个工具包，通过运用各种“工具”就可以解决许多实际问题 | 非常赞同 | 58 | 10.8 |
| | 比较赞同 | 308 | 57.2 |
| | 不太赞同 | 144 | 26.8 |
| | 完全不赞同 | 28 | 5.2 |
| 数学是永恒正确的真理集合，它不依赖于时间、空间或人类而存在 | 非常赞同 | 43 | 8.0 |
| | 比较赞同 | 273 | 50.7 |
| | 不太赞同 | 186 | 34.6 |
| | 完全不赞同 | 36 | 6.7 |
| 数学由清晰确定的观点和明确可证的陈述组成，是一个不容置疑的知识统一体 | 非常赞同 | 30 | 5.6 |
| | 比较赞同 | 304 | 56.5 |
| | 不太赞同 | 167 | 31.0 |
| | 完全不赞同 | 37 | 6.9 |

（续表）

| 题目 | 基本情况 | | |
|---|---|---|---|
| | 选项 | 人数 / 人 | 占比 /% |
| 数学是一个独立发展的、完整的逻辑系统 | 非常赞同 | 23 | 4.3 |
| | 比较赞同 | 174 | 32.3 |
| | 不太赞同 | 265 | 49.3 |
| | 完全不赞同 | 76 | 14.1 |
| 数学从公理和原始定义出发，根据形式逻辑演绎定理，组成了严密的知识系统 | 非常赞同 | 99 | 18.4 |
| | 比较赞同 | 296 | 55.0 |
| | 不太赞同 | 125 | 23.2 |
| | 完全不赞同 | 18 | 3.3 |
| 数学的价值主要在于其逻辑严密性对促进人的思维发展有重要贡献 | 非常赞同 | 84 | 15.6 |
| | 比较赞同 | 286 | 53.2 |
| | 不太赞同 | 147 | 27.3 |
| | 完全不赞同 | 21 | 3.9 |
| 数学是逻辑严密的系统，其价值首先在于完善和构建数学自身的理论体系，其次才是解决实际问题 | 非常赞同 | 79 | 14.7 |
| | 比较赞同 | 293 | 54.5 |
| | 不太赞同 | 141 | 26.2 |
| | 完全不赞同 | 25 | 4.6 |
| 中学数学教学的基础知识应当随时代的发展而变化 | 非常赞同 | 118 | 21.9 |
| | 比较赞同 | 297 | 55.2 |
| | 不太赞同 | 105 | 19.5 |
| | 完全不赞同 | 18 | 3.3 |
| 数学知识是数学家们经多年设计构建的一个较合理的知识模型，它不一定可靠 | 非常赞同 | 17 | 3.2 |
| | 比较赞同 | 218 | 40.5 |
| | 不太赞同 | 226 | 42.0 |
| | 完全不赞同 | 77 | 14.3 |
| 数学是由现实问题或数学自身产生的问题推动的，其结果不可预见 | 非常赞同 | 25 | 4.6 |
| | 比较赞同 | 168 | 31.2 |
| | 不太赞同 | 274 | 50.9 |
| | 完全不赞同 | 71 | 13.2 |
| 数学是发现的而不是发明的，是可以有错误的，因此需要不断改进 | 非常赞同 | 122 | 24.9 |
| | 比较赞同 | 259 | 45.9 |
| | 不太赞同 | 126 | 17.8 |
| | 完全不赞同 | 178 | 11.3 |

（续表）

| 题目 | 基本情况 | | |
|---|---|---|---|
| | 选项 | 人数 / 人 | 占比 /% |
| 数学是一种世界通用的语言，它使人们对世界的理解跨越了国界和民族之界限 | 非常赞同 | 145 | 36.9 |
| | 比较赞同 | 286 | 53.2 |
| | 不太赞同 | 83 | 15.4 |
| | 完全不赞同 | 24 | 4.5 |
| 数学的价值在于它是人类文化的重要组成部分，具有文化陶冶的功能 | 非常赞同 | 56 | 10.4 |
| | 比较赞同 | 276 | 51.3 |
| | 不太赞同 | 170 | 31.6 |
| | 完全不赞同 | 36 | 6.7 |

表 8–2 的统计结果显示，关于工具主义数学观的知识、本质及价值的态度判断方面，有 67.6% 的教师对“数学是适用于不同场合的事实性结论、方法和技巧的汇集”这样的知识观持赞同态度（这里将“完全赞同”及“比较赞同”都视为赞同的态度）；有 60.8% 的教师对“定理、公式、规则、方法是数学中最重要的部分，因为我们必须用它解数学题”这样的本质观持赞同态度；有 68% 的教师对“数学的价值就像一个工具包，通过运用各种‘工具’就可以解决许多实际问题”这样的价值观持赞同态度；有 55.6% 的教师不赞同“做数学需要大量应用运算规律和模仿解题方案的练习”这样的本质观（这里将“不太赞同”及“完全不赞同”都视为不赞同的态度）。关于柏拉图主义数学观的知识、本质及价值的态度判断方面，分别有 58.7%、62.1% 的教师对“数学是永恒正确的真理集合，它不依赖于时间、空间或人类而存在”及“数学由清晰确定的观点和明确可证的陈述组成，是一个不容置疑的知识统一体”这样的知识观持赞同态度；有 73.4% 的教师对“数学从公理和原始定义出发，根据形式逻辑演绎定理，组成了严密的知识系统”这样的本质观持赞同态度；分别有 68.8%、69.2% 的教师赞同“数学的价值主要在于其逻辑严密性对促进人的思维发展有重要贡献”及“数学是逻辑严密的系统，其价值首先在于完善和构建数学自身的理论体系，其次才是解决实际问题”这样的价值观，但也

有 63.4% 的教师对“数学是一个独立发展的、完整的逻辑系统”这样的本质观持不赞同态度。关于问题解决数学观的知识、本质及价值的态度判断方面，有 77.1% 的教师对“中学数学教学的基础知识应当随时代的发展而变化”这样的知识观持赞成态度；但有 56.3% 的教师对“数学知识是数学家们经多年设计构建的一个较合理的知识模型，它不一定可靠”这样的知识观持不赞成态度；有 64.1% 的教师对“数学是由现实问题或数学自身产生的问题推动的，其结果不可预见”这样的本质观持不赞成态度；但有 70.8% 的教师对“数学是发现的而不是发明的，是可以有错误的，因此需要不断改进”这样的本质观持赞成态度；分别有 90.1%、61.7% 的教师赞同“数学是一种世界通用的语言，它使人们对世界的理解跨越了国界和民族之界限”及“数学的价值在于它是人类文化的重要组成部分，具有文化陶冶的功能”这样的价值观。从统计结果可反映出，几乎所有的高中数学教师都认同工具主义、柏拉图主义及问题解决 3 种数学观的存在性。但整体看来，绝大多数教师主要持有的是工具主义及柏拉图主义的数学观，而问题解决的数学观还似乎没有受到充分的重视。

为进一步了解不同高中数学教师的数学观是否存在显著性差异，本研究从职称的视角就高中数学教师对“数学的知识、本质、价值等的理解与认识情况”做了单因素方差分析。分析结果如表 8-3 所示。

**表 8-3　不同职称高中数学教师对数学的知识、本质、价值等的理解与认识情况**

| 题目 | 二级教师 | | 一级教师 | | 高级教师 | | *F* | *Sig.* |
|---|---|---|---|---|---|---|---|---|
| | 平均数 | 标准差 | 平均数 | 标准差 | 平均数 | 标准差 | | |
| 数学是适用于不同场合的事实性结论、方法和技巧的汇集 | 2.82 | 0.98 | 2.79 | 0.89 | 2.76 | 0.89 | 0.01 | 0.783 |
| 数学知识是方法和规则的集合，正是这些方法和规则决定了问题的解决 | 2.72 | 0.73 | 2.68 | 0.72 | 2.45 | 0.68 | 6.69 | 0.001 |
| 要在数学上取得成功，主要在于很好地掌握尽可能多的规则、术语和方法等实用知识 | 2.71 | 1.05 | 2.59 | 1.02 | 2.14 | 0.84 | 12.90 | 0.000 |

（续表）

| 题目 | 二级教师 | | 一级教师 | | 高级教师 | | F | Sig. |
|---|---|---|---|---|---|---|---|---|
| | 平均数 | 标准差 | 平均数 | 标准差 | 平均数 | 标准差 | | |
| 做数学需要大量应用运算规律和模仿解题方案的练习 | 2.57 | 0.74 | 2.48 | 0.73 | 2.37 | 0.68 | 1.85 | 0.158 |
| 定理、公式、规则、方法是数学中最重要的部分，因为我们必须用它解数学题 | 2.84 | 0.82 | 2.80 | 0.84 | 2.55 | 0.81 | 6.12 | 0.002 |
| 数学的价值就像一个工具包，通过运用各种“工具”就可以解决许多实际问题 | 2.82 | 0.67 | 2.78 | 0.83 | 2.67 | 0.79 | 2.14 | 0.130 |
| 数学是永恒正确的真理集合，它不依赖于时间、空间或人类而存在 | 2.76 | 0.73 | 2.65 | 0.80 | 2.37 | 0.78 | 5.85 | 0.003 |
| 数学由清晰确定的观点和明确可证的陈述组成，是一个不容置疑的知识统一体 | 2.75 | 0.59 | 2.69 | 0.74 | 2.38 | 0.81 | 3.18 | 0.043 |
| 数学是一个独立发展的、完整的逻辑系统 | 2.31 | 0.71 | 2.26 | 0.74 | 2.24 | 0.64 | 0.29 | 0.748 |
| 数学从公理和原始定义出发，根据形式逻辑演绎定理，组成了严密的知识系统 | 3.02 | 1.03 | 2.83 | 1.15 | 2.79 | 0.95 | 0.48 | 0.641 |
| 数学的价值主要在于其逻辑严密性对促进人思维发展有重要贡献 | 3.07 | 0.78 | 2.80 | 0.89 | 2.77 | 0.92 | 0.22 | 0.803 |
| 数学是逻辑严密的系统，其价值首先在于完善和构建数学自身的理论体系，其次才是解决实际问题 | 2.83 | 1.04 | 2.79 | 1.11 | 2.76 | 0.93 | 0.46 | 0.630 |
| 中学数学教学的基础知识应当随时代的发展而变化 | 2.93 | 1.01 | 2.85 | 1.02 | 3.11 | 0.95 | 2.89 | 0.057 |
| 数学知识是数学家们经多年设计构建的一个较合理的知识模型，它不一定可靠 | 2.09 | 1.12 | 2.13 | 1.16 | 2.76 | 1.03 | 3.75 | 0.024 |
| 数学是由现实问题或数学自身产生的问题推动的，其结果不可预见 | 2.04 | 0.94 | 2.08 | 1.05 | 2.67 | 0.82 | 3.17 | 0.043 |

（续表）

| 题目 | 二级教师 | | 一级教师 | | 高级教师 | | $F$ | *Sig.* |
|---|---|---|---|---|---|---|---|---|
| | 平均数 | 标准差 | 平均数 | 标准差 | 平均数 | 标准差 | | |
| 数学是人类构造的而不是发现的，是可以有错误的，因此需要不断改进 | 3.15 | 0.89 | 2.93 | 0.96 | 2.47 | 0.91 | 4.89 | 0.008 |
| 数学是一种世界通用的语言，它使人们对世界的理解跨越了国界及民族之界限 | 3.12 | 0.74 | 2.98 | 0.83 | 2.97 | 0.68 | 0.36 | 0.698 |
| 数学的价值在于它是人类文化的重要组成部分，具有文化陶冶的功能 | 2.49 | 0.76 | 2.67 | 0.88 | 2.79 | 0.70 | 6.58 | 0.001 |

注：$F$ 代表检验的统计量；*Sig.* 表示显著性，即 $P$ 值，标准为 $P > 0.05$ 表示差异不显著，$0.01 < P < 0.05$ 表示差异显著，而 $P < 0.01$ 则表示差异极显著。

表 8–3 显示，不同职称的高中数学教师在工具主义数学观（下面简称工具主义）的知识观、本质观及价值观，柏拉图主义数学观（下面简称柏拉图主义）的知识观，问题解决数学观（下面简称问题解决）的知识观、本质观及价值观理解与认识方面存在显著性差异。

在工具主义的知识观认识方面，3 种职称的教师对“数学知识是方法和规则的集合，正是这些方法和规则决定了问题的解决”这样的观点在认识上存在极显著性差异（$P$=0.001<0.01），再通过单因素方差分析的交互比较发现，这种差异主要存在于二级教师与高级教师之间、一级教师与高级教师之间，而二级教师与一级教师之间没有显著性差异；在工具主义本质观方面，3 种职称的教师对“要在数学上取得成功，主要在于很好地掌握尽可能多的规则、术语和方法等实用知识”这样的观点也存在极显著性差异（$P$=0.000<0.01），进一步通过单因素方差分析的相互交叉比较发现，这种在认识上的差异也存在于二级教师与高级教师之间、一级教师与高级教师之间，而二级教师与一级教师之间没有显著性差异；在工具主义价值观方面，3 种职称的教师对“定理、公式、规则、方法是数学中最重要的部分，因为我们必须用它

解数学题”的认识也存在极显著性差异（$P=0.002<0.01$），再通过单因素方差分析的交互比较发现，这种认识上的差异存在于二级教师与高级教师之间，而一级教师与高级教师之间、二级教师与一级教师之间没有显著性差异。

在柏拉图主义的知识观认识方面，3种职称的教师对“数学是永恒正确的真理集合，它不依赖于时间、空间或人类而存在”这样的观点在理解与认识上存在极显著性差异（$P=0.003<0.01$），通过单因素方差分析的相互交叉比较发现，这种在认识上的差异也存在于二级教师与高级教师之间、一级教师与高级教师之间，而二级教师与一级教师之间没有显著性差异。

在问题解决的知识观方面，3种职称的教师对“数学知识是数学家们经多年设计构建的一个较合理的知识模型，它不一定可靠”这种观点在认识上存在显著性差异（$P=0.024<0.05$），通过单因素方差分析的交互比较发现，这种认识上的差异主要存在于一级教师与高级教师之间，而二级教师与高级教师之间、二级教师与一级教师之间没有显著性差异；在问题解决的本质观方面，3种职称的教师对“数学是由现实问题或数学自身产生的问题推动的，其结果不可预见”（$P=0.043<0.05$）及“数学是人类发现的而不是发明的，是可以有错误的，因此需要不断改进”（$P=0.008<0.01$）这两种观点在认识上存在显著差异，再通过单因素方差分析的交互比较发现，这种认识上的差异主要存在于一级教师与高级教师之间，而二级教师与高级教师之间、二级教师与一级教师之间没有显著性差异；在问题解决的价值观方面，3种职称的教师对“数学的价值在于它是人类文化的重要组成部分，具有文化陶冶的功能”这种观点在认识上存在极显著性差异（$P=0.001<0.01$），再经过交互比较后发现，这种差异主要存在高级教师与一级、二级教师之间，而一级教师与二级教师之间没有显著性差异。

可见，在工具主义的知识观、本质观、价值观及柏拉图主义的知识观认识方面，显著差异主要存在于高级教师与二级教师、高级教师与一级教师之间，而一级教师与二级教师之间基本上没有什么显著性差异；而在问题解决的知识观、本质观的认识方面，显著差异主要存在于高级教师与一级教师之间，在问题解决的价值观方面，显著差异主要存在于高级教师与二级教师、高级教师与一级教师之间。这说明几乎所有的高中数学教师尽管都持有 3 种数学观并在其指导之下进行教学，但相比较而言，高级教师逐渐能以问题解决的数学观作为指导自己数学教学的主要数学观，而二级及一级教师主要以工具主义及柏拉图主义的数学观指导自己的教学，问题解决的数学观还没有成为指导自己数学教学的主要数学观。为什么会有这种认识上的差异呢？这是因为数学教师的数学观本质上就是数学教师对数学的知识、本质及价值等方面的综合认识，它是数学教师综合数学素养的反映，一方面，它需要教师长期的学习、教学及研究等专业活动作为基础，没有长期的学与教等的经验积累想对数学的理解达到一定程度显然是不现实的；另一方面，它还需要教师的积极反思作为动力，如果只是积累了丰富的教学经历及素材而不经过教师自己的反思加工，则数学观的形成是非常朴素的。而高级教师与一级、二级教师相比较，自然对数学的知识、本质及价值等方面的综合认识更为深刻。另外，由于受我国高中现实的评价机制影响，大多数数学教师，主要是一级及二级教师，已逐渐顺应了高考出题动向，主要引导学生在数学解题和数学应用两方面下功夫去拿分，而对于数学是一种文化、数学蕴含着博大精深的文化价值、数学会随着社会的发展不断变化其内容等方面的价值观，他们关心得比较少。高级教师在经过多年的解题训练后逐渐能从发展的、全面的、辩证的视角看待中学数学，逐渐认识到数学除了讲求严谨的逻辑推理、多样的解题方法及技巧训练，还可以是一种对人的思维、审美、情操等方面施以陶冶的文化，数学的合情推理与论证推理一样重要。这些事实便成为高级教师与二级、一级教师之间在 3 种数学观的理解与认识上出现显著性差异的主要原因。

**2. 高中数学教师对函数及向量本质认识及理解的情况**

为具体了解高中数学教师所持有的数学观现状，本研究主要以函数及向量两个知识点作为例子对高中数学教师进行了简单的测查。对函数本质的认识共设计了2道选择题、1道开放性题，选择题主要让教师对“函数是什么？”及“函数的本源”这两个问题进行评判，开放性题主要让教师根据自己的理解，写出函数的本质特征。对向量本质的认识主要从“现代数学视域下向量的理解”“向量与代数、几何的关系”“向量加法的类推”“$n$维向量理论含义与实际背景的理解”几方面进行了设计。调查结果如表8–4至表8–6所示。

**表8–4　高中数学教师对函数本质的认识**

| 题目 | 非常赞同 | | 比较赞同 | | 不太赞同 | | 完全不赞同 | |
|---|---|---|---|---|---|---|---|---|
| | 人数/人 | 百分比/% | 人数/人 | 百分比/% | 人数/人 | 百分比/% | 人数/人 | 百分比/% |
| 函数是描述客观世界变化规律的一种重要数学模型 | 222 | 41.3 | 285 | 53.0 | 20 | 3.7 | 11 | 2.0 |
| 从数学本源上来看，函数就是数学家直觉的构造 | 12 | 2.2 | 102 | 19.0 | 257 | 47.8 | 167 | 31.0 |

**表8–5　高中数学教师对向量本质的认识**

| 题目 | 非常赞同 | | 比较赞同 | | 不太赞同 | | 完全不赞同 | | 说不清 | |
|---|---|---|---|---|---|---|---|---|---|---|
| | 人数/人 | 百分比/% | 人数/人 | 百分比/% | 人数/人 | 百分比/% | 人数/人 | 百分比/% | 人数/人 | 百分比/% |
| 从广义上来看，现代数学视域下的向量只表示“既有大小又有方向的量” | 58 | 10.8 | 308 | 57.2 | 144 | 26.8 | 18 | 3.3 | 10 | 1.9 |
| 向量既是代数的对象，又是几何的对象，它是沟通代数与几何的桥梁 | 155 | 28.8 | 241 | 44.8 | 30 | 5.6 | 77 | 14.3 | 35 | 6.5 |
| 两个二元复数的加法可以表示平面中两个共点力的合力，类似的，三个三元复数的加法可以表示空间中三个共点力的合力 | 119 | 22.1 | 307 | 57.1 | 82 | 15.2 | 11 | 2.0 | 19 | 3.5 |

表 8–6 高中数学教师对向量本质的理解情况

| 题目 | 完全理解 | | 基本理解 | | 不太理解 | | 完全不理解 | | 不清楚 | |
|---|---|---|---|---|---|---|---|---|---|---|
| | 人数 / 人 | 百分比 / % | 人数 / 人 | 百分比 / % | 人数 / 人 | 百分比 / % | 人数 / 人 | 百分比 / % | 人数 / 人 | 百分比 / % |
| 对 $n$ 维向量理论含义与实际背景的理解情况 | 42 | 7.8 | 157 | 29.2 | 289 | 53.7 | 50 | 9.3 | 14 | 2.6 |

表 8–4 显示，有 94.3% 的高中数学教师对“函数是描述客观世界变化规律的一种重要数学模型”这种观点持赞同态度；有 78.8% 的教师对“从数学本源上来看，函数就是数学家直觉的构造”该观点持不赞成态度。这说明绝大多数教师能对函数本质的这两种代表性观点作出合理的判断，因为这两种观点的答案意向比较明显。但本研究在对开放性问题的回答情况进行整理时发现，多数教师认为函数的本质就是“一种特殊的对应”，也有观点认为是“变量之间的依存关系”等，但从“刻画客观世界变化规律的一种重要数学模型”视角回答的大部分是高级教师，但相比“对应说”与“变化说”，回答这种观点的教师比较少。这也从另一方面反映出尽管绝大多数教师能对具有明显意向答案的函数本质问题作出理论上的合理选择，但对函数本质的真正理解多数教师仍停留在表面，相比较而言，部分高级数学教师对该问题的理解还是比较深。

在关于向量本质认识的调查中，表 8–5、表 8–6 显示，有 68.0% 的教师赞同“从广义上来看，现代数学视域下的向量只表示‘既有大小又有方向的量’”这种观点；有 73.6% 的教师赞同“向量既是代数的对象，又是几何的对象，它是沟通代数与几何的桥梁”这种观点；有 79.2% 的教师赞同“两个二元复数的加法可以表示平面中两个共点力的合力，类似的，三个三元复数的加法可以表示空间中三个共点力的合力”这种判断；有 63.0% 的教师对“$n$ 维向量理论含义与实际背景”不能理解。调查结果表明，多数教师对向量本质的理解还是比较表面的，他们虽然认同“向量既是代数的对象，又是几何的对象，它是沟通代数与几何的桥梁”这种事实，但对现代数学视域下向量内涵的理解还是狭义的，甚至对向量拓展性的知识理解是错误的。

## 二、高中数学教师所具有的数学观现状（基于访谈的视角）

为比较真实地了解我国高中数学教师所具备的数学观现状，本研究又采用访谈法，从大学数学教师及高中正高级、高级、一级、二级数学教师等几个层面进行了比较深入的访谈。访谈提纲主要围绕“数学观对高中数学教师教学及专业发展有什么重要性”“高中数学教师数学观的现状如何”及“高中数学教师数学观的影响因素有哪些”几个问题去展开。

**不同层次教师对高中数学教师所具有的数学观现状的认识**

第一，多数教师认为科学合理的数学观对高中数学教学具有重要的指导作用，但也有部分教师认为具备什么样的数学观对高中数学教学影响不大。

在访谈中问起“高中数学教师具备科学合理的数学观到底有什么用？”这一问题时，多数教师认为科学合理的数学观对高中数学新课程的教学具有重要的指导作用。

L 教授（大学教授）指出，“虽然许多高中数学教师并没有明确地意识到自己具有哪种类型的数学观，但是数学观确实在潜意识层面上支配着自己的教学行为与评价方式，也对学生的数学学习观产生着潜移默化的影响。因此，高中数学教师具有科学合理的数学观为其正确地理解数学的内涵、特征及价值等奠定了认识论基础，也对贯彻执行新课改的基本理念，保障高中数学新课程的顺利实施具有重要指导意义。”

J 教师（正高级教师）谈道：“大多数教师都把主要的精力放在数学解题教学中，以提高学生的数学成绩，他们认为数学就是精确的计算与严格的证明，而对‘数学是什么’这样的问题考虑不多。从短期来看，这种数学观对教师的教与学生的学产生的影响不大，但从长期来看，在这种数学观指导之下培养出来的学生的数学素养是匮乏的。他们大部分人会认为‘数学就是解题的工具’‘数学是考试中得分的主要学科'‘抽象、严格与枯燥便是数学的最大特征’等，而对‘数学是一种意蕴深远的文化’‘数学也可以不断地去创造与发展’等体会不深。显然，正确的数学观不仅对教师是重要的，而且对学生未来的发展乃至国民数学素养的全面提升具有深远影响。”

G 教师（高级教师）谈道：“说实在的，虽然自己对数学观的内涵不太理解，但我认为，如果教师能在正确数学观的指导下去进行教学，那么教师将能更好地理解数学的本质及价值。这也将促使教师按照新课程的基本理念去进行卓有成效的数学教学。”

在访谈过程中，也有部分数学教师认为数学观的价值及作用并不太重要，他们总觉得数学观距离他们比较遥远，好像应是研究者研究的话题。再者，从高考的角度来看，教师具备什么样的数学观并不能很好地反映在学生的考试成绩当中。因此，他们认为教师的数学观对学生的数学成绩影响甚微。持这种观点的教师以一级与二级教师居多。下面是访谈过程中一位一级教师与二级教师的代表性观点。

S 教师（一级教师）谈道：“从我个人的角度来看，高中数学教师应该具备什么样的数学观并不重要。因为当前社会评价教学质量的标准仍然是高考，而学生高考成绩如何好像与教师具有什么样的数学观影响不大。比如说，如果我花费很多时间去给学生讲述数学的本质、特点及价值这些考试以外的内容，或许对学生树立良好的数学观有所帮助，但无形当中会挤占学生解题训练的时间，而另外一个教师花同样多的时间去给学生讲题，那么最终我班学生的数学成绩肯定赶不上他班的成绩。这样出力不讨好，我为什么要讲这些虚的东西呢！”

L 教师（二级教师）谈道：“说句实在话，对我们这些大学刚毕业任教不长的高中数学教师而言，关于数学观的话题似乎显得很是遥远，不切实际，甚至自己觉得没有资格去讨论这一话题。为什么这么说呢，因为我们不像教学经验非常丰富的老教师，在对数学教材内容长期研读的基础上有自己的想法，我们最大的问题是对教材内容还不熟悉，对高中数学新教材中的知识体系及思想方法的理解与把握还很不成熟，现在要对数学观这样的哲学问题去发表自己的看法真有些班门弄斧的感觉。”

第二，虽然每位教师都在自己潜意识的数学观下进行教学，但多数教师对自己具有什么样的数学观缺乏明确的认识。

访谈过程中，在问起“你能明确说出自己在平时教学中持有什么样的数学观”这一问题时，很多教师认为虽然自己平时都在进行忙碌的教学，但对自己具有什么样明确的数学观却说不清楚，缺乏一种专业表达的意识。

H 教师（男，高级教师）谈道：“虽然我和其他教师一样每天都在进行忙碌的教学，每天都在从事备课、上课及批改作业这些机械而平凡的活动，但现在要说自己在什么样的数学观指导之下进行教学这一话题，还真的说不上。原因是自己很少考虑这样的问题，只知道教数学课主要是教师在讲完数学概念、定理及例题后学生会做题就可以了。”

Z 教师（男，一级教师）谈道：“虽然本人从事数学的学与教已经很多年了，但要明确说出自己持有什么样的数学观却很难说清楚，原因是多方面的，首先这个问题好像涉及数学哲学方面的知识，而自己的数学哲学知识非常欠缺；其次，这个问题与不同年级的数学教材、同一年级数学教材的不同内容、不同教学阶段对数学的认识水平等因素密切相关，且这些因素是动态变化的；最后，繁重的教学任务及现实的评价机制使教师将主要精力放在大量的解题教学上，根本没有时间也没有精力去细细考虑这些问题。虽然原因是多方面的，但最主要的还是无暇也没必要去考虑这种与我们现实教学比较远的问题。”

第三，受认识水平及评价机制等的影响，多数教师把自己所具有的数学观与数学教学观、数学学习观、数学评价观等混为一谈。

G 教师（高级教师）谈道：“我认为数学观就是数学教师在进行数学教学时所遵循的一些理念。如数学教学应该是一种活动的教学，除了教师的讲解，还应该提倡教师引导下学生的合作与探究等学习方式；数学教学应让学生在‘知识与技能、过程与方法、情感态度及价值观’

几方面得到全面培养及发展；除了培养学生传统的三大能力，还应注重对学生创新能力、信息处理能力及动手操作能力等的培养，等等。但教师具备的数学观是否科学有效，我认为还是看你教出来的学生在考试中能否取得优秀的成绩，也就是说，在我国当前的评价机制下，考核教师教学质量的归根到底还是高考。”

S 教师（一级教师）指出:“因为教师的教最终要通过学生的学才能体现出来，所以我认为数学教师的数学观就是教师在什么样的理念指导之下让学生把数学知识学得更好、把数学技能培养得更扎实，从而在各种考试中取得比较好的成绩。如教师通过创设问题解决的情景，让学生体会到抽象的数学知识与社会生活是有密切联系的；再比如教师通过精讲精练，让学生在有限的时间内提高课堂学习效率；还比如教师通过启发引导，培养学生自主学习的习惯及独立获取知识的能力等。”

通过这两位教师的代表性发言可以看出，虽然我国高中数学新课程实施已好几年了，但高中数学教师对数学观的认识还很不明确，把数学观等同为数学教学观、数学学习观及数学评价观的认识在众多高中数学教师中占有很大的比重，这可以说是当下高中数学课程改革亟须重视的一个观念性问题。当然，我们也要清醒地看到，虽然我国这次高中数学课程改革提出了许多新的理念，但当前绝大多数高中数学教师仍然局限于比较现实的评价机制之中。看来，要使绝大多数高中数学教师树立正确的数学观，并在此基础上进行教学还有很长的路要走。

第四，在数学教师应具有的工具主义、柏拉图主义及问题解决的数学观中，大多数教师倾向于工具主义或柏拉图主义数学观。

为了便于调查教师所持有的数学观的认同倾向，研究者向访谈的数学教师提出了这样的话题:“请结合自己学与教数学的经验及感受，试谈谈你对数学的理解与认识。”结果在访谈的教师中，绝大多数高中数学教师的认识都倾向于工具主义或柏拉图主义数学观。

G 教师（高级教师）谈道:“数学是从空间形式与数量关系方面反

映客观现实的一门学科，高度的抽象性、严密的逻辑性、广泛的应用性是数学的基本特征，尤其是严密的逻辑性是数学最根本的特征。正因为这样，在数学里我们不能说某个物体的长度大概或可能是多少，必须要得出一个精确的答案。再者，数学是严密的由各个分支组成的一个逻辑体系，无论是初等数学还是高等数学，公理化的思想方法是数学成为一个真理集合的基本保证。虽然数学要重视应用，数学是一种文化，数学里蕴含着美，数学也讲求猜想与估算，但最终必须要经得起逻辑证明的考验，正如哥德巴赫猜想只有通过严格的证明才能变成定理，否则，它永远就是猜想。"

Z 教师（一级教师）谈道："数学归根到底是一种解决问题的工具，学生现在学习数学知识，从短期目标来看主要是应对考试，但最终还是要用自己在学校里学习到的数学知识解决日常生活中碰到的现实问题。因此，本次基础教育数学课程改革倡导在数学教学时应注重将抽象的数学知识与现实生活联系起来，让学生懂得数学源于生活、高于生活、最终服务于生活的道理。从这个角度来说，在数学教学时应让学生在掌握数学基础知识的基础上，还要进行必要的数学方法、技能及技巧训练。学生只有具备了这些必要的数学素养，才能在未来的生活中立于不败之地。"

Y 教师（二级教师）谈道："不同的人对数学的理解不太一样。从抽象的理论层面上去讲，数学应该是一种训练人思维的体操。学习者通过学习数学，会使自己的思维更缜密，考虑问题会更精确。从现实的角度看，无论是自己过去当学生还是现在当老师的时候，数学一直都是考试取得高分的重要学科，它不像语文、英语那些学科，拿分不太容易，而数学一道题算对就是满分，算错就是零分，只要你数学基本功扎实，计算时细心一点，一般都能取得一个好成绩。所以，数学讲求的是精确的计算、严格的证明。"

可见，访谈过程中多数教师都认同"数学是讲究严格逻辑体系的一门学科""数学是思维的体操""数学与运算及证明密不可分""数学归根到底是一种解决问题的工具""用数学知识解决问题必须要有精确的结果”“在数学教学时应注重对学生进行必要的方法、技能及技巧训练有利于其未来的发展”等观点。在数学教师应具有的工具主义、柏拉图主义、问题解决的数学观中，通过访谈，大多数教师倾向于工具主义及柏拉图主义的数学观。

当然，在访谈过程中，也有一些教师提到了“数学是一种文化”“数学不仅具有科学价值而且具有文化价值”“数学应随着社会的发展而不断更新其内容”等观点，但对这些观点的进一步阐释还是显得不够深刻，基本上停留在朴素的理念认识方面。持这些观点的教师当中，正高级教师及个别高级教师对数学的理解与认识相较于其他职级的教师还是显得深刻全面一些。这说明，虽然当前多数高中数学教师所持有的是工具主义及柏拉图主义的数学观，但问题解决的数学观也是存在的，且存在于教学经验丰富、对数学的内容及思想方法理解比较深刻的正高级教师及部分高级教师身上。

T教师（正高级教师）指出:“实际上，关于数学的理解与认识是一个很难说清楚的问题，因为在不同的历史时期，人们对数学的研究对象、性质及价值的理解是不同的。诸如‘数是万物之源’‘数学是研究模式的科学’‘数学是一种美学’‘数学是一种文化’等观点；还有‘数学是一门科学’‘数学是一门学科’‘数学是一门课程’，等等。就我现有的认识水平来看，首先，数学是源于实践需要而产生的并符合逻辑推理的一门科学，即数学并不是天上掉下来的现成品，而是人们在长期的生活实践过程中由于测量、交换等的需要而逐渐形成的。但这种从空间形式及数量关系方面反映客观现实的科学却必须要符合逻辑，严密的逻辑性是数学成为一门科学的最起码的保证。当然，数学讲究严格的逻辑推理并不是排斥合情推理，美国著名的数学大师乔治·波利亚认为论证推理与合情推理对学好数学同等重要。其次，我们必须以发展的眼光去看待数学，数学作为一门科学并不是一成不变的，社会的进步、科学的发展及数学内部的矛盾往往是数学不断向前发展的动力。基于此视角，在数学教学时，教师应该注重数学史的渗透，让学生体会到数学现成知识的得到并不是一帆风顺的，它是数学家辛勤劳动的结晶，如数学史上的三次危机、函数概念的几次演变等都是很好的教学素材。最后，数学是人类文明的重要组成部分，具有独特的文化价值。因此，教师可以把数学家的首创精神、数学中蕴含的美、中国古代数学与西方古代数学的思想方法比较等渗透到相关的教学过程中，让学生逐渐受到数学文化的陶冶。”

访谈中在问道“数学是发现的还是发明的？”这个问题时，绝大多数教师认为数学是发现的而不是发明的。如一位高级教师的话就具有代表性：“因为数学是从空间形式与数学关系方面反映客观事物规律的，既然是事物的规律，它本身是潜存的，只是数学家把它揭示出来用公式、定理、公理等表示而已，当然就是发现的。”

总结上述访谈可以看出，由于本研究把高中数学教师应具有的数学观分为工具主义、柏拉图主义、问题解决的数学观三方面，大多数高中数学教师倾向于工具主义或柏拉图主义数学观，而正高级教师及部分高级教师持有问题解决的数学观。这一方面说明对于某一位特定的数学教师，其所持有的数学观并不是单一且不变的，随着教学情境的变化、教学阅历的丰富，该教师的数学观往往会是一种复合的数学观；另一方面说明我国的基础教育课程改革虽然已影响着一些教师对其数学观进行重新定位与思考，但要使教师建立先进的数学观还需要比较长的时间。

## 三、高中数学教师所具有的数学观现状小结

多数教师认为科学合理的数学观对高中数学教学具有重要的指导作用，但也有部分教师认为具备什么样的数学观对高中数学教学影响不大。

虽然每位教师都在自己潜意识的数学观指导下进行教学，但多数教师对自己具有什么样的数学观缺乏明确的认识。

受认识水平及评价机制等的影响，多数教师把自己所具有的数学观与数学教学观、数学学习观、数学评价观等混为一谈。

在工具主义的知识观、本质观、价值观及柏拉图主义的知识观认

识方面，显著性差异主要存在于高级教师与二级、一级教师之间，一级与二级教师之间基本上没有什么显著性差异；在问题解决的知识观、本质观的认识方面，显著性差异主要存在于高级教师与一级教师之间；在问题解决的价值观方面，显著性差异主要存在于高级教师与二级、一级教师之间。这说明几乎所有的高中数学教师尽管都持有三种数学观并在其指导之下进行教学，但相比较而言，高级教师逐渐能以问题解决的数学观作为指导自己数学教学的主要数学观；而二级及一级教师主要以工具主义及柏拉图主义的数学观指导自己的教学，问题解决的数学观还没有成为指导自己数学教学的主要数学观。

在对函数及向量的本质理解方面，绝大多数教师能对具有明显意向答案的函数本质问题作出理论上的合理选择，但多数教师对函数本质的真正理解基本停留在教材定义的层次，还没有上升到较高的层次去理解与把握。相比较而言，部分高级数学教师对该问题的理解还是比较深刻的。另外，多数教师对向量本质的理解还是比较表面的，他们虽然赞同“向量既是代数的对象，又是几何的对象，它是沟通代数与几何的桥梁”这种事实，但对现代数学视域下向量内涵的理解还是狭义的，甚至对向量拓展性的知识理解是错误的。

## 第三节　高中数学教师数学观发展的途径

关于高中数学教师发展其数学观的途径，本研究主要通过问卷调研及访谈的形式来进行探讨。在问卷调查部分，本研究主要列出了“中小学数学课程的学习、大学数学专业类课程的学习、数学教育实践类课程的学习、数学教育理论类课程的学习、在职培训、有组织的专业活动、和同事的日常交流、自身的教学经验和反思、和学生的交流、数学阅读、通过网络资源的学习、撰写数学教研论文”等 12 方面的来源，目的是调查这 12 种知识来源对高中数学教师数学观发展的贡献情况。教师的数学观是一种隐性知识，而且有一个长期建构的过程，因此，为了解高中数学教师是如何发展自己的数学观的，本研究还是采用教育叙事的方式，通过适当的问题情境引导教师自己来叙述。

## 一、高中数学教师数学观发展途径的问卷调查分析

### 1. 高中数学教师对“数学观”各种来源评价的频次 / 均值统计

为了从整体上了解这 12 种来源对高中数学教师数学观的贡献情况，本研究从“没有影响”“影响很小”“有些影响”“影响很大”四个维度及对每一种来源的评价均值就高中数学教师对其数学观各种来源的评价情况进行了统计，结果如表 8–7 所示。

表 8–7　高中数学教师对数学观各种来源的贡献程度情况

| 来源 | 贡献程度 | | | | | | | | 均值 |
|---|---|---|---|---|---|---|---|---|---|
| | 没有影响 | | 影响很小 | | 有些影响 | | 影响很大 | | |
| | 人数 / 人 | 占比 / % | 人数 / 人 | 占比 / % | 人数 / 人 | 占比 / % | 人数 / 人 | 占比 / % | |
| 中小学数学课程的学习 | 21 | 3.9 | 218 | 40.5 | 252 | 46.8 | 47 | 8.7 | 2.60 |
| 大学数学专业类课程的学习 | 13 | 2.4 | 91 | 16.9 | 227 | 42.2 | 207 | 38.5 | 3.17 |
| 数学教育实践类课程的学习 | 73 | 13.6 | 291 | 54.1 | 158 | 29.3 | 16 | 3.0 | 2.22 |
| 数学教育理论类课程的学习 | 96 | 17.8 | 197 | 36.6 | 147 | 27.3 | 98 | 18.2 | 2.46 |
| 在职培训 | 19 | 3.5 | 236 | 43.9 | 218 | 40.5 | 65 | 12.1 | 2.61 |
| 有组织的专业活动 | 10 | 1.9 | 98 | 18.2 | 247 | 45.9 | 183 | 34.0 | 3.12 |
| 和同事的日常交流 | 13 | 2.4 | 129 | 24.0 | 265 | 49.3 | 131 | 24.3 | 2.96 |
| 自身的教学经验和反思 | 14 | 2.6 | 64 | 11.9 | 174 | 32.3 | 286 | 53.2 | 3.36 |
| 和学生的交流 | 22 | 4.1 | 176 | 32.7 | 248 | 46.1 | 92 | 17.1 | 2.76 |
| 阅读专业书刊 | 2 | 4.0 | 163 | 30.3 | 240 | 44.6 | 133 | 24.7 | 2.94 |
| 通过网络资源的学习 | 18 | 3.3 | 227 | 42.2 | 187 | 34.8 | 106 | 19.7 | 2.70 |
| 撰写数学教研论文 | 107 | 19.9 | 262 | 48.7 | 133 | 24.7 | 36 | 6.7 | 2.18 |

注：表中贡献程度采用赋分制（没有影响 =1，影响很小 =2，一些影响 =3，影响很大 =4）。根据加权平均进行计算均值，设没有影响（贡献）人数为 $\alpha$，影响很小（贡献）人数为 $\beta$，一些影响（贡献）人数为 $\gamma$，影响很大（贡献）人数为 $\eta$，调查样本总数为 $N$，则均值计算公式为 $\frac{\alpha\times 1+\beta\times 2+\gamma\times 3+\eta\times 4}{N}$。

从表 8–7 可以清楚地看出，高中数学教师在发展其数学观念知识方面有多种不同的来源，且不同的教师对其数学观发展途径的认同程度存在着差异。在以上各种途径中，如果将选择肯定性评价“影响很大”与“有些影响”的教师的百分比合起来来看，教师“自身的教学经验与反思”（85.5%）是教师发展其数学观的最重要的来源；而“大学数学专业类课程的学习”（80.7%）、“有组织的专业活动”（79.9%）、“和同事的日常交流”（73.6%）也是高中数学教师认同度比较高的发展其数学观的 3 种较重要来源；“阅读专业书刊”（69.3%）、“和学生的交流”（63.2%）、“中小学数学课程的学习”（55.5%）、“通过网络资源的学习”（54.5%）、“在职培训”（52.6%）、“数学教育理论类课程的学习”（45.5%）对数学教师的数学观也具有一定的贡献；而“撰写数学教研论文”（31.4%）及“数学教育实践类课程的学习”（32.3%）2 种来源对促进教师数学观发展的贡献程度是不太重要的。

**2. 平均评价值的统计与分析**

依据教师对各种来源所作评价的平均值，图 8–1 给出了不同来源对“数学观”贡献的总体性比较。根据图 8–1 中所示的平均评价值，可以看出各种来源对教师形成“数学观”的重要性从大到小依次为教师“自身的教学经验和反思”（3.36）、“大学数学专业类课程的学习”（3.17）、“有组织的专业活动”（3.12）、“和同事的日常交流”（2.96）、“阅读专业书刊”（2.94）、“和学生的交流”（2.76）、“通过网络资源的学习”（2.70）、“在职培训”（2.61）、“中小学数学课程的学习”（2.60）、“数学教育理论类课程的学习”（2.46）、“数学教育实践类课程的学习”（2.22）、“撰写数学教研论文”（2.18）。可见，除了个别来源重要性之间的顺序稍有变化，其他来源重要性的先后顺序与前面肯定性评价所得出的结果是一致的。

综合以上两种统计分析的结果可知，“自身的教学经验和反思”“大学数学专业类课程的学习”“有组织的专业活动”是数学教师发展其数学观的重要来源，“撰写数学教研论文”及“数学教育实践类课程的学习”对发展教师的数学观的贡献不大，其他来源都有一定的作用。

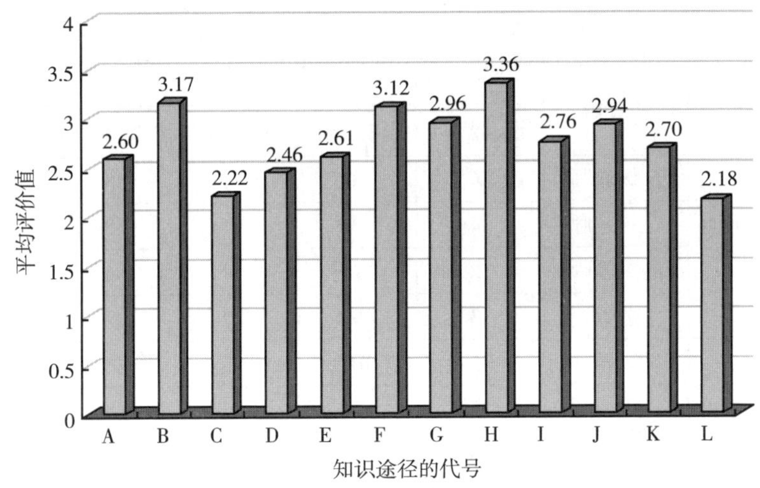


**图 8-1　高中数学教师对“数学观”各种来源的平均评价值**

注：A= 中小学数学课程的学习，B= 大学数学专业类课程的学习，C= 数学教育实践类课程的学习，D= 数学教育理论类课程的学习，E= 在职培训，F= 有组织的专业活动，G= 和同事的日常交流，H= 自身的教学经验和反思，I= 和学生的交流，J= 阅读专业书刊，K= 通过网络资源的学习，L= 撰写数学教研论文。

### 3. $\chi^2$ 检验

为了更确切地了解高中数学教师的不同职称是否显著影响他们对数学观各种来源的评价，为此，本研究将所有教师分为二级、一级、高级三个职称组，运用 $\chi^2$ 检验考察不同职称的高中数学教师之间是否存在显著性差异。统计结果如表 8-8 所示。

**表 8-8　高中数学教师数学观 12 种主要来源的职称组人数分布**

| 来源 | 职称组 | 评价 | | | | $\chi^2$ 检验 |
|---|---|---|---|---|---|---|
| | | 没有影响 | 影响很小 | 有些影响 | 影响很大 | |
| A. 中小学数学课程的学习 | 二级教师 | 7 | 79 | 93 | 20 | $\chi^2 \approx 0.95$<br>$df=6$<br>$P \approx 0.988$ |
| | 一级教师 | 8 | 76 | 85 | 14 | |
| | 高级教师 | 6 | 63 | 74 | 13 | |
| | 总数 | 21 | 218 | 252 | 47 | |

（续表）

| 来源 | 职称组 | 评价 | | | | $\chi^2$ 检验 |
|---|---|---|---|---|---|---|
| | | 没有影响 | 影响很小 | 有些影响 | 影响很大 | |
| B. 大学数学专业类课程的学习 | 二级教师 | 6 | 34 | 71 | 88 | $\chi^2 \approx 14.27$<br>$df=6$<br>$P \approx 0.026$ |
| | 一级教师 | 4 | 36 | 97 | 55 | |
| | 高级教师 | 3 | 21 | 59 | 64 | |
| | 总数 | 13 | 91 | 227 | 207 | |
| C. 数学教育实践类课程的学习 | 二级教师 | 32 | 107 | 52 | 8 | $\chi^2 \approx 4.91$<br>$df=6$<br>$P \approx 0.555$ |
| | 一级教师 | 25 | 96 | 57 | 5 | |
| | 高级教师 | 16 | 88 | 49 | 3 | |
| | 总数 | 73 | 291 | 158 | 16 | |
| D. 数学教育理论类课程的学习 | 二级教师 | 35 | 69 | 60 | 35 | $\chi^2 \approx 7.84$<br>$df=6$<br>$P \approx 0.250$ |
| | 一级教师 | 32 | 80 | 41 | 30 | |
| | 高级教师 | 29 | 48 | 46 | 33 | |
| | 总数 | 96 | 197 | 147 | 98 | |
| E. 在职培训 | 二级教师 | 9 | 92 | 77 | 20 | $\chi^2 \approx 7.84$<br>$df=6$<br>$P \approx 0.250$ |
| | 一级教师 | 7 | 86 | 69 | 21 | |
| | 高级教师 | 3 | 58 | 72 | 24 | |
| | 总数 | 19 | 236 | 218 | 65 | |
| F. 有组织的专业活动 | 二级教师 | 4 | 38 | 78 | 73 | $\chi^2 \approx 6.59$<br>$df=6$<br>$P \approx 0.360$ |
| | 一级教师 | 5 | 33 | 86 | 62 | |
| | 高级教师 | 1 | 27 | 83 | 48 | |
| | 总数 | 10 | 98 | 247 | 183 | |
| G. 和同事的日常交流 | 二级教师 | 7 | 43 | 97 | 52 | $\chi^2 \approx 4.76$<br>$df=6$<br>$P \approx 0.575$ |
| | 一级教师 | 4 | 47 | 85 | 47 | |
| | 高级教师 | 2 | 39 | 83 | 32 | |
| | 总数 | 13 | 129 | 265 | 131 | |
| H. 自身的教学经验和反思 | 二级教师 | 6 | 21 | 58 | 114 | $\chi^2 \approx 3.95$<br>$df=6$<br>$P \approx 0.683$ |
| | 一级教师 | 5 | 26 | 60 | 92 | |
| | 高级教师 | 3 | 17 | 56 | 80 | |
| | 总数 | 14 | 64 | 174 | 286 | |

（续表）

| 来源 | 职称组 | 评价 | | | | $\chi^2$ 检验 |
|---|---|---|---|---|---|---|
| | | 没有影响 | 影响很小 | 有些影响 | 影响很大 | |
| I. 和学生的交流 | 二级教师 | 13 | 51 | 95 | 33 | $\chi^2 \approx 10.28$<br>$df=6$<br>$P \approx 0.113$ |
| | 一级教师 | 6 | 64 | 84 | 32 | |
| | 高级教师 | 3 | 61 | 69 | 27 | |
| | 总数 | 22 | 176 | 248 | 92 | |
| J. 阅读专业书刊 | 二级教师 | 0 | 66 | 84 | 46 | $\chi^2 \approx 6.62$<br>$df=6$<br>$P \approx 0.357$ |
| | 一级教师 | 0 | 52 | 85 | 49 | |
| | 高级教师 | 2 | 45 | 71 | 38 | |
| | 总数 | 2 | 163 | 240 | 133 | |
| K. 通过网络资源学习 | 二级教师 | 7 | 92 | 53 | 39 | $\chi^2 \approx 9.60$<br>$df=6$<br>$P \approx 0.143$ |
| | 一级教师 | 6 | 72 | 82 | 34 | |
| | 高级教师 | 5 | 63 | 52 | 33 | |
| | 总数 | 18 | 227 | 187 | 106 | |
| L. 撰写数学教研论文 | 二级教师 | 41 | 101 | 42 | 15 | $\chi^2 \approx 5.79$<br>$df=6$<br>$P \approx 0.447$ |
| | 一级教师 | 38 | 88 | 43 | 14 | |
| | 高级教师 | 28 | 73 | 48 | 7 | |
| | 总数 | 107 | 262 | 133 | 36 | |

表 8–8 所列出的 $\chi^2$ 检验结果表明，在 0.05 的水平上，3 个职称组的教师在作为中小学生学习数学的经验、数学教育实践类课程的学习、数学教育理论类课程的学习、在职培训、有组织的专业活动、和同事的日常交流、自身的教学经验和反思、和学生交流、阅读专业书刊、通过网络资源学习、撰写数学教研论文 11 种来源的人数分布上没有显著性差异，而大学数学专业类课程的学习（$P=0.026<0.05$）在分布上存在显著性差异，即 3 种不同职称的教师就该来源对其数学观发展的贡献具有不同的看法。

通过对 3 个职称组的两两配对 $\chi^2$ 检验发现，教师对大学数学专业类课程的学习这种来源评价的显著性差异主要表现在二级教师与高级教师之间。

综合上面的统计结果，不同职称的高中数学教师都认为自身的教学经验与反思这种途径对数学观发展的贡献是最重要的，这种调查结果与现实相吻合。众所周知，高中数学教师的数学观是教师的隐性知识，而这种隐性知识的形成是教师主体在学与教数学的过程中逐渐形成的。虽然观念指导着行为，但更重要的是行为影响着观念的不断完善，数学教师只有在亲身经历了数学教学的过程并对其不断反思之后，才能对数学的知识体系、思想方法、本质及价值做出自我的判断与领悟，形成自己特有的数学观。因此，对于不同职称的高中数学教师而言，自身的教学经验与反思是其数学观形成的最重要的来源是合理的。与自身的教学经验与反思这种发展数学教师数学观的最重要来源相比，诸如和同事的日常交流、通过网络资源的学习、阅读数学专业书刊、有组织的专业活动、和学生的交流、在职培训、中小学数学课程的学习、数学教育理论类课程的学习、数学教育实践类课程的学习、撰写数学教研论文等途径对促进高中数学教师数学观的发展有一些影响或影响不大，所以这些途径自然就成为高中数学教师数学观形成的不太重要的来源。

二级教师与高级教师关于“大学数学专业类课程的学习”（$P<0.05$）这种来源对其数学观发展的贡献评价方面存在着显著性差异的原因是：二级教师教龄短，绝大部分都是大学毕业时间不长的年轻人，和具有丰富教学经验的高级教师相比，虽然他们的数学观的形成受到教学实践的影响，但整体看来，学生时代对数学课程的习得尤其是“大学数学专业类课程的学习”对其数学观的影响却是主要的。为什么“中小学数学课程的学习”对高中数学教师数学观的发展影响不大？原因是高中数学教师在上小学与中学时，学习数学主要是为了应对各种各样的考试，且学习的动力很大程度上受到教师、家长等外部力量的驱使，自己对数学的本质、价值等考虑比较少，但上了大学后，学习数学不再受升学压力的影响。多元的文化环境与开放的学习氛围非常有利于自己数学观的形成与发展，特别是高等师范学校数学系开设的关于数

学史与数学文化类型的课程对刚毕业的这些高中数学教师数学观的建构非常重要。这两方面的因素促使“大学数学专业类课程的学习”成为大多数二级教师发展自己的数学观的重要途径。相对地，由于大多数高级教师工作时间比较长，对当年在大学里学习到的一些高等数学的知识也有所淡忘，其数学观的发展主要是在职后长期的教学实践过程中不断反思建构的，因此，同样是作为促进高中数学教师数学观发展的途径，“大学数学专业类课程的学习”相较于“自身的教学经验与反思”就显得无足轻重。据此分析可知，高级、二级教师关于“大学数学专业类课程的学习”这种途径对其数学观发展的贡献程度在认识上存在非常显著的差异。

## 二、高中数学教师数学观发展途径的访谈资料分析

为更全面地了解高中数学教师数学观发展的途径，本研究又采用访谈法，主要对大学数学教师及高中正高级、高级、一级、二级数学教师等级别的教师进行了比较深入的访谈。访谈时研究者对大学数学教师提出的话题是：“试结合自己的研究及教学经验，请谈谈您对我国高中数学教师数学观发展现状的看法，您认为哪些因素制约了教师数学观的发展？”；对高中数学教师提出的问题是：“试结合自己的教学经验，请谈谈您的数学观是如何发展的，有哪些比较好的途径？”下面是受访谈教师的一些看法。

W 教授（大学教授）在谈到高中数学教师观发展现状时指出，“我国高中数学教师的数学观现状如何？我国高中数学教师的数学观是如何形成的？整体来看，我比较赞同学者黄秦安的观点，即包括高中数学教师在内的中国的数学教师，持有的大多是一种‘自然主义 + 实用主义 + 功利主义 + 科学主义’的数学观。这里的自然主义是指缺乏自觉深入的哲学思考和理性概括的，仅仅保持一种对于数学的素朴的、感觉的、经验的和直观的印象；实用主义和功利主义的数学观则集中体现了对于数学的现实主义和工具主义价值取向；科学主义的数学观则视数学是高度抽象，思想、知识和方法比较严谨的体系。按照欧内

斯特的观点，我国高中数学教师多数持有的是一种柏拉图主义及工具主义的数学观，问题解决观的数学观还没有深入人心。为什么会出现这种现状？第一，由于受应试教育的长期影响，高中教育异化的培养目标还处于主导地位。高中教育阶段的一个主要目的就是向高校输送后备人才。尽管国家提倡高中教育应培养多元化的社会人才，但由于受应试教育根深蒂固的长期影响，社会评价高中教育教学质量的标准仍然是高考升学率。在这种评价机制的影响下，现在多数高中数学教师基本上都急于应对数学课程内容的讲解与解题训练，很少有时间去考虑自己数学观方面的问题。第二，多数高中数学教师不重视对数学史、数学文化、数学哲学等方面知识的学习与积累，缺乏对自己教学以外数学知识补充与完善的意识。第三，高中数学课程的基本理念还没有被大多数高中数学教师所领悟与理解，如数学是一种文化，应让学生体会到数学博大精深的文化价值，但教学时很多教师都没有做到，总感觉这些东西是软的、可有可无的，而只有扎实的解题训练才是硬的。这也同时反映出我国在当前的高中新课程实施过程中对教师的培训有待提高。”

可见，大学教师主要是从宏观、理论等视角对我国高中数学教师数学观发展的现状进行了剖析，并对造成该现状的原因进行了比较全面的分析，这些原因既有评价机制方面的问题，也有教师自身方面的问题，还有教师培训方面的问题等。而就“您的数学观是如何发展的？”这一问题在对高中数学教师访谈时，我们发现许多教师刚开始显得很迷茫，不知从何说起，在对他们解释了数学观的大概含义及经过适当的启发引导后，多数教师才谈了一些自己的看法。

T教师（正高级教师）谈道:“作为一名高中数学教师，我现在很难说清楚自己现有的数学观是什么，是啥时候形成的，又是啥时候发展的。但纵观自己的教学生涯，我觉得促进自己数学观发展的途径是多样的，如我当学生时在课堂上受到的熏陶，自己在学习数学时对数学的思想、方法、价值等的感悟，大学里对数学史、数学哲学等课程的学习，职后教师的培训，和同事的交流，自己阅读数学史、数学文化、数学哲学等方面的书刊等。但现在回想起来，促使自己数学观不断发展的还是自己丰富的教学体验及积极、主动的反思意识。比如，函数的概念及思想是统领中学数学的主线，自己在当学生时，只知道死记硬背函数的概念，认为会做各种各样的函数题目，考试能得分就行啦。大学刚毕业当上高中数学教师时，我在进行函数概念教学时基本上也是照本宣科，没有过多的想法。随着教学经验的积累及职称的变化，自己就开始琢磨：函数的定义 $y=f(x)$ 中为什么 $x$ 与 $y$ 的对应关系必须要多对一或一对一而不能一对多？为什么函数概念必须要定义在两个数集上，不是数集行不行？函数是否一定有确切的解析式？通过对这些问题的考虑，自己才逐渐弄明白，函数概念的本质是：函数是两个变量之间的一种特殊的对应关系；函数的自变量、因变量都取实数值（这样才有可能用数及其运算的知识来考察现实问题的变化规律）；因变量的取值有唯一性；可以用数以外的符号来表示函数（具体表示形式可以是解析式、图象或表格）；函数是刻画客观事物规律的一种非常有用的模型，尽管该模型的表达形式不拘一格。因此可以说，多年的教学体验及不断的反思，促使我的数学观得以发展。”

G 教师（高级教师）根据自己的专业成长谈到了其在数学观发展方面的经验：“根据多年来的经验，促进自己数学观发展的途径并不是单一的，每种途径也不是孤立起作用的。如培训时专家从理论上进行的讲解分析，学校平时组织的听课、评课等专业活动过程中与同事的切磋交流，在学生上课回答问题与课后问问题时受到的启发，有时候在网上阅读一些数学史与数学文化方面的材料后产生的感悟等，都是我的数学观得以发展的途径。但主要途径还是切身的教学体会及积极主动的教学反思。反思，加深了我对数学知识体系、思想方法、价值等的理解与把握，使我知道了应该采用什么样的教学方法才能让学生学得更好，也使自己在反思过程中发现了许多不足。我刚开始进行函数教学时，把函数理解为一种生硬的、按照书上所严格描述的概念，随着教学经验的积累，自己认识到函数的思想方法是数学解题的重要工具，而现在我把函数理解成一种刻画现实的模型，它具有很广泛的应用价值。显然，通过不断地体会自己的数学教学生涯，通过不断的反思，自己的数学观不断朝着合理的方向发展，尤其是朝着如何提高学生数学成绩的方向发展。”

S教师（一级教师）谈道:“我认为促进自己数学观发展的主要途径除了自身‘教学经验的积累及积极主动的反思’，‘和学生的日常交流’也是非常重要的途径。说实在的，平时教学比较忙，所以对数学的本体、数学的性质、数学的价值这些问题很少考虑，倒是学生在上课或做作业时的提问促使自己更深刻地考虑一些问题。曾经有位学生问‘老师，学数学既然可以通过实验去探究，而我们做了实验后最后得到的结果往往与理论上的值有不一致，那为什么还要让我们做实验呢？’；还有学生在学习数学归纳法时问‘为什么数学归纳法证明问题是正确的，它是一种证明套路吗？’；也有学生问‘通常说数学的结论是确定的，为什么有些数学问题的答案不唯一呢？’等。这些问题的提出往往使自己当时有点措手不及，但你又不能不给学生一个说法，从而迫使自己对这些问题进行深入思考，有些问题自己无法解决就要么请教别人，要么查一些资料来看看，慢慢地自己对数学本质性的一些问题就有了看法，形成了自己的数学观。当然，我现在的数学观最主要的还是让学生学好数学、会做题，这样考试才能取得好的成绩，最终能考上一个好大学。”

可见，正高级、高级、一级教师都谈到了促使自己数学观发展的一些途径，但这些途径当中，“自身的教学经验及反思”是这几类职级高中数学教师发展其数学观的重要途径。所不同的是，正高级教师对自己教学经验的反思是积极、及时、主动的，且能从教师专业发展的视角对自己数学观的形成及发展进行理论上的概括及阐释；而高级教师对自己教学经验的反思虽然积极主动，但对自己数学观的形成及发展进行的阐释比较朴素，理论深度不够，且把自己数学观发展的目标定位在如何提高学生的数学考试成绩上，现实与功利的味道比较浓厚；一级教师对自己教学经验的反思并非一贯是自觉与及时的，他们的反思往往受到外部力量尤其是学生提问的影响，而且数学观发展的目标与高级教师基本一样，仍然定位在如何提高学生的数学考试成绩上。

在访谈二级数学教师之前，本研究曾有这样的假设：二级教师大部分都是高等师范学校数学系刚毕业的大学生，他们与正高级、高级数学教师相比较，缺乏丰富的数学教学经历，按道理其数学观应该属于柏拉图主义及工具主义数学观的范畴，而问题解决及文化主义数学观应该是很多二级教师不具备的。但是，在实际访谈过程中却发现，这些刚毕业而执教时间不长的高中数学教师中不少能说出问题解决及文化主义数学观的一些观点，这确实令人意想不到。那么，他们的数学观是怎样形成并发展的？下面是其中一个二级教师的看法。

L 教师（二级教师）谈道："数学观实际上就是一个人对数学的研究对象、性质、价值等的看法，它是人的隐性知识，也是不断发展的一种理念。首先，数学是由字母、数字、符号等组成的一个严格的逻辑体系。这是数学最基本的内涵，逻辑推理及公理化思想方法是数学演绎的重要工具。其次，数学当中也应该注重诸如归纳、类比等合情推理的运用。因为我们现在所学所教的数学知识都不是一开始出现就这么精确，它也是经历了长期的发展及数学家艰辛的劳动才形成的，所以我们应该以发展的眼光去看待数学知识。最后，数学在它长期发展的过程中还蕴含着丰富的文化价值有待挖掘，如数学中蕴含着独特的美，中国古代数学中蕴含的优秀传统文化可以培养学生的爱国主义情感等。要说我现在具有什么样的数学观自己也说不清楚。自己当高中数学教师的经验毕竟有限，所以对数学的这些理解主要源于大学数学专业课的学习，其中影响最大的一门课是'数学分析'，另一门课是'数学史'。其中，'数学分析'使我体会到极限思想方法在逻辑推理上的严谨及在解决实际问题中的妙用，'数学史'使我明白了数学也和其他事物一样经历着'猜想→论证→猜想→论证'的反复过程，也体会到数学是一种人类文明成果，蕴含着巨大的文化价值。尽管我对高中数学新课程的有些内容还不太熟悉，也拿不准把大学里学习到的思想方法讲给高中生去听他们能否听懂，但我打算用这种观念去指导我的数学教学，这恰好与高中数学新课改所倡导的理念是一致的。"

可见，教学经验最不丰富的二级教师能有比较先进的数学观，主要是受到大学数学专业课学习的影响，也就是说，“大学数学专业课的习得”是促使二级教师发展其数学观的主要途径。但是，这种由大学数学专业课的习得而建构起来的数学观毕竟是理论意义上的，用这种数学观指导的教学是否有效，还需要经过教学实践的长期检验。

## 三、几点结论

从上面的调查统计及访谈分析可以看出，当前高中数学教师发展其数学观的途径具有如下结论。

不同的高中数学教师其数学观发展的途径是多样的，而这多样的途径对数学教师数学观发展的贡献程度是不同的。整体来看，“自身的教学经验和反思”对教师数学观发展的贡献程度最大；如“大学数学专业类课程的学习”“有组织的专业活动”“和同事的日常交流”“阅读专业书刊”对教师数学观发展的贡献程度比较大；如“和学生的交流”“通过网络资源的学习”“在职培训”“作为中小学生时的经验”对教师数学观发展的贡献程度有一些；而如“撰写数学教研论文”“数学教育实践类课程的学习”“数学教育理论类课程的学习”等途径对教师数学观发展的贡献程度最小。

相比较而言，“自身的教学经验及反思”是正高级、高级、一级高中数学教师发展其数学观的最重要途径。所不同的是，正高级教师对自己教学经验的反思是积极、及时、主动的，且能从教师专业发展的视角对自己数学观的形成及发展进行理论上的概括及阐释；而高级教师对自己教学经验的反思虽然是积极主动的，但对自己数学观的形成及发展进行的阐释是比较朴素的，理论深度不够，且把自己数学观发展的目标定位在如何提高学生的数学考试成绩上；一级教师对自己教学经验的反思并非一贯是自觉与及时的，他们的反思往往受到外部力量尤其是学生提问的影响，而且数学观发展的目标与高级教师基本一样，仍然定位在如何提高学生的数学考试成绩上，现实与功利的味道比较浓厚。

二级高中数学教师虽然和其他职称的教师一样都认同“自身的教学经验及反思”对其数学观发展的重要性，但就“大学数学专业类课程的学习”这种途径对其数学观发展的贡献评价与高级数学教师存在着显著性差异，而三类教师就其他来源对其数学观发展的贡献所做评价不存在显著性差异。

“大学数学专业课的习得”是促使二级高中数学教师发展其数学观的主要途径。但是，这种由大学数学专业课的习得而建构起来的数学观毕竟是理论意义上的，用这种数学观指导的教学是否有效，还需要经过教学实践的长期检验。

# 第三部分

# 高中数学教师学科知识的构成及发展：结论与启示

这部分内容主要对第一二部分的相关研究进行了系统概括和总结，对高中数学教师学科知识构成及发展的诸多结论加以梳理。第九章主要从“应该具备的”“实际具有的”及“发展途径”几方面就高中数学教师的数学内容性知识、数学思想方法知识、数学史与数学文化知识、数学观的相关研究结论进行了归总；第十章主要就高中数学教师学科知识构成及发展的启示进行了阐析。这部分内容是对本书“研究得到了什么”及“研究到底有何价值”问题的回答，也是对第一部分中“为什么要研究”该问题的进一步回应。这两章内容虽少，但作用非常重要，它不仅呈现了我国 21 世纪基础教育课程改革以来广大高中数学教师学科知识发展的现状及存在的问题，而且为一线教师提升自己的学科知识进而助力其专业发展提供了现实借鉴。不仅如此，该书还对国家教育行政部门及各级中小学校在政策制定、课标修订、教材编写、教学实施、教育评价等方面提供了理论与实践方面的参考，具有重要的理论意义及实践价值。

# 第九章 结　　论

通过前面的文献梳理、问卷调查及系列访谈，本研究得出关于高中数学教师学科知识发展的诸多结论。下面主要从应然要求、实然现状及发展途径三方面对高中数学教师的数学内容性知识、数学思想方法知识、数学史与数学文化知识、数学观的相关研究结论进行概括和总结。

## 第一节 高中数学教师数学内容性知识的构成及发展结论

### 一、高中数学教师应具备的数学内容性知识

高中数学教师应具备高中数学课程改革过程中基本保持不变的核心数学内容知识。1949 年以来，我国高中数学课程共进行了 8 次改革，整体看来，诸如初等代数、立体几何、平面解析几何、三角函数、概率统计、微积分初步、集合、向量（平面、空间）等知识是高中数学课程中的核心内容。这些内容作为培养未来公民基本数学素养的重要基础知识，是高中数学教师需要具备的。这些内容历经多次课程改革而不同程度地被保留下来，可见其重要作用及价值。

高中数学教师应具备适应新课程教学的近现代数学内容性知识。随着 2003 年《课标》的出台，我国普通高中数学课程内容发生了较大的变化，除了设置 5 个必修模块，还设置了 4 个选修系列。算法第一次作为必修内容明确成为高中学生应掌握的知识，选修 3 及选修 4 系

列的大部分内容都是高中数学教师原来较少接触的知识，如信息安全与密码、非欧几何、对称与群、矩阵与变换、拓扑、初等数论初步、布尔代数、优选法与试验设计、运筹学、图论、统计决策等学科的初步知识，这些内容涉及近现代数学分支的部分基础知识、基本原理及基本应用等。这些新增加的内容给高中数学教师顺利进行新课程的教学带来了较大的挑战，应成为高中数学教师亟须补充的数学内容性知识。

高中数学教师应具备不断适应社会发展、数学发展、教育改革的动态性数学内容知识。在不同历史时期，随着我国政治、经济、教育、文化及数学科学本身等的发展，我国高中数学教学大纲和课程标准中的相关知识内容也在不断变化，这就要求高中数学教师不断调适自己的数学内容知识观，具备不断适应社会进步与数学科学发展的数学内容性知识。

## 二、高中数学教师具有的数学内容性知识现状

绝大多数高中数学教师都具有高中数学教科书所规定的基本内容，这是他们顺利进行高中数学教学的基本前提。相比较而言，二级教师对中学数学基础内容知识的理解还不够深入，并且对整个中学数学内容知识体系的理解与把握还比较欠缺。一级教师拥有比较扎实的数学基础内容知识功底，运用数学概念、公式、定理及法则解题的能力较强，与二级教师相比较，更注重解题的变式训练，但对数学内容知识本质理解的深度及对整个中学数学内容知识体系的把握还欠火候。高级教师不仅具备非常扎实的中学数学基础内容知识功底，而且对相关的数学概念、公式、定理及法则等数学知识的理解更深入一些，尤其是把握考点的能力比较强，能比较好地把握整个中学数学内容知识体系框架，但运用数学内容知识解决实际问题的能力不如一级教师。正高级教师具备的中学数学基础内容知识功底最扎实，对中学数学概念、公式、定理及法则等基本上能从本质上进行理解，把握整个中学数学内容知识体系的能力最强，不足之处是其接受新知识的速度比较缓慢。

不同职称的高中数学教师对函数及向量部分的基础内容知识掌握得比较扎实，具体表现在教师能够运用数学概念、公式、定理、公理、法则等引导学生进行解题训练。整体来看，高级教师对函数及向量基础内容知识的理解与掌握要好于一级与二级教师，且所有高中数学教师对向量内容的理解与掌握程度要整体好于函数内容，但也有不少教师对函数周期性的理解不到位。

随着社会的发展、课程改革的深入，不同层次的高中数学教师都在不同程度地丰富与完善着自己的数学内容性知识。虽然高中数学新课程的基本理念更注重高中生数学学习的基础性、多样性及选择性，但整体来看，左右当前高中数学教师内容性知识掌握、丰富及发展的主要影响因素仍然是高考，也就是说，绝大多数教师仍然是根据高考的要求来不断修缮自己的内容知识。

本次高中数学新课程增加了一些诸如布尔代数、非欧几何、信息安全与密码、矩阵与变换、初等数论初步、优选法与试验设计、运筹学、图论、统计决策等近现代数学的若干内容，这些内容主要集中在选修 3 系列及选修 4 系列的若干专题中。针对高中数学教师对这些新增加的近现代数学内容掌握情况的调查显示，多数教师掌握得很不理想，其中高级与二级教师在了解及掌握数学史选讲、开关电路与布尔代数、初等数论初步、优选法与试验设计初步 4 个专题内容方面存在显著性差异。这说明新增加的数学内容知识中有不少内容，高中数学教师在大学相关课程里没有学过或仅少量接触过，尤其是大学毕业时间比较长的高级教师与毕业时间不长的二级教师相比较，在近现代数学内容知识方面的欠缺更明显。这种现状已经使教师感受到新课程教学的压力，但整体看来，绝大多数高中数学教师还缺乏自觉学习并掌握这些新内容知识的责任感与紧迫感，许多教师抱着一种边走边看的态度。

## 三、高中数学教师数学内容性知识发展的途径

尽管高中数学教师在自己的工作岗位上年复一年地辛勤工作着，

但由于受高考的长期影响，大多数高中数学教师发展数学内容性知识的最直接目标就是应对高考。他们并没有从社会发展及课程改革对其专业发展的要求方面主动完善其数学内容知识，缺乏知识创新及长远发展的意识。

本次高中数学新课程中增加了许多近现代数学的内容，如信息安全与密码、矩阵与变换、初等数论初步、风险与决策、开关电路与布尔代数等，这些知识很多都是许多高中数学教师尤其是教龄较长的教师非常欠缺的，于是通过什么样的方式才能使自身尽快掌握这些新知识成为摆在每位数学教师面前的急迫任务。

不同职称高中数学教师的数学内容性知识发展的途径是多样的。但整体来看，“自身的教学经验和反思”“中小学数学课程的学习”“大学数学专业类课程的学习”等途径对教师数学内容性知识发展的贡献程度比较大，而“数学教育理论类课程的学习”及“撰写数学教研论文”等途径对其内容性知识发展的贡献程度较小。

关于 12 种知识发展途径对教师数学内容性知识发展的贡献程度，二级教师和高级教师在“通过网络资源的学习”及“和学生的交流”两种途径的认识上存在显著性差异，而一级与二级教师之间不存在显著性差异。

## 第二节　高中数学教师数学思想方法知识的构成及发展结论

### 一、高中数学教师应具备的数学思想方法知识

#### 1. 高中数学教师应具备多层次的数学思想方法知识

高中数学教师具有的数学思想方法知识应包括 4 个层次：第一，应具备能够完成具体数学解题及证明的微观层面的数学思想方法，如换元、迭代、配方、向量、分析、综合、反证、数学归纳、比较、放

缩等思想方法；第二，应具有对一类数学问题的解决起着指导作用的中观层面的数学思想方法，如数形结合、函数与方程、分类讨论、化归与转换等思想方法；第三，应具有对一个数学分支的内容理解、问题解决、成果发现等起着重要指导作用的较宏观层面的数学思想方法，如集合、统计、函数、随机、拓扑、群论、算法、极限、公理化、结构、数学模型等的思想方法；第四，应具有数学研究、数学欣赏等方面的最宏观层面的思想方法，如观察与实验、抽象与概括、特殊与一般等数学研究的方法及数学审美思想等。

**2. 高中数学教师应具有近现代数学的思想方法知识**

通过对《课标》中数学思想方法的梳理，我们发现高中数学新课程中渗透了许多近现代数学的内容，其中蕴含着许多近现代数学的思想方法知识，如集合、统计、函数、随机、拓扑、群论、算法、极限、公理化等思想方法，这些都应该是高中数学教师在新课程教学过程中所具备的近现代数学的思想方法知识。

**3. 高中数学教师应从数学思想方法发展的视野理解数学思想方法知识**

高中数学新课程内容中蕴含着许多不同的数学思想方法，并且有些思想方法在高中数学中的地位及作用具有非常重要的地位及作用，如函数与方程、数形结合、化归与转化、算法、统计、公理化思想方法等。对于这些重要数学思想方法的理解与认识，高中数学教师不应该停留在朴素的表面层次上，而应从数学思想方法发展的视域去理解其产生的背景、发展历程及在数学历史上的影响等。

## 二、高中数学教师具有的数学思想方法知识现状

几乎所有的数学教师（包括大学数学教师及不同职称的高中数学教师）都对数学思想方法的重要性有足够的认识。对数学思想方法的不断领悟，有利于教师从整体上理解和把握数学的精髓及实质，有利于教师更深层次地理解数学高度的抽象性特点及深厚的文化价值，有利于教师概括、抽象、归纳、反思等数学思维品质的培养等。

多半以上的高中数学教师对数学思想方法的认识基本停留在数学解题及证明的微观或中观层次，他们掌握数学思想方法的主要目的是为了更好地进行解题，服务于高考的目的比较明显，还达不到对数学思想方法宏观层面的认识。

许多教师对数学思想方法的理解比较狭隘，没有从高观点下、高初结合方面系统考虑高等数学的思想方法对初等数学的指导作用；多数教师关于概率统计、优选法与试验设计、统筹法与图论、风险与决策等的近现代数学思想方法知识；没有从数学思想方法的产生、发展等方面全面了解数学思想方法形成的历史渊源；过分注重数学纯方法与技巧的解题训练，没有从数学思想的高度进行概括与抽象；部分数学教师尤其是刚毕业的数学教师由于对教材内容的不熟悉影响了其对数学思想方法的理解与掌握；许多教师在数学教学过程中缺乏有效渗透数学思想方法的基本策略等。

在理解函数与方程、数形结合、分类讨论、化归与转化等几类经典性数学思想方法方面，高级教师的理解水平要高于一级教师、一级教师又高于二级教师，三者之间没有显著性差异；而对于高中新课程中增加的一些近现代数学中蕴含的思想方法，大学刚毕业的二级教师在理解水平上要高于高级教师，高级教师又高于一级教师，尤其在数学公理化思想方法方面，二级教师与一级教师存在显著性差异。

几乎所有的受访者都认为函数的思想方法是贯穿于初等数学与高等数学的一种重要思想方法，而且大多数高中数学教师在平时的数学教学中都注重该思想方法的渗透。但由于许多教师对投资问题、销售问题、人口增长问题等相关背景不太熟悉，导致不能用准确的函数模型去刻画实际问题的数量关系。另外，许多高中数学教师对初中、高中、大学中所学习的函数思想方法缺乏明晰的理解与认识。相比函数思想方法来说，向量在数学解题中所反映出来的思想方法比较独立，大多数教师认为向量的思想方法仅仅是解决立体几何问题的有效工具，也有一些教师对向量思想方法的教学导向可能会削弱学生的空间想象能力表示担忧。

## 三、高中数学教师数学思想方法知识发展的途径

教师的数学内容性知识是教师发展其数学思想方法知识的基本前提，渊博而扎实的数学性内容知识有利于促进教师数学思想方法知识的提高，而丰富的数学思想方法知识反过来也会促进教师对数学内容知识的理解与认识，两者之间密不可分。

促进高中数学教师思想方法知识发展的途径是多样的，在数学教师专业发展的不同阶段，不同职称的教师发展其数学思想方法知识的途径侧重点不一样。一般来说，二级教师发展其数学思想方法知识的途径主要是学习借鉴他人的经验、积极参加有组织的专业活动、注重和学生的互动交流、自我反思等；一级教师与高级教师发展其数学思想方法知识的途径主要是不断学会反思与总结、积极参加有组织的专业活动等；正高级教师发展其数学思想方法知识的途径主要是不断反思与总结、阅读专业书籍、撰写学术论文等。

在12种关于高中数学教师数学思想方法知识的发展途径中，“自身的教学经验和反思”“大学数学专业类课程的学习”“和同事的日常交流”是数学教师发展其数学思想方法知识的重要途径，“数学教育实践类课程的学习”对发展教师数学思想方法知识的贡献最小，其他途径都有一定的贡献。几乎所有的访谈教师都肯定了“自身的教学经验和反思”是促进教师数学思想方法发展的最主要途径，但不同职称的教师对其重要性的认识程度不太一样。正高级教师能够从自身的专业成长视角对这一途径的重要性进行理论阐释；而高级教师与一级教师主要从数学解题的视角对这一途径的重要性进行了阐释，显然他们的认识具有应对高考的实用主义倾向，还没有从自身专业发展的视角认识该途径对其数学思想方法发展的重要性；二级教师主要从自己面对的数学教学内容的现实问题及解决策略方面谈到了“自身的教学经验和反思”这一途径对其思想方法发展的重要性。

在关于12种知识来源对数学教师思想方法知识贡献程度的认识方面，三种职称的教师之间在“自身的教学经验和反思”这种来源的认

识上都存在着差异，而对于“和学生的交流”这种来源的认识，二级和高级之间、一级与高级之间存在着显著性差异，但一级与二级之间不存在显著性差异。

## 第三节 高中数学教师数学史与数学文化知识的构成及发展结论

### 一、高中数学教师应具备的数学史及数学文化知识

根据对《普通高中数学课程标准（实验）》的梳理及分析，新课程教学背景下的高中数学教师应具备的数学史及数学文化知识包括以下内容：①关于数学各分支的相关概念、结论等的产生背景、发展过程及影响的知识；②关于国内外一些著名数学家历史事迹的知识；③关于数学名题赏析的知识；④关于数学对人类文明和社会经济发展作用的知识。

### 二、高中数学教师具有的数学史及数学文化知识现状

由问卷调查及访谈研究得出，很多数学教师都对本次高中数学课程中设置数学史与数学文化内容的必要性及重要性给予了肯定性的评价，而且他们都认为高中数学教师具备数学史与数学文化知识无论是对教师的专业发展还是平时的有效教学都有很大的帮助。但是，绝大多数高中数学教师对高中新课程中有关数学各分支的重要结论、史料等产生、发展、影响的情况不甚了解；对国内外一些著名数学家的历史事迹不太熟悉，在平时教学中也很少向学生介绍这些著名数学家的历史事迹；对数学史上一些名题的来源、解法及重要影响不甚了解；关于数学对人类文明和社会经济发展作用的认识情况比较浅薄等。同时，从访谈结果来看，大学数学教师及高中正高级教师对高中数学教师在数学史与数学文化知识方面的欠缺甚为忧虑，但很多二级、一级、

高级教师却还没有清醒地意识到自己的数学史与数学文化知识欠缺所产生的重要影响，他们更多的是把“阅读与思考”中呈现的数学史与数学文化相关的内容与教材中其他内容割裂开来看待，并没有真正认识到这两者是有机统一的整体。绝大多数高中教师把在平时教学中很少给学生讲数学史与数学文化知识归因于繁重的高中数学教学任务，但访谈结果显示，高考不考才是高中数学教师在教育教学中不重视渗透数学史与数学文化的根本原因。

绝大多数教师对函数概念的发展历史不太了解，对中国数学家在函数方面的贡献比国外数学家的贡献了解得更多一些。另外，绝大多数教师对向量产生的历史背景、最早把力表示成“向量及力的合成”的数学家、首先使用向量表示有向线段的数学家、首次利用坐标平面上的点来表示复数 $a+bi$ 的数学家等都不甚了解。

## 三、高中数学教师数学史及数学文化知识发展的途径

高中数学教师发展其数学史与数学文化知识有多种不同的来源，且不同的教师对其数学史与数学文化知识发展途径的认同程度存在着差异。自身的教学经验和反思、大学数学专业类课程的学习、通过网络资源的学习是数学教师数学史与数学文化知识发展的最重要来源，而在职培训及撰写数学教研论文对发展教师的数学史与数学文化知识的贡献最小，其他来源都有一定的作用。

在 12 种发展高中数学教师数学史与数学文化知识的来源中，二级教师与高级教师关于自身的教学经验和反思、通过网络资源的学习、大学数学专业类课程的学习这 3 种来源对其数学史与数学文化知识发展贡献程度在认识上存在极显著性差异，而其他职称的数学教师之间差异不太显著。

高中数学教师缺乏获得数学史与数学文化知识的自觉意识。

高中数学教师获得数学史与数学文化知识的途径相对比较单一。

现有的考试评价导向在客观上阻碍了高中数学教师数学史与数学文化知识的发展。

促进高中数学教师数学史与数学文化知识的发展需要多渠道的努力。

## 第四节 高中数学教师数学观的构成及发展结论

### 一、高中数学教师应具备的数学观

**1. 高中数学教师应具备一种立足于现实数学教学、与加强自身数学修养相结合的数学观**

高中数学教师应具备的数学观需满足两方面的目的要求：一是对现实的数学教学起着科学的指导作用，尤其是对学生建构自己合理的数学观起着引领作用；二是要有助于加强教师自身的数学修养。这两方面是相互影响、相互促进的、前者为后者奠定了基础，后者为前者提供了动力。高中数学教师应在长期的专业发展中将其整合为完整的数学观。

**2. 高中数学教师应具备一种全面的数学观**

根据欧内斯特对教师数学观的分类，参照黄秦安对教师数学观的理论层面分析，结合高中数学课程标准的理念要求，高中数学教师应具备由柏拉图主义数学观、工具主义数学观及问题解决数学观所构成的一种全面的数学观。全面的数学观是指数学教师应根据不同的对象、科目、题材和各种目标适当选取不同的观念去组织、选编教材和设计讲解方法，要让柏拉图主义数学观、工具主义数学观、问题解决的数学观在教师的教学、学习及研究过程中占有合理的地位，并通过它们之间的密切配合、相互作用发挥出整体的效果。

**3. 高中数学教师应具备一种动态发展的数学观**

从发展的角度来看，高中数学教师应根据数学课程改革的发展及数学科学本身的发展不断赋予三种数学观以新的内涵，动态调适三种数学观的角色分配及作用价值，逐渐突出“问题解决数学观”的指导地位及作用等，逐渐从静止的、绝对的、狭隘的数学观向动态的、辩证的、全面的数学观转变。

## 二、高中数学教师所具有的数学观现状

多数教师认为科学合理的数学观对高中数学教学具有重要的指导作用，但也有部分教师认为具备什么样的数学观对高中数学教学影响不大。

虽然每位教师都在自己数学观的指导下进行教学，但多数教师对自己具有什么样的数学观缺乏明确的认识。

受认识水平及评价机制等的影响，多数教师把自己所具有的数学观与数学教学观、数学学习观、数学评价观等混为一谈。

在工具主义的知识观、本质观、价值观及柏拉图主义的知识观认识方面，显著性差异主要存在于高级教师与二级、一级教师之间，一级与二级教师之间基本上没有什么显著性差异；在问题解决的知识观、本质观的认识方面，显著性差异主要存在于高级教师与一级教师之间；在问题解决的价值观方面，显著性差异主要存在于高级教师与二级、一级教师之间。这说明几乎所有的高中数学教师尽管都持有三种数学观并在其指导之下进行教学，但相比较而言，高级教师逐渐能以问题解决的数学观作为指导自己数学教学的主要数学观，而一级和二级教师主要以工具主义及柏拉图主义的数学观指导自己的教学，问题解决的数学观还没有成为指导自己数学教学的主要数学观。

在对函数及向量的本质理解方面，绝大多数教师能对具有明显意向答案的函数本质问题作出理论上的合理选择，但多数教师对函数本质的真正理解基本停留在教材定义的层次，还不能从较高的层次去理解与把握，相比较而言，部分高级数学教师对该问题的理解还是比较深刻的。另外，多数教师对向量本质的理解还是比较表面的，他们虽然赞同“向量既是代数的对象，又是几何的对象，它是沟通代数与几何的桥梁”这种事实，但对现代数学视域下向量内涵的理解还是狭义的，甚至对向量拓展性的知识理解是错误的。

## 三、高中数学教师数学观发展的途径

不同高中数学教师数学观发展的途径是多样的，而各个途径对高中数学教师数学观发展的贡献程度是不同的。整体来看，“自身的教学经验和反思”对教师数学观发展的贡献程度最大；而“大学数学专业类课程的学习”及“有组织的专业活动”对教师数学观发展的贡献程度比较大；像“撰写数学教研论文”及“数学教育实践类课程的学习”等途径对教师数学观发展的贡献程度较小；其他途径对教师数学观的发展有一定程度的贡献。

相比较而言，“自身的教学经验及反思”是正高级、高级、一级高中数学教师发展其数学观的最重要途径。所不同的是，正高级教师对自己教学经验的反思是积极、及时、主动的，且能从教师专业发展的视角对自己数学观的形成及发展进行理论上的概括及阐释。高级教师对自己教学经验的反思虽然是积极主动的，但对自己数学观的形成及发展进行的阐释是比较朴素的，理论深度不够，且把自己数学观发展的目标定位在如何提高学生的数学考试成绩上。一级教师对自己教学经验的反思并非一贯是自觉与及时的，他们的反思往往受到外部力量尤其是学生提问的影响与促动，而且一级教师数学观发展的目标与高级教师基本一样，仍然定位在如何提高学生的数学考试成绩上，现实与功利的味道比较浓厚。

二级教师虽然和其他职称的教师一样都认同“自身的教学经验及反思”对其数学观发展的重要性，但就“大学数学专业类课程的学习”这种途径对其数学观发展的贡献所作评价与高级教师存在着显著性差异，而三类教师就其他途径对其数学观发展的贡献所作评价不存在显著性差异。

“大学数学专业类课程的学习”是促使二级教师发展其数学观的主要途径，但是，这种通过大学数学专业课的学习而建构起来的数学观毕竟是理论意义上的，用这种数学观指导的教学是否有效，还需要经过教学实践的长期检验。

# 第十章　启　示

## 第一节　高中数学教师学科知识构成及发展的启示

教师学科知识的发展是教师专业发展的重要组成部分，但通过前面的研究可以发现，我国高中数学教师的学科知识现状整体看来并不乐观，并且许多教师到目前为止没有引起足够的警觉，仍然沉浸在自我满足的现实情境中，这不能不引起我们的重视。鉴于前面的研究发现及相关结论，本研究就发展高中数学教师的学科知识提出如下建议。

**1. 高中数学教师应树立全面的专业知识结构观，促进其学科知识与教学知识的协调发展**

尽管不同学者对教师专业知识的划分不同，但学者们对教师专业知识中的学科知识及教学知识的重要性是认同的。学科知识是“教什么”的知识，教学知识是“如何教”的知识，没有了学科知识，教师的教学犹如无米之炊，根本就谈不上教学；缺乏了教学知识，教师的教学效果及质量会大打折扣，二者对教师的专业发展及教学质量都起着非常重要的作用。高中数学新课改以来，学界及一线教师对高中数学新课程“如何教”的问题研究与讨论得较多，但往往忽视“教什么”的问题。在一次省级高中数学骨干教师培训中，当笔者问一位骨干教师“就目前的新课改现状，您认为自己所具备的数学学科知识是否够用”时，这位教师直接答道:“那肯定够用，不然我们给学生怎么教啊！我们现在关注的是新课程教学‘如何教’的问题，而不是‘教什么’的问题。”该教师的话虽然并不能代表所有骨干教师的想法，但也反映出不少高中数学教师的意见。

鉴于此，高中数学教师应树立全面的专业知识结构观，在注重学习与掌握教育学、心理学、教学法等教学知识的同时，还要通过培训、进修、阅读专业书刊等各种途径与方式弥补自己的学科知识，尤其要弥补高中数学课程改革新增加的一些数学内容知识，加强自己在“数学思想方法、数学史、数学文化、数学观”等方面的修养，促进教师学科知识与教学知识的协调发展。

**2. 高中数学教师应不断拓展自己的学科知识领域，在数学学与教的过程中注重高等数学与中学数学的有机融合**

教师的学科知识是随着社会的发展、教育的改革、教学经验的积累而动态变化的，因此教师应不断丰富自己的学科知识体系以适应社会发展等的变革。本次高中数学课程改革除了在教育教学理念、课程目标、教学评价等方面提出了一些新的要求，更重要的是在课程内容方面增加了诸如算法初步、初等数论初步、矩阵与变换、开关电路与布尔代数、信息安全与密码、风险与决策、对称与群、统筹法与图论初步等近现代数学的内容，还增加了数学探究、数学建模、数学史与数学文化方面的内容。这其中有些是大学高等数学课程里涵盖的内容，有些则是高等师范学校数学系专业课程里没有学过的内容，如开关电路与布尔代数、信息安全与密码等。即使这些内容教师在职前教育中曾经学过，对于在中学工作多年的大部分高中教师来说，可能也所剩无几。因此，这些欠缺的高等数学内容给高中数学教师的教学无疑带来了很大的挑战。

鉴于此，高中数学教师应树立新的知识发展观念，不断拓展自己的学科知识领域，通过专业培训、校本研修、阅读专业书刊等各种渠道丰富自己的学科知识体系。本次高中数学新课程中新增加的部分内容并不是对大学高等数学的简单“移植”，而是将高等数学中与高中生日后的生活、工作与继续学习密切相关的基本内容下放到中学数学课程中，把高等数学抽象的学术形态转化为符合高中生认知结构的教育形态。因此，高中数学教师在加强自己高等数学知识修养的同时，还应在数学教学中做到高初结合，用高等数学的思想方法去驾驭中学数学，正像德国数学家 F. 克莱因所指出的，“一个数学教师的职责应是，使学生了解数学并不是孤立的各门学问，而是一个有机的整体”[①]，只有在学与教的过程中注重高等数学与中学数学的有机融合，才能使高中数学教师体会到高等数学的教学价值，养成不断丰富自己学科知识体系的学习习惯。

**3. 调整高等师范学校数学系的课程结构，充实专业必修课及选修课的内容，有针对性地培养适应高中数学课程改革的合格师资**

尽管高等师范学校在办学模式方面长期存在着学术性与师范性之争，但培养高素质的能服务于基础教育教学的合格师资则是高等师范学校的主要目标。长期以来，我国高等师范学校数学系课程主要包括基础教育类课程（核心是教育学、心理学两门课程）、数学专业类课程、数学教育类课程（主要是初等数学研究、数学教学论两门课程）三大类，但这三类课程无论在课程结构设置还是在内容建设方面都或多或少地存在着缺陷。第一，数学专业类课程的学时远高于基础教育类课程及数学教育类课程的课时，三类课程的学时比例严重失衡；第二，基础教育类课程的教学通常注重理论的讲授而忽视了与中学教学实践的联系，教学的实效性不强；数学教育类课程无论是初等数学研究还是数学教学论课程，内容已陈旧过时；数学专业类课程虽然有助于大学生在高等数学方面提升自己的学科知识，但由于教授高等数学课程的大学教师对中学数学课程改革不甚了解，他们在教学时就不能自然地教会学生用高等数学的思想方法看待中学数学。可见，我国高等师范学校数学教师教育类课程建设的不足影响着高中数学新课程教学合格师资的培养。

近年来，学者们对我国教师教育课程存在的问题及课程体系建构等进行了有价值的研究，如杜静的《我国教师教育课程存在的问题与改革路向》、[②]万明钢的《教师教育课程体系研究——以师范大学教

① 克莱因. 高观点下的初等数学［M］. 舒湘芹，陈义章，编译. 上海：复旦大学出版社，2008.

② 杜静. 我国教师教育课程存在的问题与改革路向［J］. 教育研究，2007（9）：77-80，85.

育学院教师教育课程体系建构为例》[①] 等。教育部 2011 年 10 月颁布的《教师教育课程标准（试行）》指出，中学职前教师教育课程要指导学生用多种方式探究学科知识，并说明了要在课程设置的学习领域中包括中学学科教育与活动指导，对于四年制本科院校，教师教育课程最低总学分数（含选修课程）应达到“14 学分 +18 周”（1 学分相当于学生在教师指导下进行课程学习 18 课时，并经考核合格，18 周指的是教育实践时间）。在《教师教育课程标准（试行）》对学习领域及学分做了具体规定的情况下，高等师范学校数学系课程无论是在结构设置还是在内容建构方面都应当做适当的调整。一方面，数学专业类课程要在保留核心高等数学课的同时，设置与高中数学新课程内容相适应的一些选修课，如“高观点下的中学数学”“数学史与数学文化”“数学的意蕴与价值”“数学方法论”“数学哲学”等；另一方面，数学教育类课程除了开设“中学学科课程标准与教材研究”“中学学科教学设计”课程，还可以开设“高中数学新课程内容解析”等课程，主要帮助大学生对高中数学新课程中选修 3 和选修 4 部分内容的学习。

**4. 加强职后培训的针对性，弥补教师学科知识的缺失**

除了加强职前教育以不断提高数学教师的学科知识水平，还应该加强教师职后培训的针对性以弥补教师学科知识的缺失。自基础教育新课程实施以来，各种形式的培训使教师应接不暇，但根据本研究的访谈结果我们发现，实际效果与教师的期望相去甚远，如绝大多数教师虽然承认在职培训是自己学科知识发展的一种途径，但该途径对学科知识发展的作用是有限的。为什么会出现这种情况？除了主客观条件限制等因素，职后培训缺乏针对性是培训效果大打折扣的主要原因，即培训者的培训方法、培训内容与一线教师的学习特点及实际需要相脱节。在现阶段，高中数学教师最欠缺的不是新课程的基本理念与教学方法，而是已经遗忘或高等数学课程里涉及较少的本次高中数学新

① 万明钢．教师教育课程体系研究：以师范大学教育学院教师教育课程体系建构为例［J］．课程 · 教材 · 教法，2005（7）：83–87.

课程里增加的高等数学知识，如开关电路与布尔代数、信息安全与密码等。

20 世纪 60 年代“新数运动”在美国兴起，其主要举措就是在中小学数学课程中大量引入近现代数学的内容，但最终却以失败而告终。失败的一个根本原因就是美国中小学数学教师的高等数学素养达不到应有的要求，从而迫使美国的数学课程改革又不得不回归基础。这样的历史教训对我国当前的高中数学课程改革敲响了警钟，值得有关部门及专家学者引以为鉴。因此，在对高中数学教师进行各类培训时，培训者要改变以往说教式的培训模式，遵循成人学习的认知结构特点，在开展新课程理念、教学策略等培训的同时，紧密结合高中数学新课程的典型教学案例，针对教师的困惑及疑难问题，从“选修系列专题内容讲授”“数学思想方法归纳及总结”“数学史与数学文化内容阐释”“科学数学观培养”等方面帮助教师解读新课程的内容，弥补教师的学科知识的缺憾。

**5. 在平等、自愿的基础上组建数学教师专业学习共同体，使不同层次的数学教师在学科知识方面得到交流与发展**

以教师学科知识发展为基础的教师专业发展离不开教师自身的努力，更离不开教师专业学习共同体的帮助。教师专业学习共同体源于 20 世纪 80 年代美国的教师教育改革运动，其概念实质可追溯到“共同体”及“学习共同体”理论。“共同体”一词最早是作为社会学的概念由德国学者斐迪南·滕尼斯（Ferdinad Tonnies）于 1887 年在《共同体与社会——纯粹社会学的基本概念》一书中提出来的，被定义为“共同体是建立在有关人员的本能的中意或者习惯制约的适应或者与思想有关的共同的记忆之上的”。① 而博耶尔（Boyer）在 1995 年发表的题为《基础学校：学习的共同体》的报告中首次给出了学习共同体的定义及建构的条件：“学习共同体是一个由教师、学生、管理人员以及其他人员组成的有清晰的奋斗目标，可以面对面地沟通与互动的

① 滕尼斯. 共同体与社会：纯粹社会学的基本概念［M］. 林荣远，译. 北京：商务印书馆，1999.

组织”“为了在学校建立学习共同体，学校必须有共享的愿景，能够彼此交流，人人平等，有规则纪律约束，关心照顾学生，气氛是快乐的”。[①]1997年，美国西南教育发展中心（SELD）首次对教师专业学习共同体（PLC）进行了描述，认为专业学习共同体是由具有共同愿景的管理者与教师组成的团队，他们进行合作性、持续性的学习，并最终促进学生的学习[②]。教师专业学习共同体的概念一经提出，就成了国内外学者研究的热门话题。尽管学者们从不同的视角对“教师专业学习共同体”的概念有不同的阐释，但综合众多研究发现，教师专业学习共同体与一般意义上的学校学习组织群体不同，它是以教师的专业发展为根本目标，紧紧围绕学生的学习需要和教学的实际问题，使教师承诺共同的愿景（理念与目标），并承担团体行为的责任，在平等、民主、合作的文化氛围中，相互信任、相互支持、共同领导、共享经验、协同学习与教学的组织。

本次高中数学课程改革对教师的教育理念、学科知识、专业技能等提出了新的要求，而长期处于应试教育环境中的高中数学教师，面临着自身专业发展和学生高考升学率的双重压力，身心常处于超负荷状态，且现实的评价机制又使教师之间存在着一种潜在的竞争关系，许多教师并不愿意将自己面临的困惑及取得的经验与同事进行交流与分享。本研究对高中数学教师学科知识发展途径的调研结果显示，虽然“和同事的日常交流”有助于教师学科知识的发展，但多数教师认为该途径对其学科知识发展的促进程度较低，这说明当前高中数学教师不能通过有效的交流来发展自己学科知识的现状是存在的。这些现状的存在严重阻碍着教师专业的发展，影响着高中数学新课程实施的质量及效果。可见，在平等自愿的基础上，在有效机制的支持下，在共同愿景的促动下组建“高中数学教师专业学习共同体”不失为一种

---

① BOYER E L. The basic school：acommunity for learning［M］. Princeton，NJ：Camegie Foundation，1995.

② SCRIBNER J P，BREDESON P V. A statewide professional development conference：useful strategy for learning or inefficient use of resources?［J］. Education policy analysis archives，2000，8（13）：13-27.

发展教师学科知识的有效措施，具体可包括如下四条建议。

第一，该共同体应在遵守“平等自愿、共同发展”基本原则的前提下进行组建。

第二，共同体应包括高中学校的校长、有关专家、高中数学教师、学生、家长等主要成员，各主要成员在该共同体运行当中应起不同作用。其中校长主要起着机制保障、关系协调、教师赋权、民主决策、氛围创造等作用；专家主要起着政策解读与专业引领的作用；高中数学教师是该共同体活动的主体，在条件允许的情况下应让不同职称、不同教龄、不同性别、不同民族的教师积极参与其中。大家就新课程教学过程中面临的各种问题尤其是学科知识发展的经验及做法进行交流与分享，如，如何把握中学数学知识体系、如何深刻理解数学思想方法等，正高级、高级教师可将自己的丰富经验介绍给二级、一级教师作参考，而大学刚毕业的二级教师可将大学里学习到的有关数学史、数学文化等方面的知识讲给其他教师作为拓展学科知识的素材。

第三，作为共同体成员的主体，高中数学教师要有授权意识，敢于承担授权责任，不断提升自己在教育理念、学科知识、沟通技巧、课题研究、团队协作等方面的综合素养，以适应教师专业学习共同体持续发展的需要。

第四，完善教师评价机制，增进高中数学教师专业学习共同体发展的动力。高中数学教师专业学习共同体的构建及发展需要一定的外部动力机制做支撑，以保证教师参与共同体的积极性、主动性和持久性。有效的动力机制包括更新教师的评价理念、改善教师的评价方法、重视教师的评价结果等。只有完善教师的评价机制，才能发挥教师的创造潜能和合作积极性，从而促进该共同体协调地、可持续地发展。

**6. 创设有利于教师学科知识发展的和谐环境，培养教师自觉学习的习惯及主动反思的意识**

学会学习是 21 世纪社会对当代公民提出的基本要求，作为培养新世纪合格公民的高中数学教师自然不能例外。虽然教师已经摆脱了当学生时为升学而整天忙于学习的苦恼，但本次高中数学新课程改革在理念、知识、技能、心理等方面提出的新要求却迫使教师要继续学习。在本研究访谈过程中，笔者常听到教师这样的感慨：“啊，简直忙死了，从早忙到晚，哪有时间与精力再去学习呢！”诚然，有些教师在高负荷的数学教学中因为职业倦怠而不愿学习，有些教师在教学闲暇之余给学生补课赚外快的现象也存在，但整体看来，绝大多数高中数学教师承担着繁重的数学教学任务无暇也无精力学习的现象确实存在。

建构主义学习理论认为，学习是学习者在一定的情境下，根据自己的需要、兴趣、爱好，利用原有的知识和经验，借助其他人（包括教师和学习伙伴）的帮助，对外部信息进行主动选择、加工和处理，从而建构对自己富有意义的理解的过程。在建构主义学习理论看来，知识是学习者在其新旧经验相互作用的动态过程中主动建构获得的，情境、协作、会话和意义建构是学习环境中的四大要素。①

依据建构主义学习理论，高中数学教师的学习一方面需要外界环境的有效支持，另一方面必须要有自己学习的动力，两者对教师有效学习的促动缺一不可。在教师学科知识发展的环境支持方面，第一，教育行政部门、学校校长、培训机构等要高度重视一线教师学习的重要性，有目的、有步骤地制定教师学习的规划与要求，出台相关的激励机制，使教师学有信心、学得安心、学后顺心。第二，要注重校园文化建设，在网络设施、多媒体教室、图书资料建设等方面要为教师学习创造便利条件。在教师学科知识发展的主观努力方面，要培养教师自觉学习的习惯及主动反思的意识。第一，教师学习具有基于问题的行动学习、基于案例的情景学习、基于经验的反思学习、基于群体的合作学习②等特点。因此，在培养教师自觉学习的习惯方面，教师要切实结合自己在学科知识方面的问题需要，结合典型案例，利用培训及教研组活动，主动向专家学者、教师同行、学生、书刊及网络等对象学习，定期书写学习总结并与同行进行交流，教师只有尝到了学习

① 何克抗．建构主义：革新传统教学的理论基础［J］．电化教育研究，1997（4）：25-27.

② 胡庆芳．教师的学习特征［J］．上海教育，2005（12）：28-30.

的甜头，才会有不断学习的动力。第二，有效学习离不开教师的积极反思。关于反思的内涵，熊川武认为，“从元认知理论的角度来看，反思就是主体对自己认知活动的过程，以及活动过程中涉及的有关的事物（材料、信息、思维、结果等）的特征的反向思考，通过调节，控制自身的认知过程，以达到认知的目的。”[①]反思是教师成长不可缺失的一种特质[②]，也是促进教师成长的科研范式[③]。要培养教师主动反思的意识，教师首先要明确教学反思对其学科知识发展的重要性，把自己的教学反思实际定位在“发展自己的学科知识，进而改变自己的教学行为使教学取得实效”；其次要注重意向性分析方法、动机分析方法、本质分析方法[④]等反思方法的掌握与运用；最后要善于书写教学总结，有意识地利用各种机会进行教育叙事等。

## 第二节　后续进一步研究的问题

本研究虽然对高中数学教师学科知识发展的理论、现状及途径等进行了研究，但由于受主客观条件的限制，本研究还存在如下方面的不足。

由于受样本选择的限制，本研究得到的有关结论是否具有普适性有待考证。本研究仅选取甘肃省部分市、地、县不同地域、不同层次的高中学校为样本校，研究对象虽尽量考虑了不同职称等、不同性别、不同学历、不同教龄等不同类型的高中数学教师，但研究的结论是否适合全国其他地方的高中数学教师，还需要进一步考证。

---

① 熊川武．反思性教学［M］．上海：华东师范大学出版社，1999：47-52.

② 张定强．教师成长不可缺失的特质：反思性分析［J］．课程·教材·教法，2011，31（5）：92-97.

③ 梁燕玲．教育反思：一种促进教师成长的科研范式［J］．中国教育学刊，2006（8）：72-74.

④ 张定强．教师成长不可缺失的特质：反思性分析［J］．课程·教材·教法，2011，31（5）：92-97.

本研究选取的对象主要是汉族高中教师，对少数民族高中数学教师学科知识的发展没有研究，如果能将这两者做一跨文化比较研究，可能会得到更丰富的研究结论。

本研究主要采用文献法、问卷调查法、访谈法等研究方法，目的是揭示高中数学教师的学科知识的现状及发展的途径如何，所以并未从心理学的角度揭示数学教师学科知识发展的心理机制，这也是后续需要进行研究的课题。

本研究主要通过教师的教育叙事及对教师的问卷调查总结高中数学教师学科知识发展的特点及规律，很多研究仍然具有个案性质，而对所有高中数学教师学科知识发展的模式在理论上阐释得不够深刻。

以教师学科知识发展为核心的教师专业发展，既需要教师自身的主观努力，更需要外界体系的支持。虽然本研究结合问卷调查及访谈提出了促进教师学科知识发展的相关策略，但由于我国的教育长期受应试教育的影响，这些策略实施的有效性还有待进一步验证。

# 参考文献

## 一、中文部分

### （一）论著部分


［1］叶澜，白益民，王枬，等．教师角色与教师发展新探［M］．北京：教育科学出版社，2001.

［2］洪成文．现代教育知识论［M］．太原：山西教育出版社，2003.

［3］刘清华．教师知识模型建构研究［M］．北京：中国社会科学出版社，2004.

［4］李秉德．教学论［M］．北京：人民教育出版社，1991.

［5］范良火．教师教学知识发展研究［M］．上海：华东师范大学出版社，2003.

［6］邵光华．教师专业知识发展研究［M］．杭州：浙江大学出版社，2011.

［7］邓友超．教师实践智慧及其养成［M］．北京：教育科学出版社，2007.

［8］朱晓民．语文教师教学知识发展研究［M］．北京：教育科学出版社，2010.

［9］BROMME. R. 超越于题材内容之外的：教师专业知识的心理学结构［M］．唐瑞芬，等译 // BIEHLER R. 数学教学理论是一门科学．上海：上海教育出版社，1998：76–83.

［10］格劳斯．数学教与学研究手册［M］．陈昌平，王继延，译．上海：上海教育出版，1999：256–257.

［11］徐碧美．追求卓越：教师专业发展案例研究［M］．陈静，李忠如，译．北京：人民教育出版社，2003.

［12］方勤华．数学教师专业素养研究［M］．哈尔滨：黑龙江教育出版社，2010.

［13］孙杰远．现代数学教育学［M］．桂林：广西师范大学出版社，2004.

［14］王子兴．数学教育学导论［M］．桂林：广西师范大学出版社，1996.

［15］鲍宗豪．论无知：一个新的认识领域［M］．上海：上海人民出版社，1991.

［16］蔡量．知识决定论［M］．北京：北京日报出版社，1988.

［17］洛克．人类理解论［M］．关文运，译．北京：商务印书馆，1983.

[18] 罗素 . 哲学问题 [M]. 何兆武，译 . 北京：商务印书馆，2007.
[19] 钟启泉，李雁冰. 课程设计基础 [M]. 济南：山东教育出版社，1998.
[20] 皮连生 . 教育心理学：第四版 [M]. 上海：上海教育出版社，2011.
[21] 石中英 . 知识转型与教育改革 [M]. 北京：教育科学出版社，2020.
[22] 顾明远 . 教育大辞典：第一卷 [M]. 上海：上海教育出版社，1990.
[23] 董纯才 . 中国大百科全书 · 教育卷 [M]. 北京：中国大百科全书出版社，1985.
[24] 吴明隆 . SPSS 统计应用实务 [M]. 北京：中国铁道出版社，2000.
[25] 中华人民共和国教育部 . 普通高中数学课程标准（实验）[S]. 北京：人民教育出版社，2003.
[26] 中华人民共和国教育部 . 普通高中数学课程标准（2017 年版 2020 年修订）[S]. 北京：人民教育出版社，2020.
[27] 张奠宙，过伯祥 . 数学方法论稿 [M]. 上海：上海教育出版社，1996.
[28] 曹才翰，章建跃. 数学教育心理学 [M]. 北京：北京师范大学出版社，2006.
[29] 王玉启，等. 数学思想史 [M]. 长春：吉林大学出版社，1990.
[30] 王林全 . 中学数学思想方法概论 [M]. 广州：暨南大学出版社，2000.
[31] 吴文俊，白尚恕 . 中国数学史大系 [M]. 北京：北京师范大学出版社，1998.
[32] 米山国藏 . 数学的精神、思想和方法 [M]. 毛正中，吴素华，译 . 成都：四川教育出版社，1986.
[33] 克莱因 . 古今数学思想 [M]. 张里京，张锦炎，译. 上海：上海科学技术出版社，1979.
[34] 张维忠. 数学教育中的数学文化 [M]. 上海：上海教育出版社，2011.
[35] 克莱因 . 高观点下的初等数学 [M]. 舒湘芹，陈义章，编译 . 上海：复旦大学出版社，2008.
[36] 李文林 . 数学史教程 [M]. 北京：高等教育出版社，2000.
[37] 斯科特 . 数学史 [M]. 侯德润，张兰，译. 桂林：广西师范大学出版社，2008.
[38] 罗素. 西方哲学史：下卷 [M]. 马元德，译 . 北京：商务印书馆，2003.
[39] 郑毓信 . 数学教育哲学 [M]. 成都：四川教育出版社，2001.

[40] 郜舒竹.数学的观念、思想和方法[M].北京：首都师范大学出版社，2004.
[41] 熊川武.反思性教学[M].上海：华东师范大学出版社，1999.
[42] 张奠宙，宋乃庆. 数学教育概论[M].北京：高等教育出版社，2004.
[43] 徐斌艳. 数学教师专业标准的国际比较[M].上海：华东师范大学出版社，2012.
[44] 曹才翰，章建跃.中学数学教学概论[M].北京：北京师范大学出版社，2012.
[45] 陈永明.国际师范教育改革比较研究[M].北京：人民教育出版社，1998.
[46] 胡德海.教育学原理[M].北京：人民教育出版社，2013.
[47] 黄甫全. 新课程中的教师角色与教师培训[M].北京：人民教育出版社，2003.
[48] 教育部师范教育司.教师专业化的理论与实践（修订版）[M].北京：人民教育出版社，2003.
[49] 联合国教科文组织. 世界教育报告：教师和变革世界中的教学工作[M].北京：中国对外翻译出版公司，1998.
[50] 王嘉毅.多维视角中的农村教师[M].北京：北京师范大学出版社，2011.
[51] 王尚志，张饴慈，吕世虎. 理解与实践高中数学新课程：与高中数学教师的对话[M].北京：高等教育出版社，2007.

（二）期刊论文部分

[1] 张奠宙，李旭辉. 聚焦美国数学教育改革：从一则美国的数学教育新闻谈起[J]. 数学教学，2007（7）：1–2.
[2] 杨翠蓉，胡谊，吴庆麟.教师知识的研究综述[J].心理科学，2005（5）：1167–1169，1173.
[3] 斯腾伯格，霍瓦斯.专家型教师教学的原型观[J].华东师范大学学报（教育科学版），1997（1）：27–37.
[4] 辛涛，申继亮，林崇德.从教师的知识结构看师范教育的改革[J].高等师范教育研究，1999（6）：12–17.
[5] 陈向明.实践性知识：教师专业发展的知识基础[J].北京大学教育评论，

2003（1）：104–112.
［6］王玉平，孙海滨 . 新课改下中学物理教师知识结构调查与分析［J］. 物理教师，2005（2）：1–3.
［7］阳利平 . 新课程背景下语文教师专业知识探析［J］. 教育学术月刊，2008（6）：28–31.
［8］王维群，钱铭佳，廖玉光，等 . 未来中学体育教师的知识结构［J］. 体育学刊，2001（3）：93–96.
［9］李树和 . 外语教师的知识结构及其在外语教学中的地位［J］. 东北大学学报（社会科学版），2000（4）：282–283.
［10］李渺，喻平，唐剑岚，等. 高中数学教师知识结构的特征研究［J］. 数学教育学报，2007（2）：55–59.
［11］何彩霞 . 对化学教师学科知识结构的测评与思考［J］. 化学教育，2001（5）：22–25.
［12］杨翠蓉，胡谊，吴庆麟 . 教师知识的研究综述［J］. 心理科学，2005（5）：1167–1169，1173.
［13］童莉 . 舒尔曼知识转化理论对教师知识发展的启示［J］. 上海教育科研，2008（3）：10–13.
［14］姚志敏，刘华祥 . 关注教师知识发展 促进新课程改革［J］. 成都大学学报（教育科学版），2007（12）：4–6.
［15］李培，鲍曼 . 高中数学教师专业知识结构再发展策略研究［J］. 边疆经济与文化，2007（7）：134–135.
［16］卢秀琼，郭吉芳 . 渝东南地区小学语文教师知识发展研究［J］. 西南民族大学学报（人文社科版），2008（9）：268–270.
［17］赵明晖，郑燕林 . 网络环境下教师专业知识发展技术策略研究［J］. 现代教育技术，2010（1）：95–97，90.
［18］裴淼 . 双语教学背景下幼儿园英语教师的知识构成及其发展［J］. 教育研究与实验，2008（4）：53–56.
［19］刘海燕 . 试论教师实践知识的生成机制［J］. 教学与管理，2006（15）：5–6.
［20］吴泠 . 教师实践性知识形成机制浅论［J］. 教育探索，2008（9）：99–100.
［21］王鉴，徐立波 . 教师专业发展的内涵与途径—以实践性知识为核心［J］.

华中师范大学学报（人文社会科学版），2008（3）：125–129.
[22] 姜美玲．论教师实践性知识的发展路径［J］. 当代教育科学，2009（13）：6–11.
[23] 李德华．新手教师实践性知识的建构：从教师生活史分析［J］. 当代教育科，2005（12）：26–30.
[24] 张典兵．论教师的实践性知识及其生成途径［J］. 继续教育研究，2008（2）：67–68.
[25] 刘东敏，田小杭．教师实践性知识获取路径的思考与探究［J］. 教师教育研究，2008（4）：16–20.
[26] 金忠明，李慧洁．论教师实践性知识及其来源［J］. 全球教育展望，2009，38（2）：67–69.
[27] 赵党玲．基于教学反思的教师实践性知识发展［J］. 湖南第一师范学报，2009，9（2）：35–36，80.
[28] 蒋茵．基于教育行动研究的教师实践性知识［J］. 教育探索，2005（2）：118–121.
[29] 周国韬．教师叙事研究：挖掘和发展教师实践性知识的有效途径［J］. 中小学教师培训，2007（10）：25–27.
[30] 徐章韬，龚建荣．学科知识和学科教学知识在课堂教学中的有机融合［J］. 教育学报，2007（6）：34–39.
[31] 钱旭升，童莉．数学知识向数学教学知识转化的个案研究：基于新手与专家型教师的差异比较［J］. 长春理工大学学报（高教版），2009，4(3)：155–157.
[32] 郑毓信. 创造未来：简论高水准数学教师的培养［J］. 杭州教育学院学报，2000（2）：1–6.
[33] 王济荣，王济红，刘彦学，等. 高中数学教师知识结构现状的调查与分析［J］. 运城学院学报，2010，28（2）：19–22.
[34] 韩继伟，马云鹏，赵冬臣，等．中学数学教师的教师知识来源的调查研究［J］. 教师教育研究，2011，23（3）：66–70.
[35] 田宏根，杨军．从一节课管窥高中数学教师教学知识的发展［J］. 数学教育学报，2007（2）：51–54.
[36] 李培，鲍曼．高中数学教师专业知识结构再发展策略研究［J］. 边疆经济与文化，2007（7）：134–135.

［37］于晓娟，王家铧，李忠海．发展数学教师知识结构的若干策略［J］．数学教育学报，2006（2）：32–34.

［38］喻平．数学教学的三种水平及其理论分析［J］．课程·教材·教法，2012，32（1）：63–69.

［39］尚晓青．新课程下高中数学教师的学科知识需求［J］．陕西教育（行政版），2009（5）：22.

［40］王海坤，许梦日．阜阳高中数学教师知识结构调查分析［J］．阜阳师范学院学报（自然科学版），2009，26（2）：64–66，72.

［41］方勤华．数学教师数学知识的性质及对其大学数学教育的启示［J］．西南师范大学学报（自然科学版），2010，35（3）：269–273.

［42］龚玲梅，黄兴丰，汤炳兴，等．职前数学教师学科知识的调查研究：以函数为例［J］．常熟理工学院学报，2011，25（6）：28–32.

［43］李渺，喻平．中小学数学教师知识对数学教学的影响之比较研究［J］．上海教育科研，2007（5）：11–15.

［44］钱旭升，童莉．数学知识向数学教学知识转化的个案研究—基于新手与专家型教师的差异比较［J］．长春理工大学学报（高教版），2009，4(3)：155–157.

［45］韩继伟，马云鹏，赵冬臣，等．中学数学教师的教师知识来源的调查研究［J］．教师教育研究，2011，23（3）：66–70.

［46］徐章韬，龚建荣．学科知识和学科教学知识在课堂教学中的有机融合［J］．教育学报，2007（6）：34–39.

［47］李琼，倪玉菁，萧宁波．小学数学教师的学科知识：专家与非专家教师的对比分析［J］．教育学报，2005（6）：57–64.

［48］涂荣豹，喻平．建构主义观下的数学教学论［J］．南京师大学报（社会科学版），2001（2）：77–82.

［49］朱成杰．数学思想方法的频数分布及其思考［J］．数学教学，1994(1)：12–14.

［50］蔡上鹤．数学思想和数学方法［J］．中学数学，1997（9）：1–4.

［51］李文林．学一点数学史：谈谈中学数学教师的数学史素养［J］．数学通报，2011，50（4）：1–5.

［52］ALEXANDERSEN G L.Morris Kline 访问记［J］．数学译林，1989，8（4）：332–341.

[53] 黄毅英，林智中，黄家鸣，等．中国内地中学教师的数学观［J］. 课程·教材·教法，2002（1）：68–73.
[54] 黄毅英，林智中，黄家鸣，等．香港教师数学观的研究［J］. 数学教育学报，2003（2）：2–9.
[55] 黄秦安．数学教师的数学观和数学教育观［J］. 数学教育学报，2004(4)：24–27.
[56] 秦健．论数学观念对数学发展的作用［J］. 自然辩证法研究，2001（1）：3–5，23.
[57] 王继端．数学教师应具备的数学观念［J］. 数学教育学报，2001（1）：23–24.
[58] 王华奇．教师现代数学观的构建［J］. 桂林航天工业高等专科学校学报，2004（3）：79–81.
[59] 刘凯峰，吉海兵．有正确的数学观吗［J］. 数学教育学报，2007（1）：48–50.
[60] 杜静．我国教师教育课程存在的问题与改革路向［J］. 教育研究，2007（9）：77–80，85.
[61] 万明钢．教师教育课程体系研究：以师范大学教育学院教师教育课程体系建构为例［J］. 课程·教材·教法，2005（7）：83–87.
[62] 何克抗．建构主义：革新传统教学理论的基础［J］. 电化教育研究，1997（4）：25–27.
[63] 胡庆芳．教师的学习特征［J］. 上海教育，2005（12）：28–30.
[64] 梁燕玲．教育反思：一种促进教师成长的科研范式［J］. 中国教育学刊，2006（8）：72–74.
[65] 张定强．教师成长不可缺失的特质：反思性分析［J］. 课程·教材·教法，2011，31（5）：92–97.
[66] 周仕荣．美国数学教师学科知识研究的概述和启示［J］. 教育学报，2006（5）：79–83.
[67] 高文，裴新宁．试论知识的社会建构性［J］. 全球教育展望，2002，31（11）：11–14.
[68] 韩继伟，马云鹏．教师的内容知识是理论知识吗：重新解读舒尔曼的教师知识理论［J］. 中国教育学刊，2008（5）：30–32.
[69] 韩曙花，刘永兵．西方教师知识与教师专业发展研究述评［J］. 外国教

育研究，2011，38（11）：62–67.
[70] 黄毅英. 数学观研究综述 [J]. 数学教育学报，2002（1）：1–8.
[71] 蒋茵 . 教师专业知识：职前教师实践教学的基石 [J]. 教育理论与实践，2021，41（26）：35–39.
[72] 李保臻，孙名符 . 新课改背景下高中数学教师数学史与数学文化知识的现状调查 [J]. 数学教育学报，2013，22（2）：49–53.
[73] 李琼，倪玉菁 . 教师知识研究的国际动向：以数学学科为例 [J]. 外国中小学教育，2006（9）：6–12.
[74] 罗强 . 智能时代教师知识结构的发展框架及其实现路径 [J]. 现代教育技术，2022，32（7）：31–39.
[75] 马云鹏，解书，赵冬臣 . 教师专业知识发展与教师教育改革 [J]. 教师教育学报，2014（1）：31–45.
[76] 石中英 . 波兰尼的知识理论及其教育意义 [J]. 华东师范大学学报（教育科学版），2001（2）：36–45.
[77] 吴琼，高夯 . 教师专业知识对高中数学教师教学实践影响的调查研究 [J]. 数学教育学报，2020，29（3）：57–62.
[78] 吴刚 . 论教学创新的知识基础 [J]. 教育研究，2004（1）：72–78.
[79] 万文涛 . 论专业化教师的知识结构 [J]. 教育研究，2004（9）：17–19.
[80] 徐章韬，顾泠沅 . 面向教学的学科知识之课程资源开发：以数学学科为例 [J]. 教育发展研究，2014，33（12）：26–30，48.
[81] 阎德明 . 知识转换过程与教师专业发展 [J]. 课程 · 教材 · 教法，2005（7）：79–82.
[82] 张奠宙，王振辉 . 关于数学的学术形态和教育形态 [J]. 数学教育学报，2002（2）：1–4.
[83] 张立昌 . “教师个人知识”：含义、特征及其自我更新的构想 [J]. 教育理论与实践，2002（10）：30–33.
[84] 赵健 . 默会知识、内隐学习与学习的组织 [J]. 全球教育展望，2003，32（9）：41–45.
[85] 钟启泉 . 关注教师实践知识的形成 [J]. 中国教育学刊，2018（8）：81–83.
[86] 曾文婕 . 从课目教学知识到课目学习知识：教师专业知识发展的新方向 [J]. 教育研究，2020，41（8）：142–149.

[87] 邹斌，陈向明. 教师知识概念的溯源 [J]. 课程 · 教材 · 教法，2005(6)：85–89.

[88] 周彬. 教师教育专业知识：生成、积累与课程转化 [J]. 教育研究，2021，42（7）：37–47.

[89] 周福盛，王嘉毅. 论教师个体知识观及其对教师知识管理的启示 [J]. 电化教育研究，2005（11）：33–37.

（三）学位论文部分

[1] 李红梅. 化学双语教师知识结构及培养方式的研究 [D]. 长沙：湖南师范大学，2005.

[2] 魏志英. 当代美术教师知识结构的研究 [D]. 石家庄：河北师范大学，2005.

[3] 李琼. 数学课程改革与数学教师知识结构 [D]. 长沙：湖南师范大学，2004.

[4] 刘竑波. 教师知识与技能的发展研究 [D]. 上海：华东师范大学，2010.

[5] 刘兰. 新课程背景下地理教师知识结构及发展问题研究 [D]. 上海：华东师范大学，2006.

[6] 何晓芳. 专业化背景下的教师实践知识研究 [D]. 长春：东北师范大学，2005.

[7] 张立新. 教师实践性知识形成机制研究 [D]. 上海：上海师范大学，2008.

[8] 时琳琳. 新教师入职教育中实践性知识获得的新途径 [D]. 南京：南京师范大学，2008.

[9] 童莉. 初中数学教师数学教学知识的发展研究 [D]. 重庆：西南大学，2008.

[10] 袁广锋. 中学体育教师教学知识发展研究 [D]. 福州：福建师范大学，2006.

[11] 常妮. 高中政治教师学科教学知识发展研究 [D]. 上海：上海师范大学，2010.

[12] 李海红. 普通高中生物教师教学知识现状与发展研究 [D]. 贵阳：贵州师范大学，2009.

[13] 李万领. 中学化学教师教学知识发展个案研究 [D]. 呼和浩特：内蒙古

师范大学，2007.
[14] 沈方梅．语文学科知识向学科教学知识的有效转化[D].上海：华东师范大学，2010.
[15] 郭正标．高中数学教师专业知识结构及发展研究[D].金华：浙江师范大学，2007.
[16] 张雷．高中文科学生数学观的调查研究[D]．长春：东北师范大学，2007.
[17] 景敏．基于学校的数学教师数学教学内容知识发展策略研究[D].上海：华东师范大学，2006.
[18] 苏建烨．中学数学教师教学知识发展研究：对广西玉林市教师的调查及分析[D].北京：首都师范大学，2006.
[19] 赵俊霞．中学数学教师专业知识的发展[D]．长春：东北师范大学，2006.
[20] 张明慧．高中数学教师专业知识发展研究[D].曲阜：曲阜师范大学，2006.
[21] 郭正标．高中数学教师专业知识结构及发展研究[D].金华：浙江师范大学，2007.
[22] 徐芳芳．高中数学教师导数知识研究[D].长春：东北师范大学，2008.
[23] 朱彬．高中数学教师算法知识调查与研究[D].长春：东北师范大学，2009.
[24] 李水仙．新课程下高中数学教师学科知识的调查研究[D].重庆：西南大学，2011.
[25] 李宁波．高中数学教师统计知识的调查研究[D].长春：东北师范大学，2010.
[26] 张津瑞．准教师数学史知识的调查研究[D].长春：东北师范大学，2010.
[27] 高珊．北京市小学教师数学学科知识的调查与分析[D].北京：首都师范大学，2008.
[28] 王宇红．张家口市小学骨干教师数学学科知识状况调查[D].北京：首都师范大学，2009.
[29] 罗小兵．关于中学数学教师数学史知识的调查与分析[D].武汉：华中师范大学，2001.

[30] 吴万岭 . 小学教师数学观的调查研究 [D]. 北京：首都师范大学，2006.
[31] 吕世虎 . 中国当代中学数学课程发展的历程及其启示 [D]. 长春：东北师范大学，2009.
[32] 李琼 . 小学数学教师的学科知识、教学内容知识及其与课堂教学的关系 [D]. 香港：香港中文大学，2004.
[33] 韩继伟 . 中学数学教师的学科知识 [D]. 香港：香港中文大学，2005.
[34] 李渺 . 教师的理性追求：数学教师的知识对数学教学的影响研究 [D]. 南京：南京师范大学，2007.
[35] 张波 . 数学专业师范生的实体性知识发展研究 [D]. 上海：华东师范大学，2006.
[36] 李素华 . 专业期刊阅读与数学教师的专业知识发展 [D]. 上海：华东师范大学，2009.
[37] 田倩 . 数学职前教师学科内容知识发展研究 [D]. 上海：华东师范大学，2010.
[38] 卢锦玲 ."沪港两地小学数学教师专业知识缺失" 的比较研究 [D]. 上海：华东师范大学，2008.
[39] 高学明 . 预备数学教师与在职数学教师关于概率学科知识比较研究 [D]. 大连：辽宁师范大学，2010.

## 二、英文部分

[1] SHULMAN L S. Paradigms and research programs in the study of teaching: A contemporary perspective [M]//WITTROCK M C. Handbook of research on teaching. 3rd ed. New York: Macmillan, 1986.
[2] ELBAZ F. Teacher Thinking: A study of practical knowledge [M]. London: Croom Helm, 1983.
[3] SHULMAN L S. Those who understand: knowledge growth in teaching [J]. Educational researcher, 1986, 15 (2), 4-14.
[4] GROSSMAN P L. Teachers' knowledge [M]// HUSEN T, POSTLETHWAITE T N. The international encyclopedia of Education. 2nd ed. Oxford: Pergamon, 1994.
[5] BORKER H, PUTNAM R T. Learning to teach [M]//BERLINER C D,

CALFEE C R. Handbook of educational psychology. New York: Routledge, 1996.

[ 6 ] CALDERHEAD J. Teacher: belief and knowledge [ M ]//BERLINER C D, CALFEE C R. Handbook of educational psychology. New York: Macmillan.

[ 7 ] REYNOLDS M C. Knowledge base for the beginning teacher [ M ]. New York: Pergamon Press, 1989.

[ 8 ] LORTIE D C. School teacher: a sociological study [ M ]. Chicago: University of Chicago Press, 1975.

[ 9 ] JONES M G, VESILID E M. Putting practice into theory: changes in the organization of preservice teacher's pedagogical knowledge [ J ]. American Educational Research Journal, 1996, 33 ( 1 ): 91–117.

[ 10 ] SHANNON D M. The development of preservice teacher knowledge [ J ]. Professional Educator, 1994, 17 ( 1 ), 31–39.

[ 11 ] FEIMAN–NEMSER S, PARKER M B. Making subject matter part of the conversation in learning to teach [ J ]. Journal of teacher education, 1990, 41 ( 3 ): 32–43.

[ 12 ] JONES M. Trained and untrained secondary school teachers in Barbados: is there a difference in classroom performance? [ J ]. Educational Research, 1997, 39 ( 2 ): 175–184.

[ 13 ] VAN DRIEL J H. Developing science teachers' pedagogical content knowledge [ J ]. Journal of research in science teaching, 1998, 35 ( 6 ): 673–695.

[ 14 ] OSBORNE M D. Teacher as knower and learner: reflections on situated knowledge in science teaching [ J ]. Journal of research in science teaching, 1998, 35 ( 4 ): 427–439.

[ 15 ] LEINHARDT G, SMITH D A. Expertise in mathematics instruction: subject matter knowledge [ J ]. Journal of educational psychology, 1985, 77 ( 3 ): 247.

[ 16 ] FENNEMA E. FRANKE M L. Teachers' knowledge and its impact [ M ]. New York: : Macmillan Publishing Company Press, 1992.

[ 17 ] SCRIBNER J P, BREDESON P V. A statewide professional development conference: useful strategy for learning or inefficient use of resources? [ J ]. Educational policy analysis, 2000, 8 ( 13 ): 13–27.

[18] LEINHARDT G. Novice and expert knowledge of individual student of individual student's achievement [J]. Educational psychologist, 1983, 18 (3): 165–181.

[19] LAMPERT L. How do teachers manage to teach? perspectives on problems in practice [J]. Harvard educational review, 1985, 55 (2), 178–214.

[20] Ball D L. Research on teaching mathematics: making subject matter knowledge part of the Equation [M]. Greenwich CT: JAI Press, 1991.

[21] Ball D L, LUBIENSKI S T, MEWBORN D S. Research on teaching mathematics: the unsolved problem of teachers' mathematical knowledge [M]// RICHARDSON V. Handbook of research on teaching. 4th ed. New York: Macmillan, 2001.

[22] BEGLE E G, GEESLIN W E. Teacher effectiveness in mathematics instruction [M]. Washington, DC: Mathematics Association of America and the National Council of Teachers of Mathematics, 1972.

[23] BEGLE E G. Critical variables in mathematics education: findings from a survey of empirical literature [M]. Washington, DC: Mathematics Association of America and the National Council of Teachers of Mathematics, 1979: 381–382.

[24] MONK D H. Subject area preparation of secondary mathematics and science teachers and students achievement [J], Economics of education review, 1994, 13(2): 125–145.

[25] WITTROCK M C. Handbook of research on teaching [M]. 3rd ed. New York: Macmillan, 1986.

[26] SCHWAB J J. Education and the structure of disciplines [M]. Chicago: University of Chicago Press, 1987.

[27] SHULMAN L S. Those who understand: knowledge growth in teaching [J]. Educational researcher, 1986, 15 (2): 4–14.

[28] KUHN T S. The structure of scientific revolutions [M]. Chicago: University of Chicago Press, 1970.

[29] BALL D L. Knowing and reasoning in mathematics pedagogy: examining what prospective teachers bring to teacher education [D]. East Lanshing, Michigan: Michigan State University, 1988.

[ 30 ] ERNEST P. The impact of beliefs on the teaching of mathematics [ M ]. Budapest: Hungary, 1988.

[ 31 ] ERNEST P. The knowledge, belief and attitude of the mathematics teacher: a model [ J ]. Journal of education for teaching, 1989, 15 (1): 13–33.

[ 32 ] BOYER E L. The basic school: a community for learning [ M ]. Princeton, NJ: Camegie Foundation, 1995.

[ 33 ] THOMPSON A G. The relationship of teachers' conceptions of mathematics and mathematics teaching to instructional practice [ J ]. Educational studies in mathematics, 1984, 15 (2): 105–127.

[ 34 ] LEINHARDT G, Smith D A. Expertise in mathematics instruction: subject matter knowledge [ J ]. Journal of educational psychology, 1985, 77: 247–271.

[ 35 ] EVEN R, TIROSH D. Subject-matter knowledge and knowledge about students as sources of teacher presentations of the subject-matter [ J ]. Educational studies in mathematics, 1995, 29: 1–20.

[ 36 ] EVEN R. Subject-matter knowledge and pedagogical content knowledge: perspective secondary teachers and the function concept [ J ]. Journal for research in mathematics education, 1993, 24 (2): 94–116.

[ 37 ] EVEN R. Subject matter knowledge for teaching and the case of functions [ J ]. Educational studies in Mathematics, 1990, 21 (6): 521–544.

[ 38 ] BALL D L. Prospective elementary and secondary teachers'understanding of division [ J ]. Journal for research in mathematics Education, 1990, 21 (2): 132–144.

[ 39 ] BALL D L. Teaching mathematics for understanding: what do teachers need to know about subjects matter? [ M ]. New York: Teachers College Press, 1995.

[ 40 ] BALL D L. Knowing and reasoning in mathematics pedagogy: examining what prospective teachers bring to teacher education [ D ]. East Lanshing, Michigan: Michigan State University, 1988.

[ 41 ] BALL D L. MCDIARMID G W. The subject-matter preparation of teachers [ M ]. New York: Macmillan, 1990.

[ 42 ] BEERS S. Epistemological assumptions and college teaching: interactions in the college classroom [ J ]. Journal of research and development in education,

1988，21（4）：87–94.

[43] LEINHARDT G，SMITH D A. Expertise in mathematics instruction：subject matter knowledge [J]. Journal of educational psychology，1985，77（3）：247–271.

[44] EVEN R. Subject matter knowledge for teaching and the case of functions [J]. Educational studies in mathematics，1990，21（6）：521–544.

[45] HITT F. Teachers'difficulties with the construction of continuous and discontinuous functions [J]. Focus on learning problems in mathematics，1994，16（4）：10–20.

[46] LEE B S. An investigation of prospective secondary mathematics teachers' understanding of the mathematical limit concept [D]. East Lansing，Michigan：Michigan State University，1992.

[47] BATURO A，NASON R. Student teachers' subject matter knowledge within the domain of area measurement [J]. Educational studies in mathematics，1996，31（3）：235–268 .

[48] STUMP S L. Secondary mathematics teachers' knowledge of the concept of slope [J]. Mathematics education research journal，1997，11（2）：124–144.

[49] STACEY KS，HELME S，STEINLE V，et al. Preservice teachers' knowledge of difficulties in decimal numeration [J]. Journal of mathematics teacher education，2001，4（3）：205–225.

[50] ERNEST P. On Teacher's Mathematics Education [M]. Hamsphire：The Falmer Press，1991.

[51] VAN DOOREN W，VERSCHAFFEL L，ONGHENA P. Preservice teachers' preferred strategies for solving arithmetic and algebra word problems [J]. Journal of mathematics teacher education，2003，6（1）：27–52.

[52] VAN DOOREN W，VERSCHAFFEL L，ONGHENA P. The impact of preservice teachers' content knowledge on their evaluation of students' strategies for solving arithmetic and algebra word problems [J]. Journal for research in mathematics education，2002，33（5）：319–351.

[53] MA L. Knowing and teaching elementary mathematics：Teachers' understanding of fundamental mathematics in China and the United States [M]. London：

Routledge, 2010.

[ 54 ] LEUNG F, PARK K. Competent students, competent teachers? [ J ]. International journal of educational research, 2002, 37 ( 2 ): 113–129.

[ 55 ] BALL D L. Prospective elementary and secondary teachers' understanding of division [ J ]. Journal for research in mathematics education, 1990, 21 ( 2 ): 132–144.

[ 56 ] EVEN R. Subject-matter knowledge and pedagogical content knowledge: perspective secondary teachers and the function concept [ J ]. Journal for research in mathematics Education, 1993, 24 ( 2 ): 94–116.

[ 57 ] EVEN R, TIROSH D. Subject-matter knowledge and knowledge about students as sources of teacher presentations of the subject-matter [ J ]. Educational studies in mathematics, 1995, 29 ( 1 ): 1–20.

[ 58 ] ROWLAND T, MARTYN S, BARBER P. Investigating the mathematics subject matter knowledge of preservice elementary school teachers [ J ]. Psychology of mathematics education, 2001.

[ 59 ] MULLENS J E, MURNANE R J, WILLETT J B. The contribution of training and subject matter knowledge to teaching effectiveness: a multilevel analysis of longitudinal evidence from Belize [ J ]. Comparative education review, 1996, 40 ( 2 ): 139–157.

[ 60 ] SWAFFORD J O, JONES G A, THORNTON C A. Increased knowledge in geometry and instructional practice [ J ]. Journal for research in mathematics education, 1997, 28 ( 4 ), 467–483.

[ 61 ] HEID M K, BLUME G W, ZBIEK R M, et al. Factors that influence teachers learning to do interviews to understand students' mathematical understandings [ J ]. Educational studies in mathematics, 1998, 37 ( 3 ): 223–249.

[ 62 ] DOOREN W V, VERSCHAFFEL L, ONGHENA P. The impact of preservice teachers'content knowledge on their evaluation of students' strategies for solving arithmetic and algebra word problems [ J ]. Journal for research in mathematics education, 2002, 33 ( 5 ): 319–351.

[ 63 ] BELFORT E, GUIMARAES L C. The influence of subject matter on teachers' practices: two case studies [ J ]. Psychology of mathematics education, 2002, 26: 2–73.

[ 64 ] SANCHEZ V， LLINARES S. Four student teachers'pedagogical reasoning on functions [ J ]. Journal of mathematics teacher education， 2003， 6( 1 ): 5–25.

[ 65 ] MCDIARMID G W. Challenging prospective teacher's beliefs during early field experience: A quixotic undertaking? [ J ]. Journal of teacher education， 1990， 41 ( 3 )， 12–20.

[ 66 ] BALL D L. Breaking with experience in learning to teach mathematics: the role of a preservice methods course [ J ]. For the learning of mathematics， 1990， 10 ( 2 ): 10–16.

[ 67 ] LAPPAN G， THEULE-LUBIENSKI S. Training teachers or educating professionals? What are the issues and how are they being resolved? [ C ]. Quebec: Les Presses de L， Universite Laval， 1994: 249–261.

[ 68 ] FOSS D H， KLEINSASSER R C. Preservice elementary teachers， views of pedagogical and mathematics content knowledge [ J ]. Teaching and teacher education， 1996， 12 ( 4 )， 429–442.

[ 69 ] FEIMAN–NEMSER S， PARKER M B. Making subject matter part of the conversation in learning to teaching [ J ]. Journal of teacher education， 1990， 41 ( 3 )， 32–43.

[ 70 ] SCHOLZ J M. Professional development for mid-level mathematics [ J ]. Inservice teacher education， 1995.

[ 71 ] Ma L P. Knowing and teaching elementary mathematics [ M ]. Mahwah， NJ: Lawrence Erlbaum Associates， 1999.

[ 72 ] Ma L. Knowing and teaching elementary mathematics: teachers' understanding of fundamental mathematics in China and the United States [ J ]. Educational studies in mathematics， 1999: 30 ( 5 ): 579–589.

[ 73 ] RUSSELL B. Theory of knowledge: the 1913 manuscript [ M ]. London: Routledge， 2013.

[ 74 ] DEWEY J， BENTLY A F. Knowing and the known [ M ]. Boston: The Bacon Press， 1949.

[ 75 ] WILSON S M. 150 different ways of knowing: representations of knowledge in teaching [ J ]. Exploring teachers thinking， 1987， 5 ( 1 ): 104–124.

[ 76 ] MARKS R. Pedagogical content knowledge: from a mathematical case to a modified conception [ J ]. Journal of teacher education， 1990， 41 ( 3 )， 3–11.

[ 77 ] MCEWAN H, BULL B. The pedagogical nature of subject matter knowledge [ J ]. American educational research journal, 1991, 28: 316–334.

[ 78 ] HERSH R. Some proposals for revising the philosophy of mathematics [ J ]. Advances in mathematics, 1979, 31 ( 1 ): 31–50.

[ 79 ] SCHOENFELD A H. Episodes and executive decisions in mathematics problems: solving [ M ] //LESH R, LANDAN M. Acquisition of mathematics concepts and process. New York: Academic Press., 1983.

[ 80 ] THOMPSON A G. Teachers' beliefs and conceptions: a synthesis of the research [ M ] // GROUWS A D. Handbook of research on mathematics teaching and learning. New York: Macmillan, 1992.

[ 81 ] HERSH R. Some proposals for revising the philosophy of mathematics [ J ]. Advances in mathematics, 1979, 31 ( 1 ): 31–50.

# 后　记

随着基础教育课程改革的不断深入，数学教师的学科知识对其专业的持久发展显得越来越重要。但当前无论是职前数学教师还是职后数学教师，其数学学科知识的发展问题都令人担忧。具体而言，笔者在给大学生上课时发现，部分职前数学教师没有真正理解相关专业课程的知识内容，缺乏知识模块之间相互融通及知识体系整体把握的能力，对自己所学习的学科知识内容认识不清。另外，笔者通过与参加“国培计划”的中小学数学教师交流发现，许多教师在入职以后缺乏与时俱进提升自己学科知识的自觉意识，部分教师对自身所教相关学科知识的理解不到位。这些现象很大程度上阻碍了数学教师的专业发展及教学质量的提升。因此，在我国基础教育课程改革不断深化的今天，探讨数学教师的学科知识非常必要。

本书以甘肃省部分高中数学教师为对象，主要采用文献分析法、问卷调查法、田野访谈法等方法，着重从“学科知识的构成”及“学科知识的发展”两大维度对高中数学教师的学科知识进行了研究。研究首先从理论上建构了高中数学教师学科知识的构成框架，然后依此框架对高中数学教师学科知识的现状及发展途径进行了全面探讨，最后得出了有利于高中数学教师学科知识发展的几点启示。

需要说明的是，从 2003 年到现在，教育部虽已颁布了《普通高中数学课程标准（实验）》《普通高中数学课程标准（2017 年版）》及《普通高中数学课程标准（2017 年版 2020 年修订）》等普通高中数学课标。但整体来看，2017 年版 2020 年修订课标（与 2017 年版相比变化不大）一方面继承了实验版课标的绝大部分内容，另一方面与该版课标配套的高中数学教科书刚在全国试用，其对我国高中数学教师学科知识的影响尚待研究。而数学教师学科知识的发展是一个长期过程，因此，为能够在已有资料基础上系统研究并客观获得高中数学教师学科知识发展的特点及规律，研究主要以我国实施了十几年且对高中数学教师学科知识具有重要影响的实验版课标为依据探讨高中数学教师的学科知识。

本书得到了2023年度国家社科基金项目——国家通用语言文字推广使用与民族地区中小学理科教育质量提升研究（课题编号：23XMZ051）的资助。本书在写作过程中，得到了国内学者孙名符教授、吕世虎教授、傅敏教授、张定强教授、胡德海教授、王嘉毅教授、王鉴教授、周爱保教授、万明钢教授、刘旭东教授、赵明仁教授、喻平教授、徐文彬教授、孔凡哲教授、王尚志教授、韩继伟教授等的悉心指导；也得到了美国特拉华大学蔡金法博士，美国加利福尼亚州立大学安淑华教授等的热情帮助。在此向各位专家学者表示真诚的感谢。

本书在写作过程中所需要的实证研究得到西北师范大学卓杰老师、南京师范大学附属中学陶维林老师，西北师范大学附属中学蒋永鸿老师、缑小锋老师，兰州市第五十七中学汤敬鹏老师、苏水平老师，兰州市教科所孙志刚老师等的热情帮助。在调研过程中还得到原兰州市恩玲中学魏永胜校长、平凉市紫荆中学刘黎民校长、白银市教育局李国峰老师等的大力支持，也得到了刘岗、方勤华、张善鑫、王等等、李泽林、白亮、安富海、杨宝琰等老师给予的许多帮助，甚是感谢。另外，王宗玉、邹静静、刘永鹏、王赫、顾亚蓉等同学对本书进行了全面细致的校对，在此一并向他们表示感谢。

书中难免有疏漏与不足之处，还望读者批评指正。

李保臻，陈国益

2024年9月于兰州